国家社科基金项目
项目编号：16BGL016

产业集群创新网络与集群升级

赫连志巍 著

燕山大学出版社
·秦皇岛·

图书在版编目（CIP）数据

产业集群创新网络与集群升级 / 赫连志巍著. -- 2 版. -- 秦皇岛：燕山大学出版社，2022.1

ISBN 978-7-81142-954-1

Ⅰ. ①产… Ⅱ. ①赫… Ⅲ. ①产业集群－企业创新－研究②产业集群－企业升级－研究 Ⅳ. ①F263

中国版本图书馆 CIP 数据核字（2022）第 005613 号

产业集群创新网络与集群升级

赫连志巍 著

出 版 人：	陈　玉
责任编辑：	唐　雷
封面设计：	朱玉慧
出版发行：	燕山大学出版社 YANSHAN UNIVERSITY PRESS
地　　址：	河北省秦皇岛市河北大街西段 438 号
邮政编码：	066004
电　　话：	0335-8387555
印　　刷：	英格拉姆印刷(固安)有限公司
经　　销：	全国新华书店
开　　本：	700mm×1000mm　1/16　　印　张：16.5　　字　数：240 千字
版　　次：	2022 年 1 月第 2 版　　印　次：2022 年 1 月第 1 次印刷
书　　号：	ISBN 978-7-81142-954-1
定　　价：	65.00 元

版权所有　侵权必究
如发生印刷、装订质量问题，读者可与出版社联系调换
联系电话：0335-8387718

前　言

本书是国家社科基金项目（16BGL016）的组成部分之一。项目团队全体成员历经 2 年多的不懈努力终于完成了研究任务。希望本书的研究成果能够给读者一些启迪，让有志于研究产业集群及其创新活动管理的学者、企业领导者以及相关研究人员、政府管理部门相关人员能有所获益。

关于产业集群的研究已经有很长的历史了。我国改革开放 40 年来，产业集群的实践推动了产业集群的理论研究，同时借鉴国外产业集群的发展经验和理论研究成果，积极促进了集群的发展。产业集群的理论研究发展迅速，研究领域不断向深度和广度拓展，对指导产业集群的实践起到了有力的推动作用。但是，快速发展的产业集群仍然需要理论研究迅速跟上，以更好地指导其实践。因此，本项目将产业集群升级与集群创新网络的创新活动相结合，研究两者之间的互动关系以及集群企业的创新作用和与其相关机构的影响关系，以此为产业集群和集群企业提供创新实践指导。

尽管项目开辟了一个产业集群新的研究视角，但是研究的理论体系还有待完善，如个别概念还需进一步地准确表述，个别学术观点还需进一步完善，评价指标合理性等需要更深入地挖掘和探索。

在项目的研究过程中，研究团队付出了艰辛的劳动，在此不赘述他们的功绩，谨以名字赞美和感谢他们的努力和付出，没有他们的刻苦钻研就不会有项目的结题成果。他们是：燕山大学王丽萍教授，我的研究生王岚、邢建军、王丽莹、李思、冯英，以及卞滨滨、冯俊婵、万杰、王杉杉、杜亚民同学。

他们在项目的研究中都承担了重要的工作，再一次向他们致敬并表示感谢！

赫连志巍

2018 年 12 月 秦皇岛

目　　录

第 1 章　绪论 1
1.1　课题来源 1
1.2　研究背景和意义 2
1.3　研究目的 5
1.4　研究内容 6
1.5　课题研究的学术思想 12

第 2 章　概念体系构建与研究观点 13
2.1　创新能力与产业集群升级 13
2.2　产业集群创新网络的构成主体 14
2.3　集群创新网络的特性 16
2.4　创新网络节点吸纳能力 17
2.5　创新网络节点吸纳能力研究 18
2.6　产业集群创新能力传递 22
2.7　创新网络核心节点企业创新能力传递强度 23
2.8　产业集群创新网络的生态性 25
2.9　产业集群自组织理论 26
2.10　复杂网络理论 27
2.11　创新能力传递障碍 33
2.12　本章小结 35

第3章 产业集群升级的创新网络核心节点创新能力传递 37
3.1 理论分析与研究假设 37
3.2 研究工具 41
3.3 数据分析与假设验证 43
3.4 讨论与应用 48
3.5 本章小结 53

第4章 产业集群升级的创新网络节点吸纳能力 56
4.1 文献梳理 56
4.2 创新网络节点吸纳能力的维度结构 59
4.3 提出创新网络节点吸纳能力对集群升级影响假设 60
4.4 研究设计 63
4.5 产业集群创新网络节点吸纳能力提升对策 72
4.6 本章小结 74

第5章 复杂网络的产业集群创新网络活跃度评价 76
5.1 相关研究述评 76
5.2 构建产业集群创新网络活跃度评价模型 78
5.3 实证分析 84
5.4 结论与建议 90
5.5 本章小结 92

第6章 产业集群创新网络节点企业创新能力动态评价 94
6.1 文献回顾 94
6.2 集群创新网络节点企业创新能力评价指标体系构建 96
6.3 产业集群创新网络节点企业创新能力动态综合评价 99
6.4 实证分析 105
6.5 装备制造产业集群创新网络节点企业创新能力改善对策 111

6.6 本章小结 112

第7章 产业集群生态系统的创新网络自组织演化机制 114
7.1 文献回顾 115
7.2 产业集群创新网络生态系统 Logistic 模型构建 120
7.3 产业集群创新网络的自组织演化条件与机制运行 124
7.4 研究结论 128
7.5 对策建议 129
7.6 本章小结 131

第8章 产业集群创新网络活跃度仿真模拟及改善 134
8.1 相关研究述评 134
8.2 产业集群创新网络活跃度影响因素分析 135
8.3 产业集群创新网络活跃度影响因素模型的构建 138
8.4 仿真模拟 141
8.5 模型验证与改善建议 147
8.6 结论与不足 154
8.7 本章小结 155

第9章 产业集群创新网络中创新能力传递障碍与集群升级......... 157
9.1 理论基础 157
9.2 研究假设与量表设计 159
9.3 实证分析 169
9.4 结论与实践应用 173
9.5 本章小结 178

第10章 创新网络成果传递能力与产业集群升级研究................... 180
10.1 文献回顾 180

10.2 集群创新网络成果传递能力对集群升级影响分析 184
10.3 假设检验 191
10.4 集群创新网络升级的对策建议 196
10.5 本章小结 198

第11章 创新网络中创新能力传递路径优化对产业集群升级的影响 200
11.1 理论分析 200
11.2 创新能力传递路径优化对集群升级影响分析 203
11.3 研究方法选择与数据来源 207
11.4 实证研究 208
11.5 促进集群创新网络升级对策建议 216
11.6 本章小结 217

第12章 创新网络活跃能力对产业集群升级影响 220
12.1 理论分析 221
12.2 集群创新网络活跃能力对集群升级影响分析 223
12.3 假设检验 229
12.4 促进集群创新网络升级的对策与措施 233
12.5 本章小结 234

第13章 创新网络的产业集群创新能力传递机制 236
13.1 文献回顾 236
13.2 研究假设的提出 238
13.3 量表设计与调查 241
13.4 问卷设计说明 242
13.5 数据分析与假设验证 243
13.6 讨论与应用 247

13.7 本章小结 249

本项目取得的部分科研成果 252

第1章 绪　　论

1.1 课题来源

本课题来源于 2016 年国家社科基金面上项目。
项目名称：创新网络活跃度对产业集群升级影响研究。
项目编号：16BGL016。

改革开放以来，产业集群作为多个企业联合的方式之一，已经成为我国经济发展的重要形式和载体，它是一个国家或地区的竞争力之所在。产业集群如何发展与升级、以及如何体现与提升经济的竞争力，归根到底取决于产业集群的创新能力。

从全球范围看，产业集群已成为区域经济起飞不可替代的一种核心力量与生产组织模式，是推动一些国家实现经济快速增长、获得国际竞争力的重要因素。产业集群发展的实践表明，产业集群不仅可以形成一种集群竞争力，而且有利于技术溢出和创新，形成集群式创新，由此增强集群创新网络中节点企业的创新能力。这种创新能力是促进集群节点企业可持续发展、提升集群整体竞争力进而推动区域经济发展的关键因素。

随着企业间竞争的日益激烈，一个企业要想获得持续不断的竞争优势，关键在于它的创新能力要能跟得上新产品的更新换代速度。一个产业集群也同样，根据产业集群发展的生命周期理论，其衰败是不可避免的。因此，当产业集群发展到一定阶段，为了提升其竞争力和获得持续不断的竞争优势，都要面临升级或转型的问题。产业集群的升级与企业转型又依赖于产业集群的创新能力。

创新驱动和经济升级是目前中国经济发展的两个关键词，前者是实现路径，后者是发展目标。经过多年的发展，我国产业集群实现了由技术落后、劳动密集型发展方式向技术创新和中高端领域发展的转变，这一趋势造就了推动经济发展的有力模式。与此同时，信息技术和共享经济的发展使得企业生产网络和社会组织结构越发复杂，网络化创新开始成为提升集群竞争能力的新模式，具体影响表现在创新网络实现了对创新要素的联结、降低了创新成本并加速了知识扩散。

中国正处于经济转型时期，对产业集群的下一步发展也在不断提出新的要求。然而，创新能力不强仍然是产业集群亟待解决的问题。产业集群升级依赖于集群整体创新能力的提升，但集群创新能力提升不单依赖于企业，还需借助企业所在网络的整体优化升级。创新网络可以将集群内外各创新主体联结起来，对创新活动起到风险分担、技术互补的作用，对集群企业战略实施、发挥集群资源优势具有重要影响。如果创新网络内的各主体创新能力提升，创新主体联结越紧密，越可以带动创新网络整体的活跃能力，对集群竞争能力产生重要影响，从而对产业集群升级产生积极作用。

1.2 研究背景和意义

1.2.1 研究背景

产业集群的发展源于 1920 年马歇尔对英国产业地区集聚性的观察与研究，直到 20 世纪七八十年代，"第三意大利"中小企业集群的迅速成长才引起了人们的高度关注。

当今，区域一体化、经济全球化正逐渐改变着世界，而产业集群这一极富特色的企业组织形式在各国经济发展中发挥着重要的作用。产业集群使具有经营领域相似性的企业集中在某一特定的区域开展经营活动并寻求发展，这些企业根植于当地独特的社会经济文化背景中，进行信息的交换与创新的传递。企业间存在着高度的竞争与合作，拥有很强的创新精神和竞争优势，如德国的斯图加特汽车产业集群、美国硅谷的高新技术产业集群、瑞士汝拉山谷钟表产业集群、德国法兰克福的化工产业集群等等。

新经济、城镇化、第三次全球产业转移这三大引擎创造了中国经济腾飞的奇迹，也造就了中国产业集群的快速发展。我国以劳动力和资源优势成为世界工厂，经济的繁荣催生了数量巨大的产业集群。

从我国产业集群的发展实践来看，区域经济得到了极大的发展，尤其是东南沿海地区，成长起一批竞争力强、专业化分工程度很高的产业集群，如长三角地区、珠三角地区等制造业或服装等中小企业产业集群。然而，近年来我国宏观经济发展不容乐观，GDP从2011年的9.3%降到2017年的6.9%，这样的经济发展态势将成为新常态。

由于我国产业集群发展历史较短，很多集群还处于发展的初级阶段，普遍存在产品技术含量低、群内企业生产技术水平不高等问题。我国在还没有完成工业革命的情况下就迎来了信息革命，因此发达国家的产业集群理论和经验与我国的实际经济环境、人文环境、企业创新能力和产业集群管理等都存在较大的差别，其理论指导和经验借鉴存在诸多限制，契合难度大。

我国产业集群企业作为宏观经济的重要组成部分，应该在信息革命的大趋势下积极寻求不同于以往的发展方式，尤其在创新网络正成为产业集群一种新的创新发展模式并发挥着至关重要作用的情况下，其功能将成为集群发展的直接驱动力，也是集群增强创新能力和竞争优势的源泉。

集群的创新能力是支撑产业集群持续升级的主导力量，创新能力直接关系到国家创新战略的实施，关系到整个集群创新网络的活跃性。因此，促进创新能力在集群创新网络中的传递，不仅可以提高集群创新网络的创新活跃性，而且可以增强集群的整体竞争力，对产业集群的升级具有重要作用。然而，创新能力在产业集群创新网络内传递的过程中存在来自各方的障碍，阻碍其有效传递，如果能认识创新能力传递过程中的障碍，并且能及时、有针对性地提出改善建议，则有助于集群中企业采取合理的创新战略，正确解决自身创新能力问题，进而提高整个集群的创新能力，有效促进产业集群升级。

要想对产业集群创新活动进行深入研究，就需要对集群的创新网络结构进行研究。复杂网络理论作为研究复杂系统的重要前沿理论和工具，在自然、工程、技术和社会等方面都有广泛的应用并显示出其科学性和有效性。将复杂网络理论与产业集群理论结合起来研究产业集群创新网络的结构特性，能进一步探索产业集群创新网络活动的状态，对集群升级的路径、机制和对策的研究方法和理论进行指导。但是，在一定的创新网络结构中如何定量地有效测度创新在集群创新网络中产生和扩散的效率和效果？创新和扩散的效率和效果又受哪些因素影响？我们从这些问题出发，对产业集群创新网络的活跃状态进行研究。

1.2.2 研究意义

1.2.2.1 理论意义

产业集群理论源于国外，经过几十年的发展，出现了一系列较为成熟的产业集群，如美国的硅谷软件产业集群、印度的班加罗尔电子信息产业集群和底特律汽车产业集群等，也形成了很多具有代表性的成熟理论。但因为国家经济发展水平和文化差异等多方面的原因，这些集群创新理论及实践虽对于我国的产业集群发展有借鉴意义，但并不完全适用。只有从我国实际的发展特点出发，对其差异和特点进行有针对性的研究，才能为我国产业集群发展与持续创新提出有实际意义的理论或模式。

产业集群是拥有经济、社会和学习等维度的网络组织，拥有由核心企业组成的关键节点，以及大学、科研院所、生产性服务机构、政府等辅助节点。以往从网络视角对产业集群升级的研究主要有"市场关系网络、社会关系网络和知识协同网络"。本课题从创新网络活跃能力出发研究其对产业集群升级的影响，在一定程度上弥补了先前研究的不足。波特的"钻石模型"站在集群角度分析竞争力状态，普拉哈拉德站在企业角度提出核心竞争力理论，认为创新网络在企业与集群的关系中发挥中介作用，再把核心竞争力理论引入到集群升级维度中，丰富了产业集群理论。

目前，国内现有的研究大多只关注集群网络的静态属性，或者只集中于某一网络类型整体结构特征对集群的影响，如知识网络、社会网络、价值链网络、共性技术创新网络、业务网络等方面的研究，缺少针对影响集群创新网络活跃度及其网络中各节点属性和企业创新活动特点的研究。知识在知识网络中的转移不能直接产生创新成果，也不能直接产生经济效益，会出现时间的延迟性，影响集群的升级。而创新能力在创新网络中的有效传递可将知识转化为可利用的创新成果，进而产生经济效益，促进产业集群的可持续发展。本课题从创新网络入手，提出集群创新网络活跃的概念和内涵，并分析在一定的网络拓扑结构特征下影响集群创新网络活跃度的因素，在一定程度上弥补集群创新网络与集群升级关系研究的不足，丰富产业集群创新网络理论，为后续研究奠定一定的理论基础。

1.2.2.2 现实意义

从世界各国的经济增长过程都可以看出，产业集群在其中所扮演的角色发挥着越来越重要的作用。产业集群不仅有力地促进了经济的发展，也在很大程度上促进了区域创新。所以，通过对影响产业集群创新网络活跃度各因素属性和作用的研究，建立产业集群创新网络活跃度影响因素评价模型和影响机制。运用这些理论和方法研究集群企业，可以了解和管控各因素属性对集群创新网络活跃度的影响，选择提升集群创新网络活跃度的路径和方式，并通过仿真模型确定集群创新网络活跃度的最佳状态，对健全创新网络、加强各行为主体的交流、优化网络资源配置、实现产业集群创新能力提升具有重要作用。

通过对产业集群创新网络节点企业创新能力的影响因素分析，构建产业集群创新网络节点企业创新能力评价模型，及时找出产业集群节点企业在创新过程中可能存在的问题，从而持续提高产业集群的创新能力，更好地促进产业集群的发展。

政府在集群创新网络中的作用也是本课题研究的重点内容之一，力图通过对创新基金和企业所得税调节作用的研究，考察政府支持产业集群升级的资金使用情况，这对政府认清产业集群升级本质、充分发挥政府调控能力有积极作用。可以为政府制定科学合理的政策提供方法和建议，有针对性地解决集群持续发展过程中存在的问题，提升集群创新水平。

1.3 研究目的

随着全球化和信息化的发展，产业集群成为当今世界上最具特色和竞争力的经济组织形式，也成为各个学科的研究热点。市场竞争的逐渐加剧，促使集群内企业高度重视创新能力。

我国产业集群在进一步发展过程中普遍出现了创新能力不够、发展后劲不足的问题，即少数企业创新能力较强，而多数企业创新能力弱，集群创新能力处于总体失衡状态，影响了整个产业集群升级发展。要想提高集群整体创新能力，仅仅依靠少数创新能力强的企业是不够的，还需要促使创新能力在整个集群中的有效传递。从实践看，产业集群创新网络中创新能力的传递不可能自发完成，既存在传递动力，也存在传递障碍。分析制约创新能力传递的各种影响因素，对提高产业集群的整体创新能力具有重要作用。

在产业集群创新网络中，只有创新能力有效传递才会增强整个集群的竞争力。所以，通过建立产业集群创新网络中创新能力传递影响因素评价模型，可以准确识别创新能力传递中来自各方面的影响因素和作用方式，进而研究产业集群创新网络中创新能力传递与集群升级的关系，有针对性地提出切实可行的改善对策，解决能力"锁定"难题，从而提高集群的整体创新能力，推动产业集群升级。

另外，产业集群的创新能力决定着产业集群的升级与竞争力的提高。当前，对于创新能力和创新机制的研究已有较多的成果，但对于产业集群创新网络中创新能力传递机制的研究很少。在集群复杂的创新网络中，创新能力存在于个人或企业或团队之中，只有将存在于个人、企业和团队中的创新能力传递出去，才能有利于促进产业集群升级与发展。所以，在激活集群创新网络中的创新能力时，就必须研究解决创新能力传递的路径和传递机制问题，只有解决了这些问题才能够从根本上解决集群创新网络中创新能力有效传递问题。

1.4 研究内容

1.4.1 产业集群升级的创新网络核心节点企业创新能力传递强度

通过文献研究进行逻辑推演，提出研究假设。确定研究使用的测量量表。对于集群升级和集群非核心节点企业创新吸收能力的量表，要借鉴国内外学者已开发的成熟量表作为参考，经过理论分析和行为访谈确定本课题研究使用的量表。对于创新网络核心节点企业创新能力传递强度量表，通过梳理国内外学者的相关研究，并结合行为访谈的方法，构建创新网络核心节点企业创新能力传递强度的指标体系。通过因子分析的方法，最终确立创新网络核心节点企业创新能力传递强度概念模型，得到其研究量表。通过构建结构方程，验证创新网络核心节点企业创新能力传递强度与集群升级的假设关系；通过层级回归分析，检验集群非核心节点企业创新吸收能力是否具有调节效应。最后对研究结果进行总结分析。

1.4.2 产业集群升级的创新网络节点吸纳能力

对产业集群创新网络中节点企业吸纳能力的研究是基于动态的能力理论，使用该理论对创新网络节点企业吸纳能力属性进行辨识，从概念的角度对创新网络节点企业的吸纳能力进行评价指标确认，构建节点企业创新技术吸纳的动态模型。通过对节点企业创新技术吸纳过程的分析，对创新网络节点企业吸纳能力进行初次维度划分，使用收集的样本企业数据进行探索性因子分析，划分创新网络节点企业吸纳能力的维度并进行完善。

通过国内外相关文献研究，剖析创新网络节点吸纳能力维度之间的关系，探究产业集群创新网络节点企业吸纳能力对产业集群升级的作用状态。确定研究变量，对变量间的关系进行分析，提出研究假设，建构理论模型。

在上述研究基础上，构建创新网络节点吸纳能力、产业集群升级测度量表，收集并整理数据。对数据进行分析验证，使用 SPSS 19.0 统计软件，对所测量的题项进行信效度检验，探索控制变量的作用，进行相关性分析。采用 AMOS 22.0 软件结合结构方程模型，对提出的研究假设进行验证并对结果进行分析。

1.4.3 基于复杂网络的产业集群创新网络活跃度评价

在构建产业集群创新网络活跃度模型过程中，首先对相关文献和理论进行梳理。基于复杂网络视角，结合产业集群创新网络特征及节点属性，提出产业集群创新网络活跃度的概念。其次，通过网络整体结构特征对集群创新网络中节点企业创新活动的影响因素和作用进行分析，确定创新网络活跃度的具体影响因素。结合创新网络特点和节点属性，初步确定包括网络中度因素、紧密度因素、介数因素等。根据这些影响因素对产业集群创新网络活跃度的影响状态构建各因素计算模型，同时确定各影响因素相应的指标权重。最后，基于各个影响因素计算模型构建产业集群创新网络活跃度的评价模型。

以三个产业集群为例，通过收集集群的相关数据，对三个产业集群创新网络的结构特征进行刻画与分析，对提出的创新网络活跃度评价模型进行实证检验并提出相关对策建议。

1.4.4 产业集群创新网络节点企业创新能力动态评价

首先，构建集群创新网络节点企业创新能力指标体系。根据第 2 章的理论研究，结合文献分析，运用行为访谈法提出集群创新网络节点企业创新能力的指标体系，并对各个指标加以解释。

其次，构建集群创新网络节点企业创新能力动态评价模型。详细阐述对改进熵值法与突变级数法的运用，以对集群节点企业创新能力进行静态评价，借鉴牛顿第二定律构建集群节点企业创新能力状态与趋势模型，以实现对集群创新网络中节点企业创新能力的动态综合评价。

最后，对集群创新网络节点企业创新能力进行实证研究。以秦皇岛装备制造产业集群创新网络中节点企业创新能力为例，运用集群创新网络节点企业创新能力状态与趋势模型进行动态综合评价。

1.4.5 产业集群创新网络的创新能力传递机制

首先，构建创新能力传递机制概念模型。通过文献研究，提出产业集群创新网络显隐性创新能力传递机制概念模型，并依此提出研究假设。

集群创新网络分为正式创新网络与非正式创新网络，区分正式与非正式创新网络的方式是要看创新能力的传递是由显性方式传递还是通过隐性方式传递。显性创新能力是在正式创新网络中传递，能够被集群中所有企业使用，具有明显的共享性。隐性创新能力是在非正式创新网络中传递，这种传递受到各种因素的影响，因此不是所有集群企业都能够获得创新能力。

其次，借鉴知识具有可传递性的原理。知识在传递过程中可分为显性知识与隐性知识，而且新的知识创造由显性知识与隐性知识的互动所产生。知识创造过程是由四种知识转化模式形成的知识螺旋推进而实现不断升华。由此，提出了知识传递的 SECI 模型。本课题借用该模型提出产业集群创新网络中创新能力传递形成方式，将创新能力分为显性创新能力与隐性创新能力，有助于探索集群创新网络中的创新能力传递机制。根据 SECI 模型，分出四种机制：隐性创新能力→隐性创新能力、隐性创新能力→显性创新能力、显性创新能力→显性创新能力、显性创新能力→隐性创新能力。

根据文献研究，结合产业集群和集群企业的特点以及企业实用性导向的要求，借鉴现有研究的成熟量表，初步确定影响创新能力传递的测量量表，选择有代表性的产业集群中的企业进行问卷调查，对问卷进行因子分析。

最后，创新能力传递模型的验证与分析。对获得的产业集群企业问卷调查数据进行统计分析，完成信效度检验以及验证性因子分析，并构建创新能力传递与产业集群升级关系的结构方程模型，构建产业集群创新网络的创新能力传递机制。

1.4.6 创新网络活跃能力与产业集群升级

通过对产业集群升级和集群企业的创新性活动特点的分析，运用网络理论及其结构属性对产业集群创新网络进行系统分析，初步设计创新网络活跃能力的测度指标。

基于波特钻石模型对产业集群竞争优势的形成规律进行研究，着重引入普拉哈拉德企业核心竞争力理论，制定产业集群升级的测量指标。然后，沿着"创新网络活跃能力—调节—产业集群升级"的分析思路，重点分析创新网络活跃能力对产业集群升级的影响。接着分析创新基金和企业税收优惠政策对产业集群升级的影响，考察其在创新网络活跃能力对产业集群升级的影响过程中如何起到调节作用。

验证研究假设。使用多元回归模型构建创新网络活跃能力与产业集群升级关系评价模型。验证创新网络活跃能力与产业集群升级是否存在正相关关系；创新基金在创新网络活跃能力对产业集群升级影响过程中是否存在调节效应；企业税收优惠在创新网络活跃能力对产业集群升级影响的过程中是否存在调节效应。

1.4.7 创新网络成果传递能力与产业集群升级机制

集群创新网络要素对集群创新成果传递能力以及集群演化升级产生的影响关系分析。根据理论研究，结合文献分析与专家访谈结果，确定集群创新网络成果传递能力评价要素及其测量方法，结合统计年鉴数据，运用结构方程模型识别关键影响因素，并提出创新成果传递能力与集群升级的影响关系。

集群创新网络成果传递能力影响集群升级机制构建。以生态系统理论的自组织理论为切入点，将产业集群创新网络的升级过程视为复杂系统的自组织行为。系统内部各要素之间复杂、非线性的交互作用，引起暂时平衡稳定系统的涨落，从而将集群创新网络推向新状态。而且，这种自组织升级过程与生物体为了适应外部环境而不断进化的过程极为类似。因此，可以以生态学理论作为研究基础。通过构建集群创新网络成果传递能力系统动力学模型，分析模型中涉及的主要影响关系，据此构建基于集群创新网络成果传递能力的集群升级机制。

1.4.8 产业集群创新网络中创新能力传递路径优化

在产业集群创新网络中，要为创新能力传递路径优化与产业集群升级关系构建评价模型。首先，根据文献研究，结合制造业的行业特点以及制造业集群中企业创新导向的要求，初步设计集群创新网络中创新能力传递路径优化的衡量指标，在具有代表性的产业集群中搜集相关数据，采用适合度景观理论构建集群创新网络中创新能力传递路径优化模型。

其次，借鉴现有研究的企业绩效指标，确定产业集群升级的测量指标。根据相关理论提出研究假设：节点企业中心度与创新能力传递呈正相关，节点密度与创新能力传递呈正相关，节点关联度与创新能力传递呈正相关，网络异质性与创新能力传递呈正相关，创新能力传递与产业集群升级呈正相关，创新能力传递在集群创新网络特征与产业集群升级关系中起到中介变量的作用。

最后，选择具有代表性的集群企业进行数据收集统计，进行验证性分析。运用多元线性回归模型进行实证分析，验证假设。根据中介效应基本原理，验证创新能力传递的中介作用。

1.4.9 产业集群创新网络活跃度仿真

产业集群创新网络活跃度影响因素的分析与确定。根据研究理论，结合相关文献梳理，基于过程视角，通过对集群企业在创新网络环境中其创新活动过程和创新能力扩散过程及二者耦合作用的分析，确定创新网络活跃度的影响因子。然后，建立产业集群创新网络活跃度影响因素的仿真模型。主要是根据网络演化规则，构建产业集群创新网络演化模型并进行模型仿真，分析和对比仿真结果，力图通过调整影响产业集群创新网络活跃度的各个因子来促进集群持续升级，并制订相应的对策与措施。

1.4.10 集群创新网络中创新能力传递障碍

首先，通过文献研究进行逻辑推演，提出本文的研究假设。其次，确定本文研究使用的测量量表。设计集群升级量表将借鉴国内外学者使用过的成熟量表进行改进确定。产业集群创新网络中创新能力传递障碍量表要通过梳理国内外学者的相关研究、结合行为访谈方法进行设计确定。最后要构建产业集群创新网络中创新能力传递障碍的指标体系，通过因子分析的方法，确立产业集群创新网络中创新能力传递障碍概念模型，得到其研究量表。

在对产业集群创新网络创新能力传递障碍与集群升级的实证研究中，选择秦皇岛开发区电子信息产业集群作为调查对象。首先，对调查问卷进行描述性统计分析，并检测样本数据的信度和效度。其次，进行假设验证，通过构建结构方程，验证产业集群创新网络中创新能力传递障碍与集群升级的假设关系。通过相关性权重计算，得到各个障碍因素对集群升级的制约强弱程度。最后，对研究结果进行总结分析。

在研究集群创新网络中企业创新能力传递障碍时，认为创新能力（载体是创新成果）是最容易被产业集群内行为主体所接受的，而知识的传递恰恰是人们被动地去学习，即当集群企业需要时才去学习。并且，当需要知识但是没有创新能力时去学习也达不到效果。对于创新能力，集群行为主体会主动去获取。因为一旦企业获得的创新能力产生创新成果，集群中其他企业认为这个创新成果能够给企业带来利益，就会主动去获取和提高创新能力。所以，研究产业集群创新网络中创新能力传递是最具有直接性的，这个直接性能够给集群创新网络中的企业带来经济效益。

创新能力以创新成果为载体在集群中传递，当然在传递过程中也会遇到传递障碍。如果企业产生的创新成果被其他企业随意获取，对于创新源企业来说是很不利的。所以，产生创新成果的企业不愿意将创新能力传递下去，以此来保护自己在集群中的长期竞争优势。但是，这又不利于整个集群创新能力的提升以及集群升级。所以，研究集群创新网络中创新能力传递障碍，一定程度上丰富了有关创新能力方面的理论，有利于指导集群企业克服创新障碍，提升创新网络的创新活跃能力。

1.5 课题研究的学术思想

（1）明确提出集群创新网络活跃度是集群升级的最直接驱动因素。中外学者认为：产业集群升级是集群克服衰退、提高竞争优势、充分利用集群创新资源的关键途径。集群升级离不开创新网络整体运作和企业参与，集群企业的创新活动又受到创新网络的影响和约束，而创新成果最能直接给企业带来经济利益。因此，无论是从企业追逐利益还是集群整体升级角度来看，都会从创新活动中真切和直观地感受到集群创新网络活跃度的作用。所以，研究集群创新网络的活跃度将直接关系集群的升级状态。

（2）集群创新网络是集群持续升级的核心网络。在已有的集群网络研究中，无论是与创新活动有关的"知识、人才和信息"等网络，还是反映集群企业绩效的"业务和社会"网络，都无法替代集群的创新网络。因为在集群的发展中，集群企业只有通过创新活动并形成创新网络才能提升企业和集群的竞争优势，形成持续发展的能力。据此，课题以集群创新网络为集群升级的驱动力及核心网络，引导集群企业把握集群升级发展的主导趋势，把有限的资源投到关键创新领域，减少创新风险。当然，上述提到的间接网络的价值作用最终是体现在创新网络的成果中的，但是它们不是直接驱动集群升级的核心网络。

（3）激活集群创新网络是实现集群升级的有效途径和方法。网络属性认为：①集群创新网络规模越大，结构洞数量就越多（多个核心节点企业），越有利于创新活动。②网络开放度越高，存在结构洞的可能性就越大，创新活跃度越高。③企业在创新网络中的等级度越高，带动效应越好。④中心度越高，核心企业获取资源的能力与控制能力就越强，对创新网络影响越大。⑤度数中心度越高，企业从属的行业个数就越多，越容易从交叉知识中获取创新灵感，创新能力越强。因此，集群创新网络活跃度越高，对集群升级越有利。

第 2 章 概念体系构建与研究观点

2.1 创新能力与产业集群升级

2.1.1 创新能力内涵

国内外学者对创新能力内涵的研究从创新内容和创新过程两种角度出发，界定其构成维度。

从创新过程角度出发，学者将创新能力的内涵界定为：企业搜寻、识别、获得外部新知识或发现已有知识的新组合或新应用，进而发掘能创造市场价值的创新成果所需要的一系列战略、组织、技术和市场惯例。还有学者用创新成果的产出对创新能力加以衡量，认为创新成果的产出是评价创新能力最现实的指标。上述关于创新能力内涵的研究为创新能力以创新成果为载体在集群中进行传递这一课题的提出提供了理论支持。

2.1.2 创新能力与知识的关系

知识与创新能力之间既有联系又有区别。《创新能力教程》一书阐述了知识也和其他事物一样有弱点，即滞后性。而创新能力是组织获得竞争优势的决定性因素，是组织提高综合实力和经济效益的主要途径。张军和许庆瑞（2015）分析了知识与创新能力之间的联系，提出企业知识在一定程度上影响着创新能力。知识是创新能力的基础，但不等于创新能力，知识需要激活才可能转化为创新能力[1]。这一结论肯定了知识对创新能力的作用，同时又指出知识在转化为创新能力过程中有滞后性的弱点。除此之外，还有学者提出知识与创新能力在给企业带来经济效益方面的区别。提高企业知识积累水平，并不能直接促进企业产生经济效益，必须将知识转化为创新能力才能有效地产生创新成果，在为企业带来利益的同时还能提高其竞争力。通过转移而来的外部知识如果不能转化为企业创新能力，反而不利于企业的经营发展。

综上所述，知识在集群中的转移并不能直接给企业带来经济效益，创新能力在集群中的传递能为企业乃至集群带来利益，证明课题研究创新能力在集群创新网络中传递是具有实践意义的。

2.1.3 创新能力与集群升级的关系

迈克尔波特从竞争力的视角展开分析，将竞争力的影响因素分为6个方面，构成了类似钻石结构的模型，即"钻石"模型。"钻石"模型的6大因素分别为生产要素、需求要素、相关产业和支持产业、战略要素及其结构要素和竞争、机会要素与政府要素。并且指出集群及其企业的竞争力水平取决于生产力水平，而提高生产力水平的关键是创新能力的提升。可见，研究集群企业的创新能力是产业集群竞争力研究的重要方面。

从狭义角度来讲，集群创新能力的提升是集群升级的关键。Kohpaiboon 和 Jongwanich（2013）提出集群创新能力是由集群企业通过创新活动实现的，整体集群创新能力提升离不开每个集群企业创新能力的提升[2]。因此，研究集群企业个体层面的创新能力是研究集群整体层面创新水平的基础。然而，集群创新能力并不能由为数极少的创新能力强的集群企业所代表。产业集群是由不同类型的企业基于专业化分工而形成的网络体系，集群成员之间应通过合作交流，相互影响、相互促进，才能避免少数集群企业创新能力强、多数集群企业创新能力不足，影响整体产业集群创新能力的提升这一问题。因此，集群创新能力提升需要集群成员充分发挥创新协同效应，在竞争与合作中寻求一种共同发展的平衡状态，共同促进产业集群整体创新能力向更高层次提升。因此，集群创新能力提升是集群不断升级发展的推动力量。

2.2 产业集群创新网络的构成主体

产业集群创新网络的层级结构是由各个行为主体在集群创新活动中所起的作用差异形成的。集群创新网络由内到外可以划分为核心层、支持辅助层以及外部环境层三个层级，具体分析如下：

第一层为核心层。企业在创新成果商业化过程中起到关键性的作用，是集群创新网络的核心主体，与围绕着企业的供应商、销售商、竞争性企业共同构成集群创新网络的核心层。核心层网络由垂直关系和水平关系构成，企业之间基于价值链、竞争与合作等方式进行创新互动。

第二层为支持辅助层。政府、中介组织、金融机构以及大学和科研院所构成集群创新网络的支持辅助层。集群创新网络的辅助层为网络核心层企业进行创新活动提供资金、技术、信息、政策等支持。同时，大学和科研院所与企业通过合作、协助方式参与企业的创新活动，进行共同创新。

第三层为外部环境层。产业集群外部的市场环境构成集群创新网络的外层结构，集群创新网络主体在一定市场环境下进行创新交流和互动，与外部市场的协调和适应是集群升级发展的环境基础。

通过分析整理，得到集群创新网络的层级结构图，如图 2-1 所示。

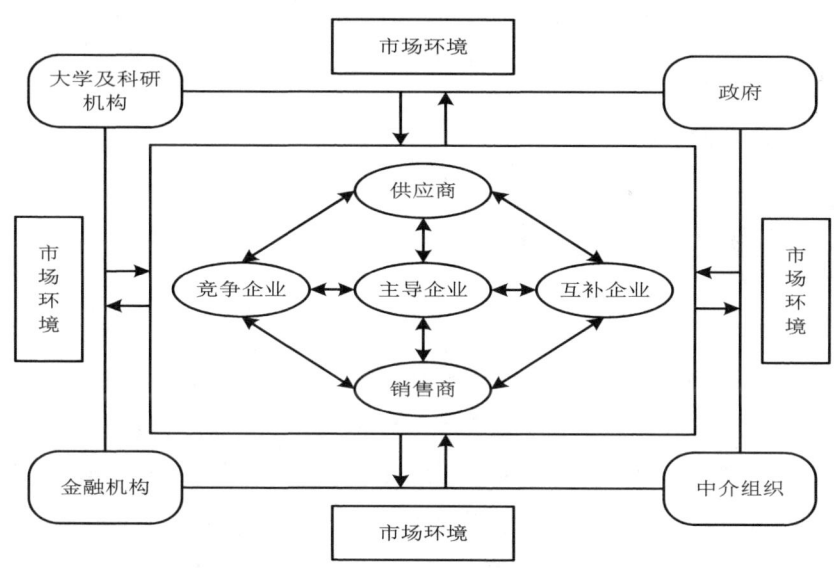

图 2-1 产业集群创新网络层级结构图

在产业集群创新网络中，集群企业可分为核心节点企业与非核心节点企业。集群核心节点企业承担着引领集群非核心节点企业创新能力提升以及整个产业集群升级发展的重要责任。然而，针对创新网络核心节点企业概念的界定，国内外学者还没有达成共识。但是，一致认为核心节点企业在经济实力、技术能力、创新资源获取、机会识别、环境应变以及创新人才等多个方面具有的创新优势，使核心节点企业成为产业集群核心竞争力的主要来源。

根据国内外学者的相关研究可知，网络核心节点企业是集群创新网络的"战略中心"、协调中心，是创新网络中规模最大（Vlachopoubu & Manthou，2003）、占据强大市场份额的大企业[3]。同时，核心节点企业具备持续的创新能力，拥有其他企业难以模仿的核心技术（Day & Dousset，2005），是产业集群的"技术高地"[4]。因此，核心节点企业通常是集群的龙头企业和领军企业，处于产业集群"结构洞"位置，起到沟通集群内部与集群外部的"桥梁"作用（李慧，2012），对于集群发展具有举足轻重的作用[5]。

综合国内外的相关研究，认为网络核心节点企业通过整合集群内外部创新资源，并利用知识、人才等各方面创新优势，形成创新成果并不断传递给集群内的其他节点企业，带动集群企业共同发展，是对集群发展具有不可替代作用的中心企业。网络核心节点企业一般是集群创新网络中的龙头企业、领军企业等相对于集群其他节点企业在多个重要方面具有明显优势的大企业。

2.3 集群创新网络的特性

集群创新网络具有与其他集群网络模式不同的特性，主要表现为以下三个方面：

第一，异质性。集群创新网络成员在资源、技能、知识、规模等方面存在差异性，从而导致不同成员在集群创新活动中所占据的位置不同，发挥的作用也不同。大学和科研院所由于拥有专业的研发人员和科研人员，他们是输出创新技术和成果的重要成员。而将创新成果真正投放市场、实现商业化，离不开集群企业的重要作用，集群企业需要产业链上下游相关企业的配合，同时需要中介机构和金融机构提供相应的支持。因此，创新网络成员的异质性是集群成员合作开展创新活动的基础条件。

第二，交互性。技术创新是需要交互式集体学习的。在集群创新网络中，集群创新网络成员进行有效的知识搜索、信息识别以及共享，更有利于提升集群整体的创新能力。

第三，开放性。随着经济全球化的发展和竞争的加剧，产业集群创新所需的资源、知识等不能只局限于集群创新网络内部，而是需要不断与创新网络外部开展技术交流和学习活动。

综上分析,集群创新能力相关理论和集群创新网络相关理论是产业集群升级的重要基础理论。集群升级发展离不开创新能力的推动,也不能仅依靠单个集群企业的创新能力,同时还需要集群企业之间发挥创新协同作用,促进集群整体创新能力的提升。集群创新网络为集群成员之间进行协同创新提供了网络平台。在集群创新网络中,核心节点企业占据重要位置,其创新能力较集群非核心节点企业强。因此,产业集群能力充分发挥核心节点企业的创新带动作用,将其创新能力在集群中传递,对于集群整体创新能力提升以及集群升级演化具有重要的意义。

2.4 创新网络节点吸纳能力

2.4.1 吸纳能力概念与结构

2.4.1.1 吸纳能力的概念

研究吸纳能力的首要问题是明确吸纳能力的概念。对吸纳能力进行研究,首先要在概念方面对吸纳能力有所了解。研究者们最广泛运用的吸纳能力的含义是由 Cohen 和 Levinthal(1990)首次提出的。他认为吸纳能力通过评估、消化、运用这三个阶段,将从外部环境中获得的新知识运用到商业之中以获取盈利空间的能力[6]。之后的研究者都是在 Cohen 和 Levinthal 给出概念的基础上,根据自身课题的需要,对吸纳能力的定义进行修改和拓展。例如,有的学者将吸纳能力看作是从外部环境中引进创新技术的管理能力。

还有的学者从组织的流程角度考虑吸纳能力,以四个维度划分吸纳能力,这四个维度是获得能力、吸收能力、转化能力、利用能力。他们认为应当把吸纳能力看作是一种技能,这种技能是为了取得企业所需的隐性知识,并对这些知识进行消化吸收。这个观点着重于人力资源的管理方面,指出工作人员的能力对吸纳能力有重要的作用。在对组织从外部环境中获取知识过程的研究中发现,对知识的运用要经过三个阶段:对需要从外部获取的新知识进行识别;转化外部的知识使之与组织的要求相匹配;通过对从外部吸收的知识的学习研究,进而创造新的知识。虽然学者们根据实际情况提出了符合自身课题研究的吸纳能力的定义，但都认为它是一个动态的过程概念。

2.4.1.2 吸纳能力的结构

能够对吸纳能力维度进行正确性的划分，是探究吸纳能力在产业集群创新网络中作用的基础。由吸纳能力的概念可以知道，研究者多数认为吸纳能力的概念是多维度的。这是因为不同的研究视角对吸纳能力研究的侧重点是不同的，所以划分吸纳能力的维度就有了一些差别。

从对文献的梳理可知，主要是从两个方面划分吸纳能力的维度。一方面是从过程学习的角度进行维度划分，另一方面是从环境影响的角度进行维度划分。

从环境影响的角度进行维度划分是错综复杂的。部分研究者从影响因素方面划分吸纳能力的维度。将吸纳能力划分为文化知识、交流沟通的制度等。虽然是较为繁杂的研究，但也存在共同点，就是对知识文化的学习与管理非常重视。

2.4.2 吸纳能力结果研究

吸纳能力的结果是对企业产出的影响，即企业的利益问题。研究吸纳能力是为了使组织获取更多的利益。对吸纳能力与组织产出的关系进行概括：

从组织内部管理上看，主要是研究吸纳能力在组织内部如何进行知识的转移；从组织的经济效益层面上看，吸纳能力的产出有两种：第一种是包括盈利能力、竞争能力、组织效能等方面的企业绩效；第二种是包括组织影响能力、产品或服务的能力等在内的组织能力；从组织间层面上来看，探究的是联盟企业或合资企业如何对所吸纳的文化知识进行转化、集群企业间如何合作创新等问题。

2.5 创新网络节点吸纳能力研究

2.5.1 基于动态能力理论的创新网络节点吸纳能力

为了适应激烈的全球化市场变化与竞争，动态能力对组织内外管理能力进行整理、建造和重新构建。动态能力的着重点在于利用资源以及对资源的循环利用和转移流程。组织的动态能力也被认为是企业对文化知识进行处置和运用的能力。

镶嵌于企业流程中的动态能力，会对企业流程创新所需的外部知识产生影响，促使企业快速适应变化的市场环境，使组织能够迅速适应激烈的市场竞争要求，以便对企业资源进行重新规划以应对企业变革，并在竞争中取得优势。

从动态能力的角度出发，就是要强调创新成果能力吸纳的过程是动态变化的。在吸纳创新成果的各个阶段中，企业要不断地学习和获取创新成果及其创新的经验，从而更好地提升吸纳能力。企业创新成果吸纳能力的强弱，影响企业根据改革的动态要求不断整合所需要的创新技术的效果，决定其能否对企业流程进行合理的改进，以提高竞争效率。

2.5.2 创新网络节点吸纳能力的定义

对企业创新成果吸纳能力的研究，已经引起了相关学术界的高度重视。但是，由于学者研究的侧重点不同，至今对吸纳能力都没有明确的定义。

从上述的观点看，一般将吸纳能力看作是对知识文化的学习与吸收，是一种静态的能力。在过程的观点上认为是对静态观点的延伸，不仅要求关注知识的内容，还要关注学习吸纳知识的过程。

从 Cohen 和 Levinthal 的过程观点看，反映了企业如何吸纳知识的过程。对静态观点进行拓展研究，延伸到过程的视角，为在理论上深入研究创新成果吸纳能力奠定了基础。因此，本研究采取过程的观点探究创新网络节点企业的吸纳能力。

为了探究动态过程的吸纳能力，先要理解如何从外部环境中对创新成果进行吸纳。只有明确了解企业吸纳创新成果所经历的过程，才能认清在这个创新成果吸纳能力形成过程中涉及的组织能力影响因素。

2.5.3 创新网络节点吸纳过程

2.5.3.1 创新网络节点吸纳过程模型

了解创新网络节点吸纳过程模型的目的是了解创新技术在企业中是怎样完成和实现吸纳的。从文献梳理看，多数研究者注意到了对过程模型的研究，这种模型更深入地描绘了创新过程的本质。过程模型在支持创新成果吸纳过程的研究中有很大的帮助。因此，本研究用过程模型来阐述组织吸纳创新技术的过程。

对创新成果进行吸纳是一个过程，在这个过程中对创新成果进行识别、采用、接纳和运用。要实现企业的经营价值，深刻理解创新成果在企业中是怎样被识别、采用、接纳和运用的变得尤为重要。

企业要清楚自身的需求和能够使用的未来发展方案，经由比较、评估后要做出是否采用某个方案的决策，之后实施方案使得创新成果能够转化成经营绩效，让成果转化过程最终通过企业条理化规则使创新成果的运用成为常规化的工作方式，并在组织中固化下来，使创新成果能够与组织融合。借鉴吸纳过程模型，将对创新成果的吸纳过程分为五个阶段：识别、采用、实施、接纳、融合。

首先对企业的创新问题进行识别和选用适合企业需求的创新活动方案，然后评估方案并决定是否要采用，之后在组织中实施该创新成果，使创新成果匹配于组织业务流程。在实施过程中，企业员工经由理解、学习、掌握到接纳这项创新成果，使得创新成果在组织中拓展和传播，成为企业常规化的工作方式。至此，创新成果可以很好地融合到组织之中。这五个阶段相互作用，不断循环变化，形成一个动态的闭环过程。

创新网络节点吸纳过程是一种动态的、不断循环的过程。一方面，通过吸纳的过程可以积累经验，进一步提高吸纳创新成果的能力；另一方面，企业吸纳创新成果可以增强企业的文化氛围。吸纳创新成果之后，所吸纳的创新成果与组织相互渗透、相互融合。经由评估之后，对企业需求进行重新的修正，再一次进入一个新创新的成果吸纳过程。

2.5.3.2 创新网络节点吸纳过程分析

（1）识别

识别能力是对组织激烈竞争的市场环境进行辨别，对企业存在的问题和发展的方向进行合理的定位，给出与组织需求相匹配的方案。

（2）采用

采用能力是企业能够辨别出组织的危机问题，识别出能够解决危机的适合企业需求的创新成果，为解决危机提出相应的方案并对方案进行评估，做出正确决策的能力。

（3）实施

实施能力是在承接了采用能力之后所体现出的一种经营管理能力。在创新成果采用过程中，企业辨别出所需要的创新成果，承接采用创新成果之后的实施就需要使得创新成果在组织中得到运用。如果企业的实施能力欠缺，那么企业的创新方案就不能按照预期实现其经营目标。

（4）接纳

接纳能力是指企业工作人员从内心接受创新成果并按计划执行的能力。接纳阶段的问题在于采用的时机及如何采用。当企业做出采用决策后，怎样使工作人员尽可能早的接受是接纳阶段的首要关注点。

（5）融合

融合是指在企业中运用创新成果，并使这种创新成果的运用常规化，为企业再创造奠定工作基础。融合就是对创新成果实现全方位的运用，并将创新成果融入企业的文化中，进而提升组织的效能。要在企业中进行创新成果融合，组织员工与创新成果相互影响、相互作用、相互渗透。只有当吸纳的创新成果完全地融入到组织之中时，才能在激烈的市场竞争中为企业带来竞争优势。

2.5.3.3 创新网络节点吸纳过程总结

在归纳整理国内外大量文献并探究企业实际情况的基础上，建构了产业集群创新网络中创新成果吸纳的过程模型。企业创新成果吸纳的五个过程是息息相关不可割裂的，是一种动态的循环过程。

本研究将产业集群创新网络节点企业创新成果吸纳过程划分为五个阶段，在理论研究和实践意义上都具有指导作用，可以深入地研究怎样对创新成果进行吸纳，拓展了相关的理论研究。从实践的视角出发，使得企业可以依据各个阶段中出现的问题探寻具体的解决办法，可以将存在的问题具体到每个阶段，同时提供有针对性的实践指导。

2.5.4 创新网络节点吸纳能力的概念内涵

创新成果吸纳能力在相关研究中被普遍地运用。不同的学者根据所需对吸纳能力进行了与其课题研究相符合的定义。这使得吸纳能力的概念是多样性的，没有统一的定义。因此，在本课题的研究中，需要根据课题研究的着重点重新建构概念，即创新成果吸纳能力是以产业集群升级为背景，重新对创新网络节点企业创新成果的吸纳能力概念进行建构。

在国内外文献研究的基础上，结合本课题中对于创新成果的吸纳背景，提出产业集群创新网络节点企业对创新成果吸纳能力的涵义，即创新网络节点企业创新成果吸纳能力是指集群创新网络中企业对创新成果能够产生从识别、采用、实施到组织内部接纳并将创新成果融入企业流程而形成自觉执行的能力。

2.6 产业集群创新能力传递

2.6.1 创新扩散模型

对创新扩散的研究始于熊彼特（Schumpeter）的创新理论，他将创新"模仿"视为创新扩散。而后众多学者对创新扩散模型展开研究，典型的有 Fourt-woodlock 模型、Mansflieid 模型以及 Bass 模型。Fourt-woodlock 模型将创新扩散归结为外部影响，主要是通过广告形式进行大众传播；Mansflieid 模型将创新扩散归结为内部影响，主要指人与人之间的口头传播，采纳者通过口头交流向潜在采纳者进行创新扩散。最典型的是 Bass 模型，该模型综合了 Fourt-woodlock 模型和 Mansflieid 模型的研究结果。运用微分方程法对创新扩散进行建模，对创新产品和创新技术的采用与扩散进行研究，认为创新和模仿是影响技术创新成果扩散速度的两个重要因素。同时，后续学者在 Bass 模型基础上发展的衍生模型在不同特定研究中应运而生。例如，将供应限制因素引入 Bass 模型中，具体分析了在此环境下如何进行供应管理促进创新产品有效扩散。黄玮强、姚爽和庄新田等（2015）使用 Bass 模型构建了基于无标度网络的创新扩散模型，在潜在采纳者关系网络中，将无标度网络的度分布幂指数引入模型进行研究，发现潜在采纳者的创新接受意愿也是影响创新扩散深度和速度的重要因素[7]。

2.6.2 创新扩散强度

创新扩散模型为后续学者对创新扩散强度的研究奠定了理论基础。如以技术交易合同数为变量，基于 VAR 模型的脉冲响应函数提出了技术创新扩散强度的测度模型，但并未界定创新扩散强度具体内涵。从区域创新的角度研究，指出了区域技术创新扩散强度是区域系统内部成员通过多种传播途径对创新性技术进行扩散，促进创新技术在区域系统内广泛运用的能力及强弱程度。有学者基于技术创新扩散过程的空间维度，将技术创新扩散强度分为相对强度和个别强度。

罗晓光和孙艳凤（2015）以原胞自动机模型的建模思想为基础，通过控制创新传播网络结构参数（网络密度、网络直径、初始创新者数和创新信息采纳概率4个网络结构变量）探讨不同因素影响下的创新成果扩散效果，发现网络成员交流互动越容易、联系越频繁，对创新成果扩散速度和规模越有利。而网络成员之间的信任关系以及创新发送者的态度对创新扩散有很大影响[8]。

综上分析可知，在以往学者对创新成果扩散的研究中，创新成果扩散模型是研究创新扩散的基础理论模型。在此理论基础上，研究技术创新扩散的强弱程度，提出创新扩散强度的概念并构建了不同的测度模型。此外，学者们基于不同的研究视角，分析了不同的影响因素，并指出创新成果扩散速度和创新扩散深度是影响创新扩散强度的两个主要方面。

在上述研究基础上，本书运用引力模型和熵值法测量技术创新扩散强度，指出创新成果本身的特性是影响创新扩散的重要因素，比如创新成果前沿性和先进性。同时，创新成果扩散的深度是衡量创新传递效果的重要指标。

2.7　创新网络核心节点企业创新能力传递强度

产业集群升级离不开集群创新能力的推动，而集群创新网络是实现集群创新积累、扩散和传递的系统平台，集群升级是在集群技术创新以及集群网络节点企业创新互动中实现的。

在集群创新网络中，核心节点企业的技术和资源优势使其成为集群技术高地。因此，研究创新网络核心节点企业创新能力在集群创新网络中的传递和扩散，对集群升级发展具有重要价值。

通过以往学者对集群创新传递的相关理论研究发现，创新扩散速度和创新扩散深度是影响创新扩散强度的两个主要方面。然而，以往研究主要集中在一定区域系统以及知识网络层面，较少在产业集群创新网络中进行研究，并且重在分析网络节点企业之间创新知识的流动，并没有突出创新网络核心节点企业的创新能力对集群非核心节点企业乃至整个集群创新能力提升的带动和影响。

基于以上分析，本课题着力研究产业集群创新网络核心节点企业创新能力传递强度。基于集群企业创新能力的概念，在集群创新网络核心节点企业创新能力传递过程中，着重分析网络核心节点企业以创新优势和创新成果通过创新网络系统将其创新能力以创新产品和创新技术的形式传递给集群非核心节点企业，集群非核心节点企业进行模仿和跟进的过程。

综合以上相关理论，本文对产业集群创新网络核心节点企业创新能力传递强度进行定义，认为创新网络核心节点企业创新能力传递强度是指集群创新网络核心节点企业以创新优势和创新成果通过集群创新网络系统，对集群非核心节点企业创新活动产生的影响程度。

集群创新网络核心节点企业比集群非核心节点企业具有更多的创新优势，是形成创新能力的基础条件，主要表现在集群创新网络核心节点企业中创新人才水平较高，且数量较多。企业内部创新能力较强，能更加有效地识别创新信息，及时把握行业的创新机会，并且较容易获取资金支持。同时，政府也会将更多创新性资源倾斜给网络核心节点企业。集群创新网络核心节点企业的创新成果主要包括核心节点企业通过其创新活动形成的创新成果，表现为创新产品和创新技术等，这些创新产品和创新技术具有较高的新颖性和较高的技术含量。最重要的一点是能够满足集群升级发展过程中集群非核心节点企业的创新需求，从而为集群非核心节点企业开展创新活动以及集群核心节点企业进行新一轮创新打下基础。

下面对产业集群创新网络核心节点企业创新能力传递强度内涵进行详细阐述。

首先，创新网络核心节点企业创新能力传递强度是以集群创新网络为研究背景，体现集群网络成员之间以创新活动为纽带形成的网络关系，最终目的是实现产业集群整体发展。通过集群创新网络系统，促进了集群内部节点企业之间的创新交流与互动，有利于企业之间通过创新合作促进创新能力的提升。

其次，创新网络核心节点企业创新能力传递强度的概念体现了集群创新网络系统中核心节点企业的带动和引领作用，通过创新网络核心节点企业的辐射作用进行创新传递。由于创新网络核心节点企业创新能力较强，集群中的弱势企业会模仿跟进创新网络核心节点企业的创新产品，接受创新成果，在模仿中提升企业创新水平，促进集群整体创新能力提升。

最后，创新网络核心节点企业创新能力传递强度概念侧重研究创新能力的传递。与知识传递和信息传递相比，创新能力对集群企业发展的影响最为直接，也最容易获得创新效益。因此，集群非核心节点企业可以通过与创新网络核心节点企业以及集群其他企业的交流学习，采取模仿其创新产品等成果形式进行创新跟进，促使企业创新能力提升，最终促进集群整体发展。

2.8 产业集群创新网络的生态性

集群创新网络内部企业间协同合作、稳定发展的状态会受到集群外部环境的影响，以致集群产生动态变化，这种演化过程与自然界的生态系统具有相似性。生态学理论包括种群生态学、系统生态学、发展生态学等，能够较为清晰地描述自然界生物种群的进化规律。

在特定的市场环境中，集群企业竞争资源、协同合作的发展状态与生物种群优胜劣汰、共享群居的生存状况相类似。据此能够更为合理地解释产业集群创新网络开放、动态、非平衡等特点，更能清晰地剖析相互竞争合作的企业群落通过专业化分工形成机构成熟的产业集群具有生态特征，其创新发展的模式是以网络形态出现，并在相互竞争和共享集群资源（创新资源、信息资源、品牌资源、人力资源等）的过程中形成自组织功能，完善自组织机制，从而能够积极推动集群的发展。万幼清（2014）认为集群是一种生态学概念，集群创新系统具有开放性、整体性和动态性等特征[9]。集群的发展同生物群落的演化具有极高的相似性，因此，产业集群创新网络的发展同样存在涨落起伏的规律。在其发展停滞的情况下，也是由集群的生态性使集群创新网络内的主体不断与网络外部的环境进行物质、能量、信息的交换，从而产生集群创新网络的自组织演化。也就是说，集群创新网络的形成以及由无序向有序的发展是集群创新网络自身形成的演化的过程，其理论基础是集群具有生态系统特性。

集群企业类似于生态系统开放的网络竞争关系。随着环境的变化失衡并放大为巨涨落的特点，为集群创新网络自组织演化的研究提供了理论基础。基于此，有学者运用生态学理论研究产业集群创新网络的特性，进一步丰富了集群创新网络理论的内涵。例如刘满凤（2015）在 logistic 模型的基础上进行扩展，描述在共生关系的作用下集群创新网络中企业的成长情况，并进行稳态性分析，认为产业集群应建立一种发展模式，使集群企业形成差异化的协作与竞争关系[10]。

综上所述，大量的具有相似性质的企业构成企业种群并嵌入某一行业中，由于地理上的优势而聚集成企业生态群落，该群落与环境构成了集群创新网络生态系统，此种生态系统是依网络形态发展变化的，并具有开放的、动态的特性。因此，在一定的条件下，可以利用生态系统相关理论对集群企业的竞争关系进行描述，了解集群创新网络内的各企业间的演化规律，为研究集群创新网络自组织演化奠定了基础。

2.9 产业集群自组织理论

从产业集群创新网络的实际运行方式看，其优势来源从以技术特征竞争合作的专业化分工到以配套产业协同的生态系统，充分体现了市场竞争的作用。可以说，产业集群在发展过程中，在市场机制的作用下具有一种强大的自组织能力。

在物理学中，自组织现象、规律是自组织理论主要的研究对象。目前包括耗散结构理论、协同学理论、突变理论等。德国理论物理学家哈肯认为，组织自身在没有外界强制指令的控制下自身形成特定规则和程序，其内部要素各司其职并相互配合形成一种有序的结构，这一过程就是自组织。自组织可以看作是一个不断与外部环境进行物质、能量和信息交换的开放性系统，在结构体系和运转机制的作用下不断降低熵的含量，使系统由无序状态演化为有序状态。

集群自组织特征表现的是集群各企业通过自身努力，不断开发、满足用户需求，自觉地形成了集群扩张发展的运行方式。在正负反馈循环的作用下，形成了产业集群相关产业各自发挥其专业职能，共同服务于产业集群的发展，形成了产业集群自己的一套有序和具有特定规则的组织结构，也就是产业集群的自组织特征。这种运行方式具有内外部环境多样性、动态发展、网络状结构等特点。

在 20 世纪后期，产业集群通过复杂系统的自组织理论和协同作用产生演化发展,具有自组织、自适应和协同进化的特性,调动和发挥集群的自组织机制可以使集群发展到更高的水平。同样,集群创新网络是具有自组织特性的复杂自适应性系统,其具体的分析框架描述了产业集群发展的自组织过程。国内学者也将自组织理论应用于产业集群系统的研究中,对产业集群的演进路径和升级发展过程中的关键问题进行了探讨。

以复杂系统为基础描述产业创新系统的自组织特性,构建产业创新系统自组织演化的动力模型,为产业集群创新网络自组织演化奠定了基础。产业集群在自组织过程中,集群的创新活动具有聚集、流动、非线性和多样性等创新网络特征,而且资源在创新网络中的流动促使自组织的有效演进,为创新网络进一步应用复杂适应性系统理论提供了依据。从产业集群的自组织机制的推动,到发现产业集群形成了自创生、自生长和自维持三阶段的发展演化模式,反映了集群升级的进程特征。郭利平(2015)研究了创新集群从创生到成熟的过程,并将其简化为一个开放结构不断与外界交换,形成涨落,进而出现系统质的巨变,最终突破旧秩序达到新的稳定状态的自组织过程[11]。

综合集群创新网络的概念,从集群生态系统角度分析集群创新网络的自组织演化机制,表现为,在集群创新网络的节点数量、节点密度和中心度数量等网络要素发展到适当程度时,在市场竞争的作用下促使创新成果产生,又经过网络要素与集群生态性的作用使创新成果发生传递,此时网络环境发生突变,集群受到系统内部要素和环境因素的随机干扰,其中的企业、部门、机构在合作竞争运行方式的推动下,在技术上会出现一系列相关的创新活动与创新成果,进一步提升集群的创新能力,集群也随之发生演化,这种现象是集群创新网络自发产生的。可以说,集群创新网络是集群企业为适应创新复杂性和环境复杂性的自组织涌现,这种自组织演化机制是集群创新网络生态性的一种表现,在适当的条件下,构建集群创新网络自组织演化机制,能有效推动集群创新网络的发展。

2.10 复杂网络理论

2.10.1 复杂网络的基本概念

复杂网络就是呈现高度复杂性的网络,是由节点本身与其他节点之间关系的集合所构成的,这些节点本身很简单,但是节点之间的联系和交互作用往往体现出很高的复杂性。复杂网络是一种研究真实复杂系统的有效手段,从全新的视角和思路对复杂性进行分析,是一门新兴的交叉学科,可以应用于社会、医药、管理、工程技术等许多领域,具有极其重要的价值和意义。

复杂网络的复杂性主要体现在以下几个方面:

结构复杂。由多个节点或者子系统组成,具有多层次结构,且网络结构呈现不同的特征。

网络形成过程复杂。节点的产生或者消失、连接的增加或者减少都会导致复杂网络结构不断发生变化。例如万维网的结构就随着访问量的增加或者减少而始终处于变化中。

连接的多样性。节点连接的权重不同,而且连接方向也呈现多样性。

动力学复杂性。网络中节点的集合可能不是线性动力学系统,如节点的存在状态可能随时间不断发生变化。

节点多样性。复杂网络的节点可以是现实世界网络中的任何对象,如人际关系网络中,节点可以是独立的个体,万维网中,节点可以是不同的网页。

多重复杂性相互融合。上述多种复杂性交织在一起,会使网络更加复杂,充满更多的不确定性,使结果难以预料。

2.10.2 复杂网络的属性测度

随着对复杂网络的研究逐步深入,许多概念和测度方法被提出,如节点密度、平均路径长度、网络中心性、集聚系数、度分布、中介性等等。下面对常见的并且在课题研究中会用到的几个主要统计指标进行详细说明。

(1) 平均路径长度

复杂网络的平均路径长度反映网络中任意两个节点之间的平均路径长度。网络中两个节点之间的距离是指一个节点到另一个节点所要经历的最小边的数,能够反映出网络中所有节点对的平均距离,是用来衡量网络的传输效率和节点间的分离程度的指标。

在整个无向网络中,将任意两个节点之间最短距离的平均值定义为平均路径长度 L,则有:

$$L = \frac{1}{\frac{1}{2}N(N+1)} \sum_{i \geqslant j} d_{ij} \qquad (2\text{-}1)$$

式（2-1）中，N 为节点数，d_{ij} 是节点 i 到节点 j 的最短距离。但要注意，该平均数中包含了从每个顶点到自身的距离即为 0。

（2）集聚系数

集聚系数是衡量复杂网络连通性群聚属性的一个重要指标，即如果节点 a 和节点 b 相连，并且节点 b 和节点 c 相连，那么节点 a 和节点 c 也极有可能相连。换句话说，就是你朋友的朋友也很可能是你的朋友。如果节点 i 有 k_i 条边与其他节点相连，则节点 i 有 k_i 邻节点，k_i 个节点之间最多可能有 $k_i(k_i-1)/2$ 条边，而 k_i 个节点之间实际边数为 E_i，则集聚系数 C_i 为：

$$C_i = \frac{2E_i}{k_i(k_i-1)} \qquad (2\text{-}2)$$

从几何特点来看，集聚系数是用来衡量网络中节点相互连接形成的三角形的密度，其中三角形是指网络中含有三个节点的集合，而且这三个节点两两相连，则有：

$$C_i = \frac{3 \times \text{网络中三角形的个数}}{\text{网络中连通三点组的个数}} \qquad (2\text{-}3)$$

（3）中心度

中心度是用来描述个体或者组织在所处的社会网络中地位及重要性的概念之一，其又可以分为节点中心度和网络中心度。节点中心度是指节点在其与之直接关联的节点的中心程度，往往用与之直接相连的节点数来衡量。网络中心度则侧重于节点在整个网络的中心程度，表征的是整个网络的集中或集权程度。以行为主体在网络中联系对象的多少作为衡量指标，网络中心度越高，表示其在网络中有联系的成员越多，其拥有的权利和影响就越大。网络中心度是衡量网络中个体节点在整个网络中重要性的概念工具，表明网络中节点连接关系的分布状况，能够用来评价个体节点是否重要，衡量其所处网络位置的优越性、影响力以及其拥有权力的程度等。

如果用 d_{ij} 表示节点 i 和节点 j 之间的距离，则节点 i 的网络中心度 $C_c^{-1}(i)$ 为：

$$C_c^{-1}(i) = d_i = \sum d_{ij} \qquad (2\text{-}4)$$

式（2-4）中，该值越小则表明节点 i 与其他节点的距离越大，否则该点越处于中心位置。

2.10.3 经典的复杂网络模型

复杂网络在发展过程中形成了许多经典的模型，最早可以追溯到18世纪提出的图论，并被证明可用于经济学、社会学等方面的研究。Erdos与Renyi提出了随机图模型，即ER网络，其研究开始趋于动态化。但是，随机网络无法很好地描述自然规律中差异化的网络结构。Watts和Strogatz提出了介于完全规则网络和完全随机网络之间的一种网络结构——小世界网络（WS网络）。由此，对复杂网络的研究开始受到广泛的关注，并且渗透到不同的学科领域。Barabdsi和Albert提出了著名的复杂网络模型，即无标度网络（BA模型），从动态、增长的观点研究了复杂网络的幂律分布机理。下面分别介绍这些经典的复杂网络模型。

（1）随机图模型

随机图模型可以描述为：网络中的节点总数 N，任意一点节点都以 p 的概率进行连接，其中 $p \subset [0,1]$，网络边的出现依概率进行，形成一个随机网络模型，记为 $G(N,p)$。如果这 N 个节点完全连接形成连通图，则 $p=1$，此时可以计算出节点总数 N，如图2-2所示。

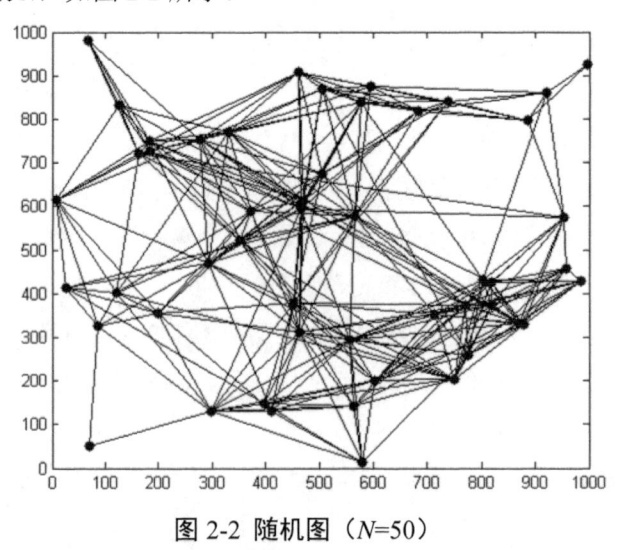

图2-2 随机图（N=50）

节点的边数为 $N(N-1)/2$。如果 N 个节点相互独立，边数为 0，则 $p=0$ 且边数为 0。连接概率 p 在 0~1 之间时，网络中的边数 $n=pN(N-1)/2$，平均度 $\langle k \rangle =2n/N= p(N-1)$。

随机图的提出改变了经典图论的数学性质，它的构造过程是随机进行的，使网络的空间变得更大更复杂。随机图模型的主要特点是网络的度分布呈现泊松分布特征，且平均路径长度小，集聚系数低。

（2）小世界网络模型

小世界网络是介于完全随机网络和规则网络之间的一种网络，它的构造算法是：给定一个规则图，该规则图有 N 个节点，每个节点都与它最相邻的 K 个节点相连，形成 K 条边的规则网络，且 $N \gg K \gg 1$。对每一条边，有 p 的概率改变它的目的连接点来重新连接此边，即将该连线的一个端点随机连到一个新节点上，但要注意应该保证没有重复的边出现以及排除自身与自身的连线。这样就会产生 $pNK/2$ 条边把一个节点和远处的节点联系起来。小世界网络的生成过程如图 2-3 所示。

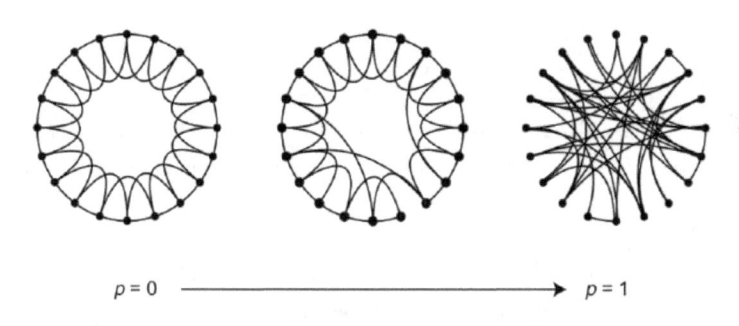

图 2-3 小世界网络的生成过程

小世界网络模型的提出是复杂网络发展的第二次飞跃，弥补了规则网络和随机网络模型的缺陷，它的主要特征是具有高的集聚系数和短的平均路径长度，节点之间的平均距离随着连接的个数的增加而指数下降。

（3）无标度网络

社会网络中还存在着一些无法用随机图模型和小世界模型描述和解释的现象，因为这两种模型的度分布呈现泊松分布。然而，大多数真实世界中的复杂网络都呈现幂律分布。所以，在此基础上提出了无标度网络的基本模型，其构造原理如图 2-4 所示。

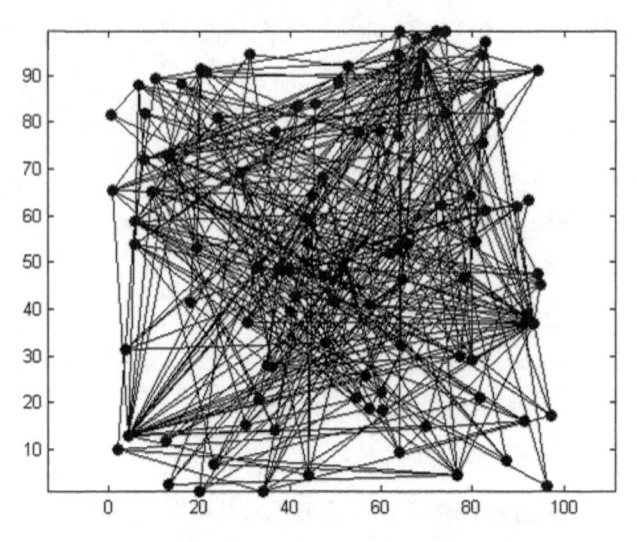

图 2-4 无标度网络图（$N=100, m_0=5, m=5$）

（1）增长：从一个有少量节点 m_0 的网络开始，每隔一段时间加入新的节点。

（2）连接：新增节点发出 m 条边，即 m 个连接。

（3）择优选择：当选择连接时，新节点总是倾向于与节点度较高的节点相连，于是新节点 j 连接到节点 i 的概率 p_i 取决于该节点的连接度 k_i，即 $p_i = k_i / \sum k_j$。

无标度网络的提出，为复杂网络的研究提供了新的视角，无标度网络模型的特点是平均路径很小，集聚系数也同样很小，网络中存在少量度数非常高的节点，各节点度的分布如图 2-5 所示。这些度数高的节点在网络中往往具有重要的地位，发挥重要的作用。

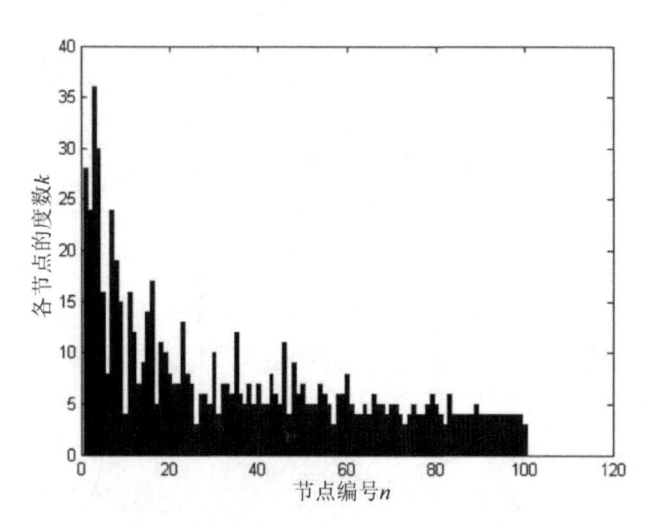

图 2-5 网络中各节点度的大小分布图

2.11 创新能力传递障碍

2.11.1 知识转移影响因素模型

国内外在知识转移影响因素模型研究中,主要从知识转移主体的意愿、转移途径和接受方吸收能力三个维度进行研究。据此,将产业集群中的知识溢出传导过程分解为知识溢出源、知识溢出途径和知识溢出接受者三个阶段,并确定在这三个阶段影响知识溢出的制约因素。除此之外,要明确知识转移双方差异对于知识转移效果的负面影响,解决产业集群内在开展和进行有效知识转移时存在的制约因素,包括对利益的保护心理、知识转移的能力差异、企业文化的不同特点、转移渠道的技术壁垒和集群内企业间的信任问题。同时还应当考虑集群创新能力受集群创新效率影响,而创新效率依赖于集群特定的因素,包括产业集群创新环境、产学研质量、创新成果吸收能力等。

综上所述,知识转移影响因素维度包括知识转移发送主体的意愿、知识转移接受主体的吸收能力、知识转移双方差异、集群环境等,为提取创新能力传递障碍维度提供了借鉴和理论支撑。

2.11.2 创新源

有关创新源基础理论研究，主要是针对知识转移方的转移意愿对于知识转移的制约作用。Cantner 等（2010）基于上述观点进一步研究，提出知识发送单元对知识的保护程度是其知识转移意愿的主要体现[12]。另外，还有学者从经济学中的合作剩余角度出发对转移意愿作深层次原因剖析，指出合作剩余是企业间合作所得到的纯收益与不合作或竞争情况下所能得到的纯收益之间的差额，这个差额大小将影响合作的意愿。对于一个经济主体而言，在合作剩余为负的情况下，没有进行合作的意愿。当知识转移所带来的收益小于不转移的纯收益时，知识发送单元则不会产生知识转移的意愿。所以，在研究创新能力传递障碍时，要从创新源头分析导致创新能力传递方没有传递意愿或者传递意愿不强的障碍因素，为减少集群创新网络中创新能力顺利传递的障碍提供理论支撑和方法借鉴。

2.11.3 知识转移双方差异

知识转移双方之间的差异给知识转移的顺利进行带来一定制约影响。有学者提出知识距离是阻碍知识转移的影响因素，指出知识距离是知识转移双方在知识存量、水平等方面的差距，知识转移需要一定的知识距离，但知识距离大又会增加转移的难度。还有学者们研究发现，知识转移中存在的机会主义行为不利于知识转移的进行。在产业集群中，集群企业越是出现机会主义行为，知识转移双方越不信任彼此，这种不信任通过改变知识发送单元的知识转移意愿，阻碍知识转移绩效。如果产业集群企业间建立互惠的高度信任关系，则有利于减轻知识发送单元的防范心理，会增强企业对知识转移的意愿。除此之外，黄莉（2015）提出企业文化作为企业在长期发展过程中培养形成的、具有广泛共享与强烈认同的价值观、行为规范等是影响知识转移成功与否的重要因素。若接收者存在不合适、不协调、不进取的企业文化，将导致企业间的交流变得非常困难，制约集群内的知识转移效果[13]。由此认为，知识距离、企业间不信任以及文化差异都会制约集群内创新成果转移的效率、效益与效度。

2.11.4 产业集群创新环境

类似于知识转移在产业集群内进行，它势必受到集群环境的影响。同样的道理，具有知识特征的集群创新成果在传递的过程中同样会受到集群环境因素的影响。创新成果转移媒介或渠道丰富度可减少创新成果转移的模糊性和不确定性，从而提升创新成果转移的效果，其中创新成果转移渠道是指实现创新成果转移的途径和方式。在产业集群创新环境因素中，政府在创新成果转移中的影响作用是非常重要的因素，政府对创新成果转移的宣传和推介会大大减少对创新成果的歧义认识，从而影响集群企业之间的创新成果转移。另外，创新成果转移需要大量资金、政策、服务的支持，还需要众多平台的参与。所以，政府在创新成果转移中发挥着不可替代的作用。在实践中，政府出台的激励政策通过影响创新成果发送主体的转移意愿来影响创新成果转移的效果，激励政策是指通过特定的方法与管理体系，将行为主体对集群创新网络及创新活动的承诺最大化的过程。对于产业集群创新成果发送单元而言，转移创新成果不仅意味着要承担丧失创新成果所有权和企业竞争优势地位的风险，还有可能承担经济效益上蒙受损失的风险，所以集群企业创新成果转移的动力是有限的。

2.12 本章小结

本章对产业集群创新网络、产业集群升级、创新能力传递以及研究产业集群创新网络所需要的相关知识、基础理论、研究方法进行了系统阐述，并在理论阐述的过程中，论述了本课题研究需要建立的基本概念和基于概念所产生的研究观点，这些研究思想和相关理论将成为本课题后续研究的指导理论和研究方法。

本章参考文献

[1] 张军,许庆瑞. 企业知识积累与创新能力演化间动态关系研究——基于系统动力学仿真方法[J]. 科学学与科学技术管理,2015(1):128-138.

[2] Kohpaiboon A, Jongwanich J. International Production Networks, Clusters, and Industrial Upgrading: Evidence from Automotive and Hard Disk Drive Industries in Thailand[J]. Review of Policy Research,2013,30(2):211-239.

[3] Vlachopulou M, Manthou V I. International Journal of Physical Distribution[J].

Distribution & Logistics Management, 2003,33(3):123-134.

[4] Day B, Dousset B. Innovation and Network Structural Dynamics Study of the Alliance Network of a Major Sector of the Biotechnology Industry[J]. Research Policy,2005,34(2):1457-1475.

[5] 李慧. 复杂装备制造业集群创新网络研究及启示[J]. 科学学与科学技术管理, 2012, 33(11):52-61.

[6] Cohen W M, Levinthal D A. Absorptive capacity: A new perspective on learning and innovation [J]. Administrative Science Quarterly, 1990, 35(1):128-152.

[7] 黄玮强, 姚爽, 庄新田, 等. 基于无标度网络的创新扩散模型研究[J]. 东北大学学报:自然科学版, 2015(8):1212-1216.

[8] 罗晓光, 孙艳凤. 创新扩散网络结构与创新扩散绩效关系研究[J]. 科技进步与对策, 2015(8):1-6.

[9] 万幼清, 王云云. 产业集群协同创新的企业竞合关系研究[J]. 管理世界,2014(8):175-176.

[10] 刘满凤, 危文朝. 基于扩展 logistic 模型的产业集群生态共生稳定性分析[J]. 科技管理研究,2015(8):121-125,137.

[11] 郭利平. 基于自组织的创新集群演化机理及其对策[J]. 企业经济, 2015(9): 58-62.

[12] Uwe Cantner, Andreas Meder, Anne L, Jiter Wal. Innovator Networks and Regional Knowledge Base[J]. Technovation,2010,30(9):496-507.

[13] 黄莉, 徐升华. 生态产业集群知识转移影响因素研究[J]. 图书馆学研究,2015(13):2-9.

第 3 章　产业集群升级的创新网络核心节点创新能力传递

在集群创新网络中，核心节点企业较集群其他节点企业创新能力更高。因此，通常只有少数核心节点企业有能力进行持续的技术研发，开展创新活动。秦皇岛开发区粮油食品产业集群依靠良好的投资环境形成了以金海粮油、正大公司等企业为"巨头"的产业集群，其中金海粮油以科技创新为主线，致力于粮油加工领域的深度开发。2014 年集群营业收入达到 169 亿元，而金海粮油年营业收入就高达 100.4 亿元，占集群年营业收入的 59.4%。这与其创新能力是分不开的，如果产业集群能充分发挥核心节点企业的创新带动作用，在集群中传递创新能力，带动集群其他节点企业共同发展，将对促进集群整体升级具有积极作用。

3.1 理论分析与研究假设

3.1.1 产业集群升级的内涵

集群创新能力是实现集群升级的动力源泉，通过提升创新能力实现价值链攀升。Porter（1998）指出创新能力决定生产力水平[1]。Hemphrey 和 Schmitz（2002）指出集群升级的实质是不断提升技术能力的过程，概括为流程升级、产品升级、功能升级和链条升级四种形式[2]。Elisa Giuliani 等（2005）从狭义的角度认为集群升级就是指集群的创新推动[3]。曾繁华等（2015）指出创新驱动是企业获取竞争优势的主要动力，推动企业向价值链高端环节持续爬升[4]。

集群创新网络是集群升级的网络基础。Freeman（1991）指出集群创新网络构架的主要联结机制是企业间的创新合作关系[5]。然而，处于集群创新网络不同位置的企业创新能力不同。在产业集群的实践过程中，集群创新网络存在不均衡性，少数大企业具有引领集群创新网络发展的"核心—边缘"结构，其创新能力和水平直接影响集群网络创新能力。杨斌等（2015）进一步指出，核心企业拥有大量产品生产、市场销售信息，使其成为创新活动最核心的节点，从而带动集群整体创新能力提升[6]。

综上所述，集群升级依靠集群创新能力提升，集群创新网络是实现集群创新积累和传递的系统平台，且核心节点企业是创新网络的技术高地。因此，研究核心节点企业创新能力在集群内的传递对于集群升级具有重要意义。

3.1.2 创新网络核心节点企业创新能力传递强度

在创新传递方面，不少学者从创新扩散模型入手，最典型的是巴斯模型，将创新扩散速度归因为创新和模仿的影响。之后，学者们基于创新扩散模型对创新扩散强度进行研究。傅为忠（2012）指出区域技术创新扩散强度是指在一定地理范围内，社会系统各成员之间通过各种渠道传播和应用新技术的能力及强弱程度。同时指出创新扩散不仅取决于创新技术本身的特性，还取决于扩散的深度[7]。黄玮强等（2015）构建了基于无标度网络的创新扩散模型，发现采纳者的接受意愿和网络成员交流互动频率是影响创新扩散深度和速度的重要因素[8]。

可见，基于创新扩散模型研究，创新扩散速度和深度是影响创新扩散强度的两个主要方面，但是较少在集群创新网络中进行研究，且没有突出核心节点企业创新能力对集群整体创新能力提升的重要性。综上分析，本书着力研究创新网络核心节点企业创新能力传递强度，是指集群创新网络核心节点企业以其创新优势和创新成果通过集群创新网络系统对集群其他节点企业创新活动所产生影响的程度。一方面体现了创新网络成员之间以创新活动为纽带形成的网络关系，另一方面体现了创新网络中核心节点企业的带动和辐射作用。通过相关文献梳理，结合秦皇岛开发区粮油产业集群典型企业的行为访谈，最终确定了创新网络核心节点企业创新能力传递强度的20项影响因素，经过因子分析得出了3个研究维度，具体结构及特征见表3-1。

表 3-1 创新网络核心节点企业创新能力传递强度结构及特征

序号	维度	特征
1	核心节点企业创新能力势差	集群核心节点企业在信息识别、资源整合、机会把握、政策支持及内部创新协调等方面占据优势,具备较高创新能力,与集群其他节点企业形成创新能力势差
2	创新能力传递速度	表现为核心节点企业创新能力在集群创新网络中传递的快慢程度。集群其他节点企业与核心节点企业交流互动频繁、合作关系良好,核心节点企业创新能力会相对较快地传递给集群其他节点企业
3	创新能力传递深度	强调创新能力在集群创新网络中的渗透程度,表现为核心节点企业的创新带动作用以及集群其他节点企业对创新成果的采纳程度,创新产品特征以及集群节点企业强烈的接受意愿将更好地促进创新能力传递

3.1.3 研究假设

3.1.3.1 创新网络核心节点能力传递强度与集群升级的关系

核心节点企业创新能力势差是其进行创新能力传递的先决条件。物理学中将势能定义为相互作用的物体凭借其相对位置而具有的能量。居于核心位置的企业占有丰富的创新资源,创新能力更高,在创新网络中处于高势能位置,与创新网络其他成员之间形成创新能力势差。创新能力势差的存在使核心节点企业可以率先通过技术创新获取超额利润,创新能力较弱的节点企业通过模仿等形式进行创新跟进,获取创新技能,继而创新能力势差逐渐缩小,创新能力传递也会逐渐减弱。核心节点企业会继续进行技术创新,再次扩大创新能力势差,引起新一轮创新扩散,最终促使集群整体创新能力不断提升。可见,创新能力势差越大,越有利于创新能力传递,最终促进集群整体发展。

创新传递速度是影响集群升级的重要因素,主要通过交流互动频率、合作关系以及核心节点企业传递意愿等方式来实现。Dong-Gil(2005)指出集群创新网络成员之间良好的沟通有助于增进集群内部创新合作[9]。Wen J.等(2015)认为,随着交流次数增多、合作时间延长及相关产业的积极配合,核心节点企业传递意愿也会增强。集群其他节点企业会较快地接受核心节点企业的创新成果,促使核心节点企业创新能力在集群内部快速传递,带动集群整体创新活力的提高[10]。

创新传递深度是核心节点企业创新能力传递的效果体现,主要依赖于创新产品特征和集群其他节点企业接受意愿等因素。Seebauer（2015）基于电动自行车领域的研究指出创新产品特征（新颖性、技术含量等）有助于促进创新扩散[11]，郑春华等（2014）指出技术供给和技术需求之间需要实现有效对接，才有利于技术扩散[12]。因此，在企业技术需求意愿以及创新产品特征共同作用下，才会有更多企业接受创新成果，促进核心节点企业创新能力在创新网络中传递，激起网络整体创新活跃性，促进集群升级。综上分析，提出如下假设：

假设1:创新网络核心节点企业创新能力传递强度与集群升级正相关。

假设1a:核心节点企业创新能力势差与集群升级正相关。

假设1b:创新能力传递速度与集群升级正相关。

假设1c:创新能力传递深度与集群升级正相关。

3.1.3.2 集群其他节点企业创新吸收能力的调节作用

要想实现创新网络核心节点企业创新能力传递强度促进集群整体升级的目标，离不开集群其他节点企业创新吸收能力的作用。如果创新吸收能力不足，就会阻碍企业获取创新能力，不利于集群整体发展，可见，集群其他节点企业创新吸收能力会影响核心节点企业创新能力在创新网络内传递。本书将其引入作为调节变量，分析它对创新网络核心节点企业创新能力传递强度与集群升级关系的调节作用。

企业创新吸收能力越强，越容易与外部资源建立联系，进而影响企业创新活动。Escribanoa等（2008）通过对多家西班牙企业的研究，发现企业创新吸收能力影响企业获取外部知识，并正向调节企业搜寻外部知识和创新绩效的关系[13]。戴维奇等（2013）对绍兴纺织、永康五金等四个产业集群进行调研，发现较强创新吸收能力对集群升级具有积极作用[14]。Antonio等（2014）指出潜在吸收能力以实现吸收能力为中介对创新效果产生影响[15]。综上可知，当集群其他节点企业具备较高创新吸收能力时，就会较容易感知到核心节点企业创新成果传递的价值，进而会积极消化吸收，并整合到企业创新活动中，提高企业创新能力；当创新吸收能力较弱时，就很难吸收核心节点企业的创新成果，影响核心节点企业创新成果在创新网络内传递，阻碍集群升级发展。因此，集群其他节点企业创新吸收能力在核心节点企业创新能力传递强度与集群升级关系中起到了调节作用。基于此，提出假设：

假设 2：集群其他节点企业创新吸收能力在创新网络核心节点企业创新能力传递强度与集群升级关系中起到调节作用。当集群其他节点企业创新吸收能力越强时，创新网络核心节点企业创新能力传递强度对集群升级的促进作用也越强。反之，越弱。

3.2 研究工具

3.2.1 集群创新网络核心节点企业创新能力传递强度

为探索创新网络核心节点企业创新能力传递强度概念结构，对秦皇岛开发区粮油产业集群中金海粮油、正大公司等 10 家典型企业进行调查（调查对象信息统计省略），共发放问卷 340 份，回收有效问卷 315 份。首先，利用 SPSS17.0 对其中 129 份作探索性因子分析（测量题项与样本数之比>5：1）。独立样本 t 检验结果均达到显著性水平，题项之间鉴别性良好；KMO 值为 0.937，Bartlett 球形检验达到显著性水平。通过主成分分析法提取了因子负荷量>0.5、特征值>1 的 3 个公因子（见表 3-2），并分别进行命名。其次，利用 AMOS17.0 对剩余 186 份作验证性因子分析，得到其概念模型，如图 3-1 所示；从模型拟合程度来看，χ^2/df=1.875，GFI=0.866，RMR=0.036，RMSEA=0.069，IFI=0.917，TLI=0.905，CFI=0.916，模型整体拟合良好。

表 3-2 探索性因子分析结果

因子命名与 a 系数和累计方差贡献率（%）	项目	因子1载荷	因子命名与 a 系数和累计方差贡献率（%）	项目	因子2载荷	因子命名与 a 系数和累计方差贡献率（%）	项目	因子3载荷
核心节点企业创新能力势差（a=0.909）（贡献率49.744%）	创新人才	0.701	创新能力传递深度（a=0.883）（贡献率55.683%）	创新价值	0.810	创新能力传递速度（a=0.822）（贡献率61.069%）	交流互动	0.731
	环境应变	0.688		创新复杂	0.725		系统平台	0.655
	政策支持	0.686		信息识别	0.660		关系持久	0.618
	机会把握	0.664		广泛交流	0.613		传递意愿	0.608
	知识存量	0.638		接受意愿	0.578		关系质量	0.595

（续表）

因子命名与 a 系数和累计方差贡献率（%）	项目	因子1载荷	因子命名与 a 系数和累计方差贡献率（%）	项目	因子2载荷	因子命名与 a 系数和累计方差贡献率（%）	项目	因子3载荷
核心节点企业创新能力势差（a=0.909）（贡献率49.744%）	资源分配	0.626		需求满足	0.557		支持配合	0.517
	资源整合	0.620						
	创新协调	0.564						
特征值		4.440			4.261			3.513

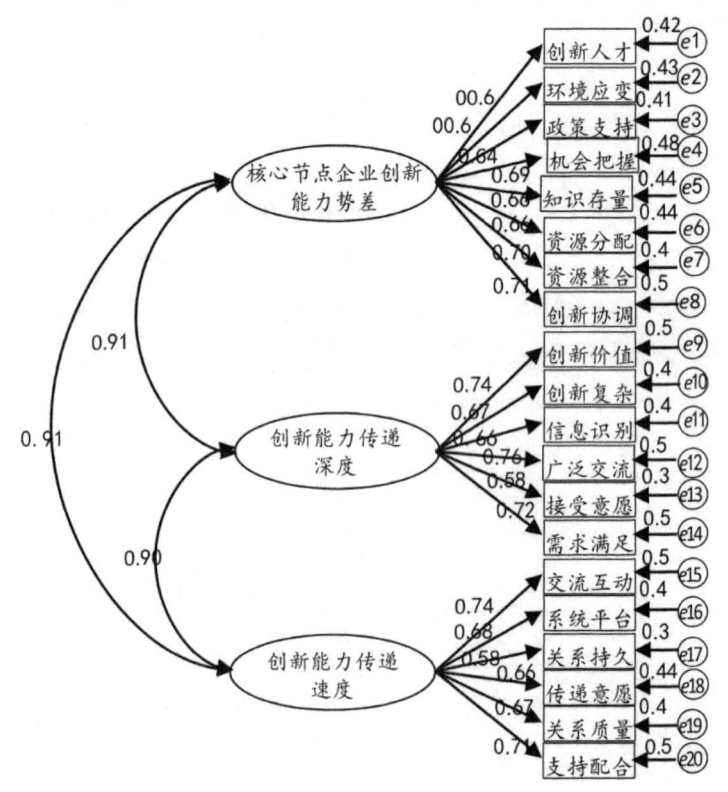

图3-1 创新网络核心节点企业创新能力传递强度概念模型

3.2.2 创新吸收能力

本文借鉴窦红宾等（2010）对企业创新吸收能力的研究量表，分别从筛选有价值市场信息的能力、判断新技术价值以及对企业适用性能力、判断外部创新知识和信息价值的能力、消化外部信息和技术知识的能力等 9 个题项进行测量[16]。测量题项采用李克特 5 点量表（1—完全不符合，5—完全符合）。

3.2.3 集群升级

本文借鉴 Azadegan（2011）等使用的成熟量表[17]，并结合秦皇岛开发区粮油产业集群具体情况，提出了本文集群升级量表，分为流程升级（3 个题项）、产品升级（6 个题项）、新产品营销升级（4 个题项）、技术装备升级（3 个题项）、产业链升级（4 个题项）5 个方面，测量题项采用李克特 5 点量表（1—完全不符合，5—完全符合）。

3.3 数据分析与假设验证

3.3.1 样本描述

选取华龙食品、永顺泰麦芽等 8 家与上文不同的企业，在不同时间进行正式调查。共发放问卷 280 份（以电子邮件形式），回收有效问卷 237 份，回收率为 84.64%，样本描述见表 3-3。

表 3-3 样本基本情况

特征	类别	频次	比例（%）	特征	类别	频次	比例（%）
性别	男	146	61.6	岗位类别	生产工艺	51	21.5
	女	91	38.4		产品研发	56	23.6
年龄	25 岁以下	99	41.8		市场营销	78	32.9
	25～35 岁	56	23.6		技术装备	40	16.9
	35 岁以上	18	7.6		战略管理	12	5.1
学历	大专及以下	38	16.0	工作年限	4 年以下	111	46.8
	本科	130	54.9		5～9 年	110	46.4
	研究生及以上	69	29.1		10 年及以上	16	6.8

3.3.2 信度与效度检验

3.3.2.1 信度检验

采用 Cronbach's α 对量表进行信度分析。创新网络核心节点创新能力传递强度信度系数为 0.926，其三个维度核心节点企业创新能力势差、创新能力传递速度和创新能力传递深度信度系数分别为 0.865、0.811 和 0.836；集群其他节点企业创新吸收能力信度系数为 0.926；集群升级信度系数为 0.927；总量表信度系数为 0.918。调查问卷通过了信度检验。

3.3.2.2 效度检验

（1）内容效度。创新吸收能力量表和集群升级量表均来自国内外成熟量表，创新网络核心节点企业创新能力传递强度量表是在参考国内外相关文献基础上，结合皇岛开发区粮油产业集群典型企业实际得到的测量项目，通过因子分析构建出网络核心节点企业创新能力传递强度概念模型，且模型各项拟合指标均达到了适配标准，概念结构更加清晰和稳定，因此可认为创新网络核心节点企业创新能力传递强度量表具有良好的内容效度。

（2）聚合效度。通过验证性因子分析来判定各个变量的拟合程度（见表 3-4），三个变量的拟合指标基本达到适配标准，因此具有良好的聚合效度。

表 3-4 三个变量拟合指标统计

检验指标	χ^2/df	GFI	RMR	RMSEA	IFI	TLI	CFI
创新能力传递强度	2.032	0.879	0.036	0.066	0.918	0.905	0.917
创新吸收能力	2.528	0.950	0.029	0.080	0.974	0.961	0.974
集群升级	2.075	0.984	0.005	0.044	0.994	0.988	0.994

（3）区别效度。如果潜变量的平均炼方差（AVE）平方根值比这个变量与其他所有潜变量的相关系数值都大，则其满足区别效度。在表 3-5 中，对角线位置为各潜变量的 AVE 平方根值，可见本文潜变量具有良好的区别效度。

表 3-5 潜变量相关系数及区别效度检验

潜变量	1	2	3	4	5
核心节点企业创新能力势差	（0.718）				
创新能力传递速度	0.676	（0.720）			
创新能力传递深度	0.696	0.699	（0.745）		
创新吸收能力	0.181	0.046	0.058	（0.792）	
集群升级	0.097	0.235	0.164	0.099	（0.897）

3.3.3 假设检验

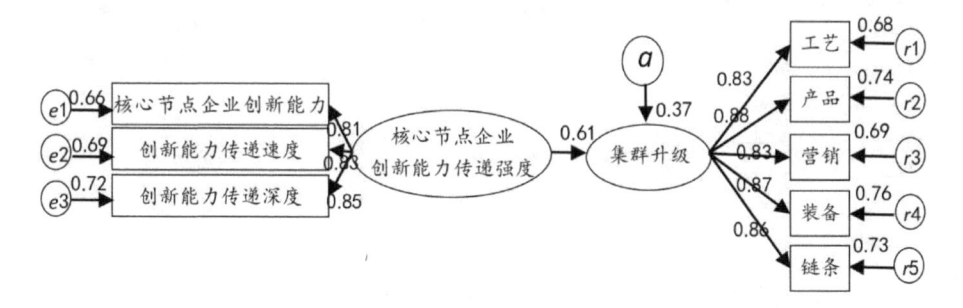

3.3.3.1 创新网络核心节点企业创新能力传递强度与集群升级关系分析

将创新网络核心节点企业创新能力传递强度作为外源潜变量,三个维度作为观察变量,集群升级作为内生潜变量,构建结构方程,模型路径图 3-2 如下。从模型拟合程度来看,χ^2/df=1.697,GFI=0.968,RMR=0.009,RMSEA=0.054,IFI=0.990,TLI=0.985,CFI=0.990,模型整体拟合较好;创新网络核心节点企业创新能力传递强度与集群升级的标准化路径系数为 0.61,达到了显著性水平($p<0.001$)。因此创新网络核心节点企业创新能力传递强度与集群升级正相关关系显著,假设 1 成立。

图 3-2 创新网络核心节点企业创新能力传递强度与集群升级关系路径图

为检验其三个维度与集群升级的假设关系,将三个维度作为外源潜变量,集群升级作为内生潜变量,得到三个维度与集群升级的关系路径图,如图 3-3 所示。

从模型拟合程度来看,χ^2/df=2.289,GFI=0.845,RMR=0.040,RMSEA=0.074,IFI=0.918,TLI=0.900,CFI=0.917,模型整体拟合良好。三个维度与集群升级关系路径系数见表 3-6,创新能力传递速度和创新能力传递深度与集群升级的路径达到了显著性水平($p<0.001$),说明二者均与集群升级存在显著正相关关系,假设 1b 和假设 1c 成立;核心节点企业创新能力势差与集群升级的路径没有达到显著性水平,说明两者正相关关系不显著,假设 1a 不成立。

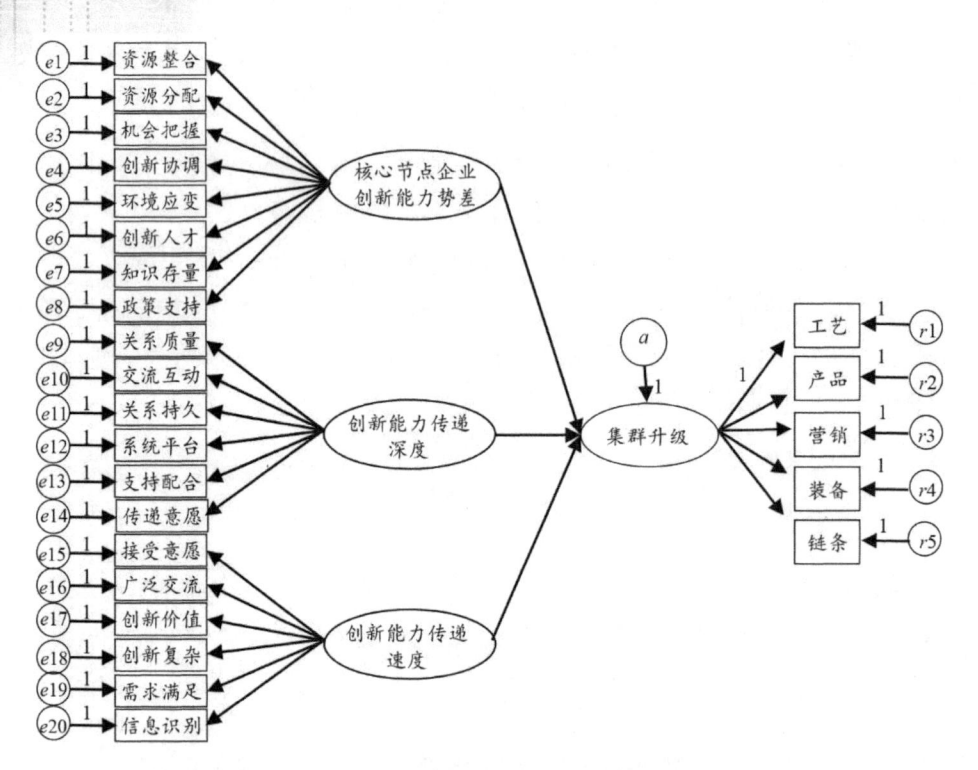

图 3-3 三个维度与集群升级关系路径图

表 3-6 标准化路径系数及其显著性

路径	标准路径系数	S.E.	C.R	P	路径是否显著
集群升级←创新能力传递速度	0.443	0.098	4.489	***	是
集群升级←核心节点企业创新能力势差	0.050	0.077	0.614	0.539	否
集群升级←创新能力传递深度	0.434	0.102	4.133	***	是

3.3.3.2 集群其他节点企业创新吸收能力的调节效应分析

运用回归分析检验集群其他节点企业创新吸收能力的调节作用。以集群升级为因变量，将自变量、调节变量以及二者交互项引入模型中，得到本文调节效应分析结果，见表 3-7。

表 3-7 集群其他节点企业吸收能力调节效应分析表

模型		模型 1		模型 2	
		B	标准误差	B	标准误差
因变量	集群升级				
	常量	1.201*	0.293	1.455*	0.293
自变量	创新能力传递强度	0.581*	0.056	0.536*	0.056

（续表）

模型		模型1		模型2	
		B	标准误差	B	标准误差
调节变量	创新吸收能力	0.081*	0.041	0.066	0.040
交互项	创新能力传递强度*创新吸收能力			0.313*	0.083
	R^2	0.313		0.353	
	调整R^2	0.307		0.345	
	R^2改变量	0.313*		0.039*	
	F更改	53.396		14.217	
	Sig.F更改	0.000*		0.000*	
	容差			0.949	
	VIF			1.053	

*表示 $p<0.05$

由表3-7可知，在模型2中交互项的共线性统计量VIF=1.053，其值小于2，说明多重共线性不会影响假设检验结果。交互项系数为0.313，达到显著性水平，表明集群其他节点企业创新吸收能力的调节效应存在，假设2成立；模型2中R^2改变量也达到了显著性水平，同样验证了调节效应的存在。为了更好地说明交互作用的影响模式，绘制了集群其他节点企业在不同创新吸收能力水平下集群升级的差别，得到了调节效应斜率分析图，如图3-4所示，在高吸收能力条件下，创新网络核心节点企业创新传递强度对集群升级的促进作用更强（效率较大）。

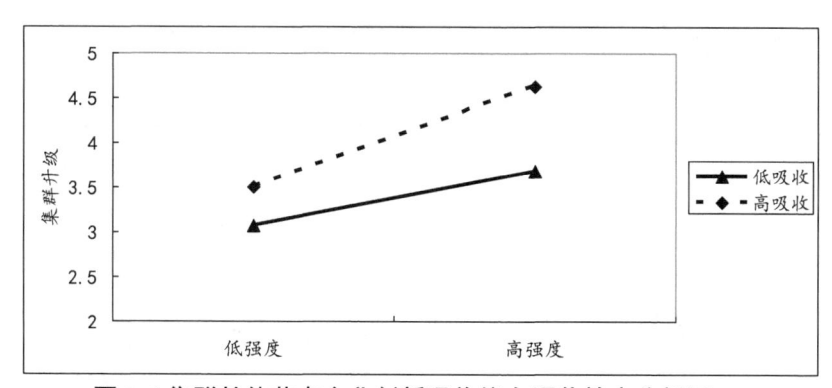

图3-4 集群其他节点企业创新吸收能力调节效应分析图

3.4 讨论与应用

3.4.1 结论分析

（1）本文构建了创新网络核心节点企业创新能力传递强度概念模型，研究表明创新网络核心节点企业创新能力传递强度对集群升级具有积极作用，并且这种积极作用表现为创新能力传递速度和创新能力传递深度的影响。

（2）核心节点企业创新能力势差对集群升级的作用没有达到显著性水平。可能的原因是，如果核心节点企业创新能力势差较大，说明集群其他节点企业在很多方面与核心节点企业差距较大，则它们之间交流互动会大大减少，即使想通过创新模仿等形式进行创新跟进，获取核心节点企业的创新技能，但是由于各方面的条件和能力达不到跟进要求，很难获取核心节点企业先进的创新技术和创新技能。这也说明了集群其他节点企业创新吸收能力调节效应的存在，集群其他节点企业创新吸收能力越高，创新网络核心节点企业创新能力传递强度与集群升级的正向关系就越强，反之，越弱，甚至会阻碍创新传递。

3.4.2 实践应用

通过实证研究发现，创新网络核心节点企业创新能力传递强度对产业集群升级有显著的促进作用。其中，创新能力传递深度和创新能力传递速度两个维度对产业集群升级的促进作用显著；同时集群非核心节点创新吸收能力在创新网络核心节点企业创新能力传递强度与产业集群升级关系中起到了增强型的调节作用。因此，为了实现产业集群升级的目标，就应该不断提升创新网络核心节点企业创新能力传递强度，并且还应注意集群非核心节点企业创新吸收能力的影响，根据研究提出如下建议。

3.4.2.1 建立创新网络核心节点企业创新传递效应评价体系

要想提升创新网络核心节点企业创新能力传递强度，首先应该充分认识当前产业集群创新网络核心节点企业创新能力传递强度的整体水平，找到当前阶段影响产业集群升级发展的有利因素和不利因素，继而根据产业集群的实际情况有针对性地采取措施。可以通过定性和定量相结合的方式来评价网络核心节点企业创新能力传递效应。

在产业集群中，各个企业的中高层管理者对企业所在产业集群的情况了解较为全面，因此，集群协会可以面向集群所有节点企业的中高层管理人员定期举办座谈会，共同探讨当前产业集群创新网络核心节点企业创新能力传递的整体情况。参会人员可以以影响网络核心节点企业创新能力传递的因素为切入点展开谈论，并需要专门的工作人员做好翔实记录。

与此同时，可以建立评分机制，对本集群创新网络核心节点企业创新能力传递效应进行量化分析。本研究构建了创新网络核心节点企业创新能力传递强度概念模型，为进行创新网络核心节点企业创新能力传递效应量化分析提供了参考。将创新网络核心节点企业创新能力传递强度各项测量指标的分值设在 $0\sim5$ 分区间，分值越高，说明当前本产业集群在该项指标表现越好。因此，可以邀请参会人员对创新网络核心节点企业创新能力传递强度的各项指标进行打分，最后由集群协会工作人员进行整理和分析，可以将所得有效评分样本进行纵向分析和横向分析，从而全面认识创新网络核心节点企业创新能力的传递效应。

（1）进行纵向分析，能够了解集群创新网络核心节点企业创新能力传递效应的整体水平。通过各项测量指标得分的平均分得到各个维度得分的平均分，将各个维度得分的平均分作为创新网络核心节点企业创新能力传递强度的最终得分。因此，可以依据评分结果来判断产业集群目前创新网络核心节点企业创新能力传递效应处于哪一水平。所得分值越高（例如 4 分及以上），说明创新核心节点企业的创新能力传递效果越好；所得分值越低（例如 2 分及以下），说明创新网络核心节点企业的创新能力传递效果有待提高。由于产业集群具有其独特性，集群行业协会可根据产业集群的具体情况来制定适合本集群发展的具体衡量标准以及具体的测评方案。

（2）进行横向分析，可以对比分析不同因素对创新网络核心节点企业创新能力传递效应的影响。将不同测量项目以及各个维度得分的平均水平作为评价各个测量指标以及各个维度的依据。各个测量项目和维度所得平均分值越高（例如 4 分及以上），说明目前该集群在这些方面做的越好，越利于创新网络核心节点企业创新能力的传递，集群在今后发展实践中应当继续保持；而所得分值较低的项目和维度是不利于创新网络核心节点企业创新能力传递的因素，因此，在集群升级发展中应当重点关注这些因素并不断改进。

最后，根据谈论记录和量化分析结果，综合评价当前创新网络核心节点企业创新传递效应，从而找到优势和劣势，为制定集群发展政策提供支持。

3.4.2.2 加强创新网络核心节点企业创新传递强度建设

根据实证分析可知，创新网络核心节点企业创新能力传递强度对产业集群升级具有积极的作用，其中创新能力传递速度和创新能力传递深度的影响显著，因此，在集群升级背景下，增强创新网络核心节点企业创新能力传递强度，应着重加强这两个方面建设。

（1）提升创新能力传递速度

创新能力传递速度衡量创新网络核心节点企业创新能力在集群创新网络中传递的快慢程度，是影响创新网络核心节点企业创新能力传递强度提升至关重要的因素。市场机遇稍纵即逝，如果能够及时把握，产业集群就能获得良好的发展时机，否则就面临衰退，这就要求产业集群内部能够快速传递网络核心节点企业的先进技术，提升集群整体竞争力。可见，创新能力传递速度关乎产业集群能否抓住发展机遇，实现产业集群转型升级的目标。创新能力传递速度的提升离不开创新网络成员的共同努力，具体包括：集群创新网络成员之间应当建立良好的信任关系，积极参与集群创新交流活动，增加创新合作机会，共同分享创新资源。同时，要求创新网络核心节点企业愿意将自身创新能力传递给集群非核心节点企业，这是集群创新能力提升的关键，这需要相关的政策支持和鼓励。因此，创新能力交流速度的提高需要集群内部多方面采取相应的措施，营造集群良好的创新交流环境。主要注重以下几个方面。

首先，政府应当充分发挥支持和辅助作用，鼓励集群创新网络核心节点企业进行创新能力传递。一方面需要营造良好的创新交流氛围，另一方面需要相关的政策保护核心节点企业的利益。若没有相应的利益保护机制，网络核心节点企业会对核心技术有所保留，集群非核心节点企业的模仿只能浮于表面。政府可以对核心节点企业进行多种形式的奖励（奖金、表彰、优惠政策等），同时对采纳新技术（购买、转让等形式）的企业进行补贴。这样不仅保证了网络核心节点企业的创新热情，而且网络核心节点企业也会积极并负责地将创新成果的核心技术传授给集群非核心节点企业，从而大大提高了网络核心节点企业创新能力传递的效率。

其次，产业集群内部应当建立多种形式的技术交流渠道，促进创新网络成员之间的交流互动。集群内部可以构建技术交互式学习网络平台，并及时公布前沿技术信息，集群成员可以通过该平台自主学习，还可以相互交流学习经验。同时可以聘请高校教授、企业内部技术专家作为该平台的技术顾问，通过在线解答、电话沟通或实地指导等形式为集群成员提供技术学习帮助。此外，可以在集群内部建立专门的技术创新协会，开展多种形式的创新交流活动，促进集群企业的学习交流，从而促进网络核心节点企业创新能力在集群内快速传递。

最后，建立和完善集群信誉机制。集群成员的信誉是彼此进行创新交流和长久合作的基础。集群行业协会可以综合企业的支付行为、贷款行为以及集群其他成员的评价等方面来综合测评一个企业的信誉等级，为集群企业之间进行创新合作交流提供支持。同时，对信誉等级高的企业进行奖励和表彰，这样对信誉等级较低的企业起到激励和督促的作用，从而提升集群网络成员整体信誉水平，不仅有利于集群成员进行创新交流，而且有利于集群成员建立长久稳定的合作关系，从而有利于促进网络核心节点企业创新能力的快速传递。

（2）提升创新能力传递深度

创新能力传递深度强调创新能力在集群创新网络中的渗透程度，表现为网络核心节点企业的创新带动行为以及集群非核心节点企业对创新成果的采纳程度。这就对网络核心节点企业创新产品特征提出了更高的要求。网络核心节点企业的创新产品和技术满足集群非核心节点企业的创新需求，是集群非核心节点企业采纳创新产品和技术的基本条件；如果创新网络核心节点企业的创新产品和技术具有较高的新颖性和技术含量，就会对集群非核心节点企业产生更大的吸引力；创新产品和技术能够被简单轻松地学习和模仿，就会大大降低集群非核心节点企业的采纳成本，增加采纳概率。另外，需要集群非核心节点企业能够有效识别创新产品和技术的信息，充分理解网络核心节点企业的创新产品和技术的价值。因此，不断提升创新能力传递深度，扩大网络核心节点企业创新成果的扩散范围，才能最终实现产业集群升级的目的。这一维度的提升，主要依赖于网络核心节点企业创新成果特征与集群非核心节点企业创新需求的匹配程度，需要双方的共同努力。

首先，网络核心节点企业应当充分掌握前沿的技术信息，通过政府、调研公司等深入分析本产业集群发展的实际情况，在此基础上研发创新产品，或者对已有创新产品进行改良，使其与本产业集群发展情况相匹配。同时，网络核心节点企业可以通过研讨会、学术交流会、专业会议、创新发布会等形式推广创新产品和创新技术，增加集群非核心节点企业对创新成果的认知。

其次，集群非核心节点企业也应注重自身创新能力的提升，集群非核心节点企业的创新信息识别能力和创新发展意识也起到重要的作用。集群非核心节点企业不能仅局限于自身已有的技术，而应该通过组织企业领导者和技术人员积极参与集群技术讲座、技术培训等，了解未来技术的发展趋势和方向，从而根据企业自身实际情况，指导本企业的技术更新、设配更新，同时企业在未来人才招聘时，应当注重对应聘者的创新意识、创新信息敏感程度和洞察力的考察。

最后，建立相对应的信息反馈机制。一方面集群核心节点企业应提供必要的技术咨询和支持，使采纳者能够顺利学习创新技术、模仿创新产品；另一方面，通过集群内技术交流网络平台以及调查公司，追踪集群非核心节点企业的技术运行情况，搜集采纳意见和建议，为创新产品和技术的不断优化和改进提供支持，从而更能适应本集群升级发展的需要。

3.4.2.3 注重集群非核心节点企业创新吸收能力的提升

根据本书实证研究分析可知，集群非核心节点企业创新吸收能力对创新网络核心节点企业创新能力传递强度与集群升级的关系起到了增强型的调节作用。创新网络核心节点企业创新能力传递强度与集群升级正相关，集群非核心节点企业在较高创新吸收能力的条件下，创新网络核心节点企业创新能力传递强度对集群升级的促进作用就更强。所以，在产业集群升级实践中，要想促进产业集群升级发展，就不能忽视集群非核心节点企业创新能力的调节作用。但是，对于一个企业来讲，创新吸收能力不是一朝一夕就能提升的，需要企业在管理实践中采取相应的措施，不断积累经验，提升创新吸收能力，实现在提高集群非核心节点企业创新吸收能力的基础上，使得创新网络核心节点企业创新能力传递强度对集群升级的促进作用更强。具体可以从以下几个方面入手：

首先，企业能否有效识别外部创新信息并整合到自身的创新活动中，起关键作用的是企业的决策者。企业领导人是企业决策的制定者，是否引进和采纳某项新技术，取决于企业领导人的创新意识、风险意识和竞争意识。因此，企业的决策者应努力提升自身的综合素质，通过进修、学习、积极参与行业协会和研讨会等形式，掌握行业发展的方向，做出是否采用以及何时采用创新技术的正确决策。

其次，企业技术人员是企业创新吸收外部创新技术的关键人员。技术人员的技术能力以及合作能力是影响企业吸收外部创新能力的关键因素。因此，企业在招聘时可以通过个人工作经历和以往业绩表现来了解应聘者的技术能力，通过情景模拟的形式来考察应聘者处理问题的能力、创新能力以及团队合作能力；可以对新进员工采取师徒制的培养方式，促进新老员工技术交流；同时，可以根据企业技术人员的实际情况，对技术人员进行有针对性的技能培训，并且通过开展经验交流会议等形式，鼓励员工进行技术交流，相互切磋，共同进步。

最后，企业创新吸收能力提升需要企业部门之间的相互配合和支持。企业开展创新活动的进度快、效果好不是一个部门能够决定的，而是部门之间共同努力、彼此配合来完成的；部门之间应当及时交流工作进展情况，定期召开项目进展会议，针对出现的问题，及时发现并及时解决；为避免部门沟通障碍，企业应当重视团队文化建设，营造和谐共进的企业氛围，通过举办各种形式的集体活动等促进部门之间以及员工之间的沟通交流，增进感情，培养企业内部的凝聚力和向心力。只有企业成为一个有机整体，才能提升工作效率，才能更好地开展创新活动，识别并吸收外部的创新技术，提升企业竞争力。

3.5 本章小结

在集群创新网络中，核心节点企业的创新能力较其他企业更强，研究核心节点企业创新能力传递对于集群升级至关重要。本书提出创新网络核心节点企业创新能力传递强度概念，并构建其概念模型。通过实证研究发现，创新网络核心节点企业创新能力传递强度对集群升级具有显著的正向影响，其中，创新能力传递速度和创新能力传递深度对集群升级促进作用显著；集群其他节点企业创新吸收能力调节了创新网络核心节点企业创新能力传递强度与集群升级的关系，并指出了研究结论的实践意义。

本章参考文献

[1] Porter M E.Cluste and the New Economics of Competion[J].Harvard Business Review,1998(6):77-90.

[2] HUMPHREY J, SCHMITZ H. How does insertion in global value chains affect upgrading industrial cluster? [J]. Regional Studies, 2002(36): 1017-1027.

[3] Elisa Giuliani,Carlo Pietrobelli,Roberta Rabellotti.Upgrading in Global Value Chains:Lessons from Latin American Clusters[J].World Development, 2005, 33(4):549-573.

[4] 曾繁华, 何启祥, 冯儒. 创新驱动制造业转型升级机理及演化路径研究——基于全球价值链治理视角[J]. 科技进步与对策,2015(24):45-50.

[5] Freeman C.Networks of innovators: A synthesis of research issues[J].Research Policy,1991,20(5):499-514.

[6] 杨斌, 刘倩, 董少军. 基于知识转移的产业集群创新网络构建研究[J]. 中国商论, 2015(26):138-140.

[7] 傅为忠,王灿,林多. 基于引力模型和熵值法的技术创新扩散强度评价研究[J]. 情报杂志,2012(7):195-199,186.

[8] 黄玮强, 姚爽, 庄新田. 基于无标度网络的创新扩散模型研究[J]. 东北大学学报:自然科学版, 2015(8):1212-1216.

[9] Dong-Gil K, Kirsch, L J, King, W R. Antecedents of knowledge transfer from consultants to clients in enterprise system implementation[J]. MIS Quarterly, 2005,29(1):59-85.

[10] Wen J, Hou P. Comparative Study on Travel Agency Management System in Mainland China, Hong Kong and Taiwan[J]. American Journal of Industrial & Business Management, 2015, 5(1):37-43.

[11] Seebauer S. Why early adopters engage in interpersonal diffusion of technological innovations: An empirical study on electric bicycles and electric scooters[J]. Transportation Research Part A Policy & Practice, 2015(78):146-160.

[12] 郑春华, 黄和亮. 基于产业集群的农业技术扩散系统研究[J]. 福建论坛:人文社会科学版, 2014(6):23-26.

[13] Escribanoa A, Fosfurib A, Tribó J. Managing external knowledge flows: The moderating role of absorptive capacity[J]. Research Policy, 2008,38(1):96-105.

[14] 戴维奇,林巧,魏江.本地和超本地业务网络、吸收能力与集群企业升级[J].科研管理,2013,34(4):79-89.

[15] Antonio L, Leal-Rodríguez, José L, Roldán, et al. From potential absorptive capacity to innovation outcomes in project teams: The conditional mediating role of the realized absorptive capacity in a relational learning context[J]. International Journal of Project Management. 2014(1):894–907.

[16] 窦红宾, 王正斌. 网络结构、吸收能力与企业创新绩效——基于西安通讯装备制造产业集群的实证研究[J]. 中国科技论坛, 2010(5):25-30.

[17] Azadegan A, Wagner S M. Industrial upgrading, exploitative innovations and explorative innovations[J]. International Journal of Production Economics, 2011, 130(1):54-65.

第4章 产业集群升级的创新网络节点吸纳能力

在竞争十分激烈的全球化市场环境中,产业集群对推动国家和地区经济发展具有不可或缺的作用。从全球价值链来看,我国的产业集群大多数处于低端制造。因此,集群企业通过创新活动走向价值链的高附加值环节是产业集群升级发展的必由之路。所以,在集群创新网络环境下,如何通过集群企业的创新活动实现产业集群的升级与持续发展成为亟待解决的理论和实践难题。

以创新和网络理论为基础,从促进产业集群升级的视角出发,揭示在动态过程中创新网络节点吸纳能力的成因,探究节点吸纳能力的维度构成及其对产业集群升级的影响,构建集群创新网络节点吸纳能力评价模型,寻找提高节点吸纳能力的办法以及促进集群升级的对策,用以指导集群企业的创新活动和产业集群的升级实践。

4.1 文献梳理

4.1.1 国外研究现状

(1)产业集群创新网络。集群创新网络研究始于 Freeman(1991),他认为集群创新网络是应对系统创新的新机制,网络构架的核心联结机制是企业间的创新合作关系[1]。Porter(1998)指出国家竞争力水平归根结底就是生产力水平,集群升级和创新能力决定生产力水平[2]。但是,波特忽略了创新网络的潜在优势。Britton(2003)认为集群创新网络在提升创新绩效方面要比区域间或国际间的网络关系更具优势[3],指出了集群创新网络的独特作用。Bell(2005)提出创新网络是集群发展的高级阶段,是集群创新能力和竞争优势的源泉[4],

明确了创新网络在集群发展中的地位。Wang（2013）利用智能体仿真方法构建了集群创新网络知识转移过程模型，研究了个体动机对创新能力转移影响绩效的情况[5]。该研究并不是针对网络节点企业的组织行为和创新能力的研究，但是对本书的研究任务有一定的借鉴价值。上述文献从集群的视角研究了创新网络的创新能力特点、传递方式和作用，显示其对集群升级具有不可替代的优势以及推动作用。

（2）吸纳能力。Cohen 和 Levinthal（1990）将吸纳能力定义为企业评价、消化外部新知识并运用到商业目的的能力[6]，显示企业的吸纳能力是一个有经济目的的动态过程。Zahra 和 George（2002）认为吸纳能力是指企业获取、消化、转化及利用外部知识以形成动态组织能力的一系列组织惯例和流程[7]，进一步明确了动态过程的四个能力。Nicholas Roberts（2012）认为吸纳能力是一个公司识别、同化、转换和应用外部知识的能力[8]，强调吸纳能力的目的在于科学合理高效地应用。Pia Hurmelinna-Laukkanen（2014）认为公司的吸纳能力和创新制度决定其创新绩效[9]，发现了吸纳能力的效果和效率与组织制度有着决定性的关系。综上，对企业吸纳能力的研究，要从识别、获取、消化、使用创新成果等方面评价，为构建吸纳能力指标体系提供了重要的理论依据。

4.1.2 国内研究现状

（1）产业集群创新网络。魏江（2003）提出企业技术能力势差和企业技术学习能力的拉拔效应是集群技术能力升级的主要模式[10]，这一观点从技术能力和技术升级两个方面靠近了集群升级与创新网络的关系。刘兰剑（2010）基于管理过程视角，提出创新网络是由共同参与创新活动的组织实现创新开发与扩散[11]，明确了创新网络的行为主体是多元的。吴芷静（2012）认为集群创新网络的目标是通过创新技能和知识有效的积累、传承、扩散与增长促进技术创新[12]，但是没有指出在网络中创新技能和知识存在吸纳、消化和再创新的过程。黄玮强等（2012）认为集群创新网络存在着明显的不均衡性，少数大企业具有引领集群创新网络发展的"核心—边缘"结构，它们的创新能力和水平直接影响集群的网络创新能力[13]，这一研究揭示了创新能力的单向传递，却没有涉及接收方的吸纳能力作用。吕国庆等（2014）认为集群创新网络演化可以分为初始、裂变、集聚和重组四个阶段[14]，指出其动态演化过程的特征。国内学者更注重网络属性的研究，关注网络中各节点组织在创新能力传递过程中的特点和作用关系等因素，显示研究集群创新网络的动态理念。

（2）吸纳能力。张克让（2000）从技术、市场、制度等三个方面对制约企业技术吸纳能力的外部环境变量进行了客观剖析[15]，系统论证了各种环境变量之间的关系。沈必扬等（2006）认为企业吸纳能力是提高创新绩效的关键因素[16]，但是没有把创新能力与企业的吸纳能力联系起来。王肇英（2010）认为企业吸纳能力的形成、提高遵循路径依赖性的规律，试图超越企业技术、管理和治理能力的创新很难成功[17]，指出企业吸纳能力受制于企业的诸多条件限制，这也是本书要揭示的问题。从国内学者的研究成果看，提升企业吸纳能力最终归结为企业的组织建设，包括制度、业务流程、激励等方面，而不仅仅强调 R&D 投入、人才队伍建设以及构建学习型组织的问题。

4.1.3 国内外研究现状评述

（1）在集群创新网络方面。随着集群竞争优势的演化，要求集群从传统的"劳动密集+集聚经济"的模式向"知识密集+创新经济"的模式转变。我国产业集群在创新网络的构建上普遍存在不健全、没有形成网络化创新优势等问题。因此，研究集群创新网络具有重大理论与现实意义。

（2）创新网络节点吸纳能力。目前的研究缺乏对创新网络节点吸纳能力有效度量的研究。即使有对吸纳能力的测量，但其指标体系存在缺陷，测度是单维度的，可能导致研究结论偏差。少数学者从多个维度度量吸纳能力，但学者们彼此之间的观点差异较大，因此需要对吸纳能力的度量进行深入和拓展性的探讨。

借鉴国内外研究现状，本书认为集群创新网络节点吸纳能力是企业对创新成果的识别能力、接纳能力、采用能力、组织能力和融入能力五个方面共同作用的表现。创新成果是指已实现或具有潜质商业化或可给组织带来价值的新技术、新产品以及新管理方法等。

从过程观点看，五种能力反映了企业如何吸纳创新成果的过程，为研究节点企业吸纳能力奠定了理论基础。本书采用过程观点探究产业集群创新网络节点企业吸纳能力以及对集群升级的影响。

4.2 创新网络节点吸纳能力的维度结构

4.2.1 维度划分

根据吸纳过程理论，将创新成果的吸纳过程对应于创新网络节点吸纳能力概念和特征，将其分为五个维度：创新成果的识别能力、采用能力、实施能力、接纳能力和将创新成果嫁接到企业制度和流程的融合能力。

4.2.2 创新网络节点吸纳能力测度量表开发

根据创新网络节点吸纳能力维度，借鉴相关文献和量表，结合本课题的研究背景和目标，提出创新网络节点吸纳能力的初始测度指标体系，见表4-1。

表4-1 创新网络节点吸纳能力的测度指标体系

	题项	编码
识别能力	企业了解组织的危机	识1
	企业了解当前创新技术发展现状	识2
	企业明确地意识到创新技术应用的目标	识3
	企业了解可选择的方案	识4
采用能力	员工能把握企业战略规划	采1
	企业能够准确评估方案将带来的收益和风险	采2
	企业能够准确评估方案的适用性	采3
	企业能够准确把握方案的采用时机	采4
实施能力	清楚地把握实行创新技术时员工的角色	实1
	项目组熟悉业务流程情况	实2
	项目组有技术能力来实施方案	实3
	项目组有管理能力来实施方案	实4
	员工可以解决实施中的问题	实5
接纳能力	员工具备理解和使用创新技术所需的知识和技能	接1
	员工乐于接受创新技术，积极使用它来工作	接2
	员工能很好地利用创新技术提供的新技术、新功能	接3
	对使用中出现的相关问题，员工很清楚应该找谁解决	接4
融合能力	创新技术成为业务活动中重要的部分	融1
	创新技术应用能够与企业的业务系统有效集成	融2
	企业形成了与创新技术相符合的业务规范与机制	融3
	创新技术应用可以依据企业的新需要进行调节变化	融4

在明确了创新网络节点吸纳能力的 5 个维度及其 21 个测量指标后，进行李克特量表设计和调查。为避免同源误差影响，在秦皇岛缝纫机产业集群中选取金山有限公司、华杰有限公司等 7 家创新能力较强的企业，共发放问卷 160 份，回收 133 份，剔除不合格问卷 11 份，有效问卷 122 份，占总问卷数的 76.25%。

4.2.3 创新网络节点吸纳能力测度量表检验

（1）信度分析。对集群创新网络节点的吸纳能力进行信度分析，得到其一致性指数 α 值为 0.955，各维度一致性指数 α 值分别为 0.895、0.873、0.853、0.824、0.901，均大于 0.7，符合要求。项目修正后的总相关系数最小值 0.606，大于 0.6，符合要求。项目删除时的 α 值小于一致性指数 α 的值，没有明显提高。说明集群创新网络节点吸纳能力量表的内部一致性与稳定性较高，具有较高的信度。

（2）效度分析。使用主成分因子分析法对集群创新网络节点吸纳能力的建构效度进行分析，得到 KMO 等于 0.845，满足大于 0.7 的要求，Bartlett 球体检验达到显著性要求，符合因子分析要求。从数据（省略）分析可知，辨别出采用能力、实施能力和融合能力的收敛效度较好。识别能力与采用能力的测量题项落于同一个因子上，它们之间没有区别效度。接受能力与融合能力的测量题项落于同一个因子上，它们之间没有区别效度。实施能力的测量题项形成一个因子。可知，创新网络节点吸纳能力的收敛效度较好，区别效度较差，显示集群创新网络节点企业吸纳能力取决于采用能力、实施能力和融合能力，忽略识别能力和接纳能力两个维度。

4.3 提出创新网络节点吸纳能力对集群升级影响假设

4.3.1 创新网络节点吸纳能力各维度之间的关系

经过信效度分析，确认集群创新网络节点吸纳能力为 3 个维度：采用能力、实施能力和融合能力。它们之间相互作用，以彼此为基础又各不相同，形成一个动态的循环系统。

4.3.1.1 采用能力与实施能力维度之间的关系

企业是否具有较强的采用能力，决定企业能否从外部环境中较好地吸纳创新成果，影响所选成果与企业需求和创新吸纳能力的匹配度。企业的采用能力越强，高层管理者做出的采用决策就越具有准确性与合理性，就越能找到符合企业需要的创新方案，进而影响企业的竞争优势和集群升级。

提出假设 H1：采用能力与实施能力正相关。

4.3.1.2 采用能力与融合能力维度之间的关系

采用能力影响企业对创新成果投资与目标的匹配性，因此采用能力影响企业对创新方案的选择。如果企业具有很强的采用能力，就能扩展和提高企业选择创新成果的范围和能力。如果选择的创新成果符合企业的要求，还能得到员工的支持并激励员工的创新行为，使创新成果更迅速地融入企业的经营活动，那么，企业的采用能力越强，从外部环境吸纳的创新成果就越容易融入企业的创新活动中，增强融合能力。

提出假设 H2：采用能力与融合能力正相关。

4.3.1.3 实施能力与融合能力维度之间的关系。

实施能力表现为吸纳创新成果在组织运用中符合企业经营目标和业务流程的程度。企业对创新成果的实施就是对企业原有流程的适应和改造。如果实施能力缺失或较弱，员工可能抵制创新成果在组织中的应用，因为实施新事物必然需要调整人们的行为习惯，包括积累的成功经验。企业拥有越强的实施能力，创新成果实施的质量就会越好，企业员工就会对创新成果有更高的认可和接纳，利于员工对创新成果的理解、学习、推广和运用，加速创新成果融入企业经营活动中。

提出假设 H3：实施能力与融合能力正相关。

4.3.2 吸纳能力维度对产业集群升级的影响

吸纳能力的三个维度在促进产业集群升级方面的作用也是不同的。Baker 和 Eesley（2003）指出，集群企业在创新网络活动中的吸收理解能力会产生重要的作用[18]。但是，刘璐（2008）指出，目前很少从过程理论角度出发对吸纳能力的不同维度进行研究[19]。因此，弄清楚创新成果在集群创新网络中如何扩散、吸纳和运用，要比从外部竞争环境中取得的知识更能解释企业绩效的差异。

研究认为，能够成功地运用创新成果是提升吸纳能力的关键，提升创新成果吸纳能力最重要的环节是将创新成果融入企业的流程中。融合能力对创新成果的吸纳尤为重要，这并不意味着采用能力和实施能力对集群升级不重要。采用能力和实施能力经由融合能力才能对集群升级产生重要的作用。有的企业对创新成果的融合能力低，不能完全实现创新成果的价值，说明这类企业的整体吸纳能力差。针对这些分析，从创新网络节点吸纳能力三个维度对集群升级的影响提出假设。

假设 H4：采用能力与产业集群升级正相关。

假设 H5：实施能力与产业集群升级正相关。

假设 H6：融合能力与产业集群升级正相关。

假设 H7：融合能力与产业集群升级的影响比采用能力、实施能力大。

从流程升级、产品升级、功能升级三个构面探究创新网络节点吸纳能力对创新成果的吸纳效果，即吸纳能力对产业集群升级的影响。提出：

假设 H4 演变成为：

假设 H4（a）：采用能力与流程升级正相关。

假设 H4（b）：采用能力与产品升级正相关。

假设 H4（c）：采用能力与功能升级正相关。

假设 H5 演变成为：

假设 H5（a）：实施能力与流程升级正相关。

假设 H5（b）：实施能力与产品升级正相关。

假设 H5（c）：实施能力与功能升级正相关。

假设 H6 演变成为：

假设 H6（a）：融合能力与流程升级正相关。

假设 H6（b）：融合能力与产品升级正相关。

假设 H6（c）：融合能力与功能升级正相关。

4.4 研究设计

4.4.1 指标体系的构建

4.4.1.1 创新网络节点吸纳能力测度指标体系构建

一般来讲从两个方向形成测度指标,即原因指标和效果指标。本书采用效果指标,因为效果指标能更好地表现创新网络节点吸纳能力的大小。

根据创新网络节点吸纳能力划分的维度内涵,通过对国内外文献的整理,选择有代表性的产业集群企业进行行为访谈归纳出测量指标,并根据实际情况对测量指标进行修正。提出创新网络节点吸纳能力指标体系见表4-2。

表4-2 创新网络节点吸纳能力测度指标体系

	目标	题项	编码
采用能力	目的	企业对集群升级要达成的目标有清晰的认识	采1
	规划	企业战略规划与集群升级规划是匹配和协调的	采2
	时机	集群升级的时机是恰当的	采3
	适用性	企业的业务符合集群升级要求	采4
实施能力	按期完成	集群升级中企业创新成果实施能在预期时间内实现	实1
	按预算完成	集群升级中企业创新成果实施的费用在预算之中	实2
	系统质量	员工对集群升级中的创新过程质量的满意度	实3
	创新成果质量	员工对集群升级研发的创新成果质量的满意度	实4
	范围	创新成果的实施实现了预期目标	实5
融合能力	接受	员工能够熟练使用创新成果完成工作	融1
	惯例化	集群升级成为企业工作的常态化	融2
	集成	创新成果能与业务流程相适应	融3
	创新	企业能够根据新的业务需求选择和研发创新成果	融4

4.4.1.2 集群升级测度指标体系构建

企业若能有效地从外部吸纳创新成果,就会促进集群升级。所以,用集群升级表示创新成果的吸纳效果。

集群升级的重要目的是获取商业利益,所以从创新成果能否给集群企业带来利益的角度对集群升级进行测量。从集群升级的三个构面:流程升级、产品升级、功能升级构建测度指标，见表 4-3。

表 4-3 集群升级测度指标

变量	测度题项	题项编码
流程升级	集群升级提高了企业的运营效率	流 1
	集群升级降低了企业的运营成本	流 2
	集群升级使得管理流程更加规范	流 3
产品升级	集群升级增加了新业务	产 1
	集群升级提高了产品、服务质量	产 2
	集群升级增长了市场份额	产 3
功能升级	集群升级使管理更加科学	功 1
	集群升级提高了管理者的决策和管理能力	功 2
	集群升级提升了顾客满意度	功 3
	集群升级增强了企业的竞争优势	功 4

4.4.2 问卷设计与数据获取

采用李克特五级量表进行问卷调查，评判标准是 5 = "非常赞同"、4 = "赞同"、3 = "一般"、2 = "不赞同"、1 = "非常不赞同"。

本次调查从 2016 年 12 月至 2017 年 4 月。发放 300 份问卷，回收 221 份，剔除无效问卷得到 193 份有效问卷，占问卷总量的 64.33%。

4.4.3 数据分析与假设检验

使用 SPSS19.0 统计软件对研究变量的信度和效度进行检验。采用皮尔森和多元回归进行分析，并运用 AMOS 22.0 统计软件对创新网络节点吸纳能力与集群升级的关系进行结构方程模型分析。

4.4.3.1 信度分析

（1）吸纳能力量表信度检验

创新网络节点吸纳能力维度信度验证数据省略。其节点吸纳能力的一致性 Cronbach's α 值等于 0.892，创新网络节点吸纳能力维度的一致性 Cronbach's α 的值分别是 0.759、0.842、0.783，均符合大于 0.7 的要求。修正的项目总相关系数最小值 0.425，大于 0.4，满足要求。删除任何分题项后 Cronbach's α 值仍然小于一致性 Cronbach's α 的值，没有明显的显著性提高。所以，创新网络节点吸纳能力测量题项拥有较好的信度。

(2) 集群升级量表信度检验

产业集群升级量表一致性信度检验数据省略。其升级的一致性 Cronbach's α 值是 0.832，集群升级构面的一致性 Cronbach's α 值分别是 0.751、0.728、0.874，满足大于 0.7 的要求。修正的项目总相关系数最小值 0.404，大于 0.4，满足要求。删除任何分题项后 Cronbach's α 值仍然小于一致性 Cronbach's α 的值，没有明显提高。因此，集群升级量表具有较高的信度。

4.4.3.2 效度分析

(1) 吸纳能力量表效度检验

对创新网络节点吸纳能力量表采用因子分析得到 KMO 值 0.898，满足 KMO 大于 0.7 的要求，Bartlett 球体检验达到显著性水平，其中 $p<0.001$，满足因子分析要求。采用正交旋转得到因子分析结果（数据省略）。

从数据中识别出三种因子，即创新网络节点吸纳能力的维度。各题项的因子载荷量最小值 0.518 >0.5，符合要求。所以创新网络节点吸纳能力在结构效度方面表现良好。

(2) 集群升级量表效度检验

对产业集群升级测量题项进行因子分析，得到 KMO 值 0.815＞0.7，符合要求。Bartlett 球体检验达到显著性（$p<0.001$），可以进行因子分析（省略数据）。从数据中识别出了三种因子，即集群升级的内部构面：流程升级、产品升级、功能升级。在载荷量上，各题项最小值 0.523>0.5，符合要求，集群升级在结构效度方面表现较好。

从上述分析可知，量表拥有较好的信度和效度水平，满足后续研究要求。

4.4.3.3 研究变量的基本情况

(1) 研究变量的描述性统计分析

表 4-4 给出了创新网络节点吸纳能力维度、集群升级构面的均值和标准差。

表 4-4 新网络节点吸纳能力和产业集群升级的描述统计

节点吸纳能力变量	题项	均值	标准差	产业集群升级变量	题项	均值	标准差
采用能力	采1	3.60	0.805	流程升级	流1	3.62	0.954
	采2	3.52	0.865		流2	3.37	0.943

(续表)

节点吸纳能力变量	题项	均值	标准差	产业集群升级变量	题项	均值	标准差
采用能力	采3	3.60	0.859	流程升级	流3	3.81	1.003
	采4	3.55	0.843				
实施能力	实1	3.69	0.877	产品升级	产1	3.42	1.002
	实2	3.39	0.900		产2	3.19	1.047
	实3	3.66	0.828		产3	3.33	0.963
	实4	3.46	0.809				
	实5	3.46	0.892				
融合能力	融1	3.14	0.916	功能升级	功1	3.13	0.860
	融2	3.21	0.921		功2	3.01	0.925
	融3	3.24	0.879		功3	3.13	0.860
	融4	2.98	1.017		功4	2.87	0.843

（2）背景变量对研究变量的影响

从组织的性质与规模、组织的结构三个方面探究，使其作为背景变量，并采用方差分析的方法进行研究讨论。

（3）企业性质对研究变量的影响

依企业的性质将企业划分为国有企业、集体企业、民营企业、外资企业4种。通过方差分析结果研究可知，企业性质对研究变量没有明显的显著性作用，如表4-5所示。

表4-5 企业性质对研究变量影响的方差分析

	F	Sig.
采用能力	1.532	0.207
实施能力	0.553	0.645
融合能力	1.443	0.231
流程升级	1.161	0.325
产品升级	1.519	0.210
功能升级	0.168	0.916

（4）企业规模对研究变量的影响

根据《大中小型工业企业划分标准》，研究中将企业分为小型企业、中型企业、大型企业。通过方差分析结果可知，在研究变量上，规模不同的企业不存在显著性质的差别，如表4-6所示。

表 4-6 企业规模对研究变量影响的方差分析

	F	Sig.
采用能力	2.487	0.086
实施能力	0.401	0.669
融合能力	0.635	0.529
流程升级	0.076	0.925
产品升级	0.415	0.659
功能升级	0.076	0.925

（5）组织结构对研究变量的影响

组织结构划分为直线制、职能制、事业部制、模拟分权制、矩阵制 5 种。通过方差分析结果可知，组织结构对创新网络节点吸纳能力所划分的维度以及集群升级的构面不存在显著性质的影响，如表 4-7 所示。

表 4-7 组织结构对研究变量影响的方差分析

	F	Sig.
采用能力	2.097	0.101
实施能力	2.160	0.092
融合能力	0.470	0.696
流程升级	2.165	0.093
产品升级	1.328	0.266
功能升级	1.311	0.271

从背景变量的方差分析可知，背景变量对创新网络节点吸纳能力维度和产业集群升级构面的影响不是显著的，可以进行假设验证。

4.4.3.4 假设检验

为了验证提出的假设和建构的模型是否合理，进行皮尔森相关分析和多元回归分析。多元回归分析的首要难点在于多元共线性问题。在研究中，自变量在相关系数上均低于 0.8，多元共线性不存在。

（1）创新网络节点吸纳能力各维度之间的关系检验

为了对前文提出的假设进行验证，首先运用皮尔森相关分析对所提出的假设进行初步验证，各个维度之间相关分析结果如表 4-8 所示，创新网络节点吸纳能力维度之间有显著相关。

表 4-8 吸纳能力各维度之间的相关分析

	采用能力	实施能力	融合能力
采用能力	1		
实施能力	0.610**	1	
融合能力	0.577**	0.553**	1

** Correlation is significant at the 0.01 level (2-tailed)

利用回归分析对这三个维度之间的关系进行检验。

①采用能力对实施能力的影响

采用能力对实施能力有显著正向作用，回归系数值 0.611，验证了假设 H1。

②采用能力和实施能力对融合能力的影响

在回归方程中带入因变量融合能力，分别带入自变量采用能力和实施能力，得到采用能力、实施能力对融合能力的标准回归系数为 0.577 和 0.553，满足 Sig.<0.05 的条件，表明有显著正向作用。

把采用能力和实施能力作为自变量同时代入回归方程，得到采用能力、实施能力对融合能力均有显著正向影响，回归系数为 0.381 和 0.320，满足 Sig.<0.05 的要求。在模型中，作为自变量的采用能力、实施能力的方差膨胀因子处于 0 与 10 之间，表明不存在多元共线性问题。

从上述结果看，共同作为自变量的实施能力与采用能力，在回归系数上采用能力实现了由 0.655 变到 0.433。同样，在回归系数上实施能力由 0.596 变到 0.344。所以，实施能力在采用能力与融合能力之间起到了中介作用。从以上分析可知，提出的假设 H2 和 H3 得到验证。

（2）创新网络节点吸纳能力的后果假设检验

①结构方程分析

根据产业集群升级的三个构面：流程升级、产品升级、功能升级，将假设进一步细化。因为创新网络节点吸纳能力维度之间有相关性，这种关系可能对集群升级构面产生影响。

结构方程能够分析要素之间的相互影响，同时分析多个因变量。为了全面探究创新网络节点吸纳能力各维度与集群升级构面的关系，利用 AMOS 软件，通过结构方程进行检验。

首先，对创新网络节点吸纳能力维度与集群升级构面进行相关性分析，初步检验提出的假设，相关分析结果见表 4-9，创新网络节点吸纳能力维度与集群升级构面有明显的相关性。

表 4-9 吸纳能力与产业集群升级成功的相关分析

	实施能力	融合能力	流程升级	产品升级	功能升级
采用能力					
实施能力	1				
融合能力	0.553**	1			
流程升级	0.364**	0.449**	1		
产品升级	0.416**	0.512**	0.442**	1	
功能升级	0.458**	0.604**	0.311**	0.431**	1

** Correlation is significant at the 0.01 level（2-tailed）

运用结构方程验证创新网络节点吸纳能力与集群升级的关系。首先构建两者之间的关系路径图，如图 4-1 所示。

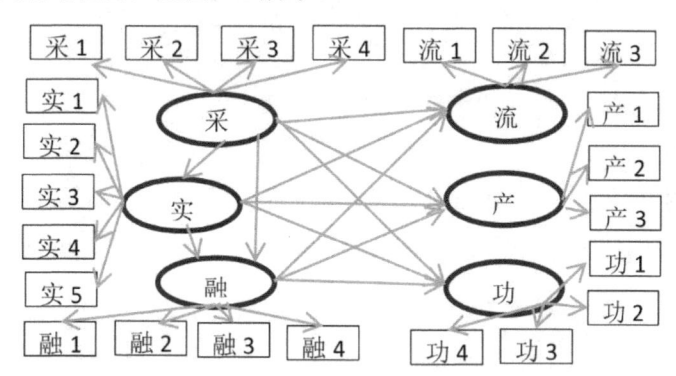

图 4-1 创新网络节点吸纳能力与产业集群升级关系路径图

在结构方程中输入需要测量的指标，得到拟合度指标均处于合理范围，并得到变量间的关系分析结果（数据省略）。得到采用能力对流程升级 H4（a）、产品升级 H4（b）以及实施能力对功能升级 H5（c）这三组路径系数 p 均大于 0.05，没有达到显著性水平，这三个假设没有得到验证。其他所提出的假设都得到了验证。

②模型修正

依照变量间的关系检验结果，将不符合研究要求的路径删除，对修正后的模型再次运算，得到结构方程模型拟合度指标均处于合理范围。运用修正后和结构方程模型对研究变量间的关系进行分析,分析结果见表 4-10。

表 4-10 修正后的模型变量关系结果

研究变量间关系	Estimate	p
H1 实施能力←采用能力	0.643	***
H2 融合能力←采用能力	0.433	***
H3 融合能力←实施能力	0.344	***
H4（c）功能升级←采用能力	0.173	0.046
H5（a）流程升级←实施能力	0.193	0.042
H5（b）产品升级←实施能力	0.244	0.041
H6（a）流程升级←融合能力	0.385	***
H6（b）产品升级←融合能力	0.481	***
H6（c）功能升级←融合能力	0.527	***

***表示 $p<0.01$

在修正后的模型路径图 4-2 中,采用能力只对集群的功能升级有正向作用,实施能力对流程和产品升级均有正向作用,融合能力对集群的流程、产品和功能升级均有正向作用。并再次验证了采用能力对融合能力和实施能力的正向作用、实施能力对融合能力的正向作用。

③吸纳能力维度对产业集群升级效应分析

从图 4-2 发现,创新网络节点吸纳能力维度与集群升级构面存在无直接作用关系的现象。但是,两者由研究变量产生间接影响。由此归纳出研究变量之间的直接效应、间接效应和总效应。由各变量的效应值（见表 4-11）可知,创新网络节点吸纳能力维度对集群升级有正向作用。

表 4-11 修正后的模型拟合指标

研究变量间关系	Estimate	p
实施能力←采用能力	0.643	***
融合能力←采用能力	0.433	***
融合能力←实施能力	0.344	***
功能升级←采用能力	0.173	0.046
流程升级←实施能力	0.193	0.042
产品升级←实施能力	0.244	0.041
流程升级←融合能力	0.385	***
产品升级←融合能力	0.481	***
功能升级←融合能力	0.527	***

***表示 $p<0.01$

从总效应可知,融合能力排在第一位,第二位是采用能力,实施能力排在最后。这个结论充分证明了融合能力对产业集群升级的重要作用，也表明了它是创新网络节点吸纳能力之中最为重要的维度。

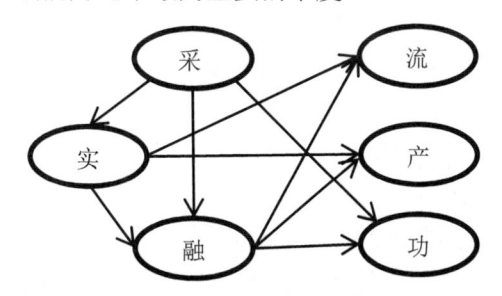

图 4-2 修正后的创新网络节点吸纳能力与产业集群升级关系路径图

（3）实证结论

①采用能力对实施能力有正向作用(H1)。如果企业拥有的采用能力越强，企业从外部引入的创新成果就越能满足企业的要求，有助于顺利实施创新成果，提升企业的创新能力。

②采用能力对融合能力有正向作用(H2)。如果企业拥有较强的采用能力，企业就能在适当的时机制订符合企业创新要求的实施方案，员工就更愿意和容易采用创新成果，并形成高度一致的创新行为，促进员工对创新成果的学习和运用，提升企业对创新成果的融合能力。

③实施能力对融合能力有正向作用（H3）。实施能力的强弱，决定企业能否高质量地实施创新技术。创新技术越能够匹配企业的业务流程，就越能够促使员工认识到创新成果的价值，促进员工对创新成果的应用和革新，增强企业的融合能力。

④采用能力对集群升级有正向影响（H4）。采用能力对功能升级有直接的正向作用，对流程升级和产品升级没有直接影响，它是通过实施能力和融合能力的中介作用对流程升级、产品升级产生间接影响。

⑤实施能力对集群升级有正向影响（H5）。实施能力对流程升级和产品升级有直接的正向影响，通过融合能力对功能升级有间接影响。

⑥融合能力对集群升级有正向作用（H6）。它对集群的流程升级、产品升级和功能升级均产生直接的正向影响。

⑦融合能力对集群升级影响的效应是最大的（H7）。无论是从创新网络节

点吸纳能力维度对流程升级、产品升级和功能升级的影响看，还是对集群升级的总效应看，融合能力排在第一位，其次是采用能力，最后是实施能力。

4.5 产业集群创新网络节点吸纳能力提升对策

4.5.1 提升创新网络节点吸纳能力的思路

通过对企业创新战略进行分析，对创新吸纳能力进行定位，找出吸纳能力与创新战略目标存在的差距，判断差距是否可以追赶。分析差距形成的原因是采用能力、实施能力或是融合能力，结合表4-1找出创新吸纳能力差距的具体根源。

（1）存在采用能力问题。要分析企业对集群升级要达成的目标是否有清晰的认识、企业制订的战略规划与集群升级规划是否匹配和协调、集群升级的时机是否恰当、企业展开的业务是否符合集群升级要求四个方面问题。

（2）存在实施能力问题。要从集群企业创新成果能否在预期时间内实现、集群企业创新经费是否充足、员工对集群升级中的创新质量和成果是否满意、创新成果是否达成预期目标四个方面找问题。

（3）存在融合能力问题。要从员工能否熟练使用创新成果完成工作、集群升级是否转化为企业的常态化工作、创新成果的使用能否与企业的业务流程相适应、企业能否根据新的业务需求选择创新成果或研发新成果四个方面找问题。

4.5.2 提升采用能力促进产业集群升级

创新成果采用决策直接影响集群升级与企业创新成果吸纳的匹配程度。为了提高创新成果采用能力，集群企业中高层管理者要强化对创新成果的认知能力，要通过学习、培训和聘请咨询专家等方式提高创新成果采用决策的准确性。为了防止集群企业在创新成果采用中出现短期行为，避免创新成果采用偏离集群升级目标，要根据集群升级方向和目标规划企业的创新战略，确保企业的创新活动符合集群升级的要求。同时，集群企业要遵循集群创新网络的活动特点制定创新战略的实施对策，确保企业的创新战略目标能够实现，以支撑集群升级。综上，集群企业一定要认清创新成果采用能力提升不仅能强化企业自身竞争力，更能为后续的创新成果实施与融合奠定基础。

4.5.3 提升实施能力促进产业集群升级

集群企业创新实施能力影响着集群创新网络成果能否与企业的业务流程匹配，两者是否匹配直接影响流程升级和产品升级。如果实施的创新成果不能被充分利用，创新成果就不可能转化为企业的竞争优势，更不可能实现集群升级。因此，提升网络节点企业创新成果的实施能力，首先要从研发部门入手，提高其技术水平和创新管理能力，形成对创新项目的有效管理。由于研发部既是创新管理的原点，也是创新活动的辐射点，它与生产、营销、人力、绩效等方面有着密切的联系。因此，要重视研发部门与业务部门的沟通合作，建立创新实施方案制订者、管理者与执行者之间的沟通平台与交流机制，为此必须构建与创新成果实施能力相匹配的业务流程，确保相关人员在实施过程中的广泛参与和高效运行。另外，研发部门要做好与咨询顾问的合作，通过学习与沟通提高企业对创新成果实施的准确性、可靠性和高效率，更好地支持流程升级和产品升级。

4.5.4 提升融合能力促进产业集群升级

融合能力旨在充分利用创新成果，使其对集群升级有最大贡献。为提高创新成果的融合能力，集群企业应强化组织学习和员工学习，建成学习型组织。在具体实施中，要注重培训员工掌握新知识、新技能，提高员工对创新成果的接受能力和使用能力，全面提升集群企业对创新成果的融合能力。因此，集群企业在创新活动中实现有效的组织沟通有助于在企业内部传播和共享创新知识和经验，促进创新成果在集群创新网络中的扩散与使用。

提升企业创新成果的融合能力还要关注员工能否熟练使用创新成果完成新工作，能否把推动集群升级作为企业的常态化工作。企业在集群升级要求下应具备良好的采用能力和实施能力，其融合能力越强，创新成果就越能在集群创新活动中得到有效的利用，对集群升级才能有更大的贡献。

4.5.5 加速创新网络节点企业吸纳能力的形成

虽然集群创新网络节点企业吸纳能力的三个维度对集群升级都有正向影响（见图4-2），但各自的作用机理不同。如果集群企业只是决策采用创新成果而没有可靠的实施能力和融合能力，创新成果也不会对流程升级和产品升级产生积极影响，反而可能会给集群企业的创新活动带来风险。如果创新成果不能得到充分利用，创新成果也不可能推动功能升级。所以，创新成果只有被集群企业吸纳并充分利用且达到与企业的创新活动融合，才能促进集群的整体升级。

产业集群创新网络节点企业吸纳能力的强弱在一定程度上决定了集群升级能否成功。因此，改善集群企业创新吸纳能力是集群升级的根本，更重要的是，集群企业要有不断进行二次创新的能力。

4.6 本章小结

本章从动态过程角度提出创新网络节点吸纳能力的概念，基于创新网络节点吸纳过程模型，给出创新网络节点吸纳能力的维度，分析节点吸纳能力对产业集群升级的作用机理。利用结构方程对假设进行检验，揭示创新网络节点吸纳能力维度对产业集群升级的影响，证明融合能力是吸纳能力的关键维度，从"提升节点吸纳能力的思路、采纳、实施、融合以及加速吸纳能力的形成"5个方面提出促进创新网络节点吸纳能力的对策。

本章参考文献

[1] Freeman C. Networks of innovators: A synthesis of research issues [J].Research Policy,1991(5):499-514.

[2] Porter M E. Cluster and the New Economics of Competition [J].Harvard Business Review, 1998(6):77-90.

[3] Britton J. Network structure of an industrial cluster electronics in Toronto [J].Environment andPlanning (A), 2003(6):983-1006.

[4] Bell G G.Clusters networks and firm innovativeness [J].Strategic Management Journal, 2005 (3):287-295.

[5] Wang X. Forming mechanisms and structures of a knowledge transfer network: theoretical and simulation research [J].Journal of Knowledge Management, 2013(2):278-289.

[6] Cohen W M, Levinthal D A. Absorptive capacity: A new perspective on learning and innovation [J]. Administrative Science Quarterly, 1990(1):128-152.

[7] Zahra S A, George G. Absorptive Capacity: a review, reconceptualization and extension [J]. Academy of Management Review, 2002(2):185-203.

[8] Nicholas Roberts, Pamela S Galluch, Michael Dinger, et al. Absorptive Capacity and Information Systems Research: Review, Synthesis, and Directions for Future Research[J]. MIS quarterly, 2012(2):625-648.

[9] Pia Hurmelinna-Laukkanen, Heidi Olander. Coping with rivals' absorptive capacity ininnovation activities [J]. Technovation: TheInternational Journal of Technological Innovation Entrepreneurship and Technology Management, 2014(1):3-11.

[10] 魏江.产业集群——创新系统与技术学习[M].北京:科学出版社, 2003:18-33.

[11] 刘兰剑,司春林. 嵌入性—跨组织学习—技术创新之关系研究[J]. 技术与创新管理, 2010 (1): 9-12.

[12] 吴芷静.产业集群企业技术创新的网络化结构与作用机制分析[J].商业时代,2012(15) :117-118.

[13] 黄玮强,庄新田,姚爽.基于创新合作网络的产业集群知识扩散研究[J].管理科学,2012(2):13-23.

[14] 吕国庆,曾刚,马双,等.产业集群创新网络的演化分析——以东营市石油装备制造业为例[J].科学学研究,2014(9):1423-1430.

[15] 张克让.产业主体技术吸纳能力的外部环境分析[J].科研管理,2000(5):40-47.

[16] 沈必扬,王晓明.基于吸纳能力、技术机遇和知识溢出的企业创新绩效分析[J].科技进步与对策,2006,23(4):126-129.

[17] 王肇英.基于吸纳能力的企业创新模式选择[J].辽宁工程技术大学学报(社会科学版),2010(6):596-598.

[18] Baker T, Miner A, Eesley D.Improvising firms: Bricolage, account giving and improvisational competencies in the founding process[J].Research Policy, 2003(2):255-276.

[19] 刘璐.中国企业吸收能力影响因素与作用的探索性研究[J]. 产业经济评论(山东大学),2008(2):68-91.

第 5 章　复杂网络的产业集群创新网络活跃度评价

近几年，区域经济的发展水平成为衡量国家经济实力的重要指标，而产业集群对区域经济的发展做出了重要贡献。传统的产业集群创新模式主要表现为以市场拉动为主导，面对经济的快速增长，这种模式逐渐不能满足高新技术的发展要求。因此，以众多创新主体为中心的互动创新和网络创新便应运而生。要想对产业集群进行深入研究就需要对产业集群的网络结构进行研究。复杂网络理论作为研究复杂系统的重要前沿理论和工具，在自然、工程、技术和社会等方面都有广泛的应用并显示出其科学性和有效性，将复杂网络理论与产业集群理论结合起来研究产业集群创新网络的结构特性，能进一步探索产业集群升级的路径和对策。

5.1 相关研究述评

5.1.1 产业集群与集群创新网络

产业集群最初的定义是具有同质性的企业在地理范围上形成的生产综合体，后来又发展为具有协同效应的企业依靠竞争与合作关系在地理接近条件下的集合体。Michael Porter（1998）对该理论进行了系统描述，认为产业集群是在特定领域中由相互联系的企业和有关机构在地理上的集中，包括一些相互关联的产业和其他竞争企业[1]。Rocha（2004）认为，产业集群是一个通过经济与社会的相互依赖建立起来的地理上最接近关联产业的公司和有关机构的网络[2]。

产业集群中的企业在专业化分工上具有互补性，由于产品同质化企业之间又具有竞争性，这些企业与各种辅助与科研机构形成地理上的集聚状态，使企业在稳定周期的动态环境下不断进行创新，相互之间存在着不能用简单的线性理论解释的复杂关系，这就是集群创新网络。集群创新网络的研究从 Freeman 在 1991 年提出创新网络的概念开始，认为创新网络是产业集群创新的一种新形式，企业间的创新合作关系构成了网络的主要联结机制，并试图在网络新发展的背景下研究区域网络[3]。Morgan（2007）引入了社会资源要素，认为集群创新网络可以缩小地理空间和平衡社会资源，进而有效地提升创新能力和优势[4]。张永安（2010）界定了创新资源的概念，以网络结构为基础构建了创新资源的影响模型，认为网络结构的变化会改变创新网络中企业的资源利用机制，对创新资源的利用率产生影响[5]。邵云飞（2013）等基于集群创新网络的视角，利用社会网络分析方法分析了集群网络整体结构特征及其对创新行为的影响[6]。崔蕊（2016）等认为创新资源流动的重要渠道是网络，通过构建知识协同创新网络能够促进产业集群知识的创新，推动知识和信息在集群内的交流和传播[7]。由此可知，产业集群中创新资源的获取与利用、创新活动的扩散与传播以及创新能力的提升与发展都受到集群创新网络结构特征的影响，且集群创新网络理论能够很好地应对集群结构优化问题。

5.1.2 复杂网络理论

复杂网络简而言之就是呈现高度复杂性的网络，这种复杂性体现在节点数目多、节点之间的连接多样以及网络结构不断发生变化等方面，复杂网络一般具有小世界、集聚程度、幂律的度分布等特征。

复杂网络理论的研究始于 18 世纪欧拉对"七桥问题"的研究。通过对实际网络进行抽象的数学分析，开创了一个新的数学分支即图论与几何拓扑。Erdos（1960）等人研究出随机图理论，在此基础上构建了 ER 随机模型[8]，成为探索复杂网络理论的系统性开端。此后，Watts（1998）等人以人类社会网络为基础研究出小世界网络模型（SWN）[9]，该模型是一类同时具有较短的平均路径长度和较高的聚类系数的网络的总称。ER 模型和 SWN 模型的网络连接特征可用 Poisson 分布函数表示。Barabasi（1999）等人将复杂网络中度分布具有幂律分布形式的网络定义为无标度网络模型（BA），基本特征是鲁棒性和脆弱性[10]，该网络节点的度分布具有幂律函数形式。Li（2003）等人提出了局域世界演化模型（LWEN），认为该模型可以保持无标度网络的健壮性，提高网络对蓄意攻击的依赖性[11]，局域世界演化模型的连接规则是结点 m 按一定原则与选出的 n 个节点相连。网络分类表见表 5-1。

表 5-1 网络分类表

规则网络	星形网络		传统网络	固定值	与中心点相连
	耦合网络		传统网络	固定值	两点直接相连
随机网络	ER 随机网络	1960	Erdos、Renyi	Poisson 分布	以概率 p 连接两点
复杂网络	小世界网络	1998	Watts 等	Poisson 分布	以概率 p 重新连接
	无标度网络	1999	Barabasi 等	幂律分布	一定概率规则重连
	局域世界演化网络	2003	Li X 等	指数分布与幂律分布之间	按特定原则选出的 m 个节点相连

以上学者对复杂网络模型的研究为产业集群创新网络的研究提供了一个科学视角。复杂网络的研究重点也从静态网络连接特性、结构分析的研究转移到有关复杂网络的动态网络控制以及动力学分析等方向。以上研究理论和方法为我们对集群创新网络活跃度的评价研究提供了科学基础。

5.2 构建产业集群创新网络活跃度评价模型

5.2.1 产业集群与复杂网络

网络分析的重点是要对网络中各主体之间复杂的关系进行分析并发现其中蕴含的规律。近年来，产业集群创新研究越来越关注网络结构特性方面，学者们利用不同的方法对网络的概念框架、传播动力等方面进行了研究。研究过程中的方法也逐渐由社会网络分析方法转变到复杂网络分析方法。并借助复杂网络有关模型，对集群创新网络的结构特征和形成过程进行了精确的描述。

作为一个复杂的网络系统，产业集群创新网络满足复杂网络的基本特征。首先，集群系统中主体性质的多样性，包括企业、政府、高校、中介机构等多种不同功能的创新主体。其次，不同创新参与主体之间基于合作、企业联盟以及利益共享等联系形成复杂的网络关系，使集群创新网络的系统结构变得更加复杂。此外，在集群创新网络的发展过程中，由于内部环境和外部环境的相互影响，以及各创新主体之间的竞争与合作关系，使其具有随时间不断演化的特征，同时由于人的参与，集群创新网络的发展也受到经济、社会以及文化等因素的影响。产业集群创新网络的复杂特征具体如下：

（1）集群创新网络的小世界性。产业集群创新网络是集群企业为应对日渐激烈的市场竞争开展创新活动而形成的各种正式或非正式关系的总和。这种合作关系的形成是由创新网络中具有社会特征的单个企业完成的，因此，产业集群创新网络在一定程度上具有社会网络的特征。许多研究表明，现实中的网络大部分都具有小世界效应，即有较小的最短路径长度和较大的集聚系数。在产业集群中，企业之间频繁的合作与联系使集群创新网络的集聚系数变得较大，企业与企业之间的最短路径变短。集群创新网络中各主体之间密集而复杂的连接关系使产业集群创新网络具有复杂网络的小世界特征。

（2）集群创新网络的无标度性。无标度网络中有少数具有大量连接边的节点，这些节点在与其他节点连接时具有择优选择性。集群创新网络中某一企业与其他企业的连接也具有择优连接性，企业在选择创新活动的合作者时，总是倾向于与具有较强创新能力的企业合作。

产业集群创新网络具有密集的连接关系，但各节点的度分布并不是均匀的，网络中存在少数节点具有大量的节点与之连接，使其成为整个创新网络中的核心节点，该类节点在整个创新网络中不仅拥有丰富的创新资源，也是集群创新知识产生的源泉。这些核心节点除了集群中的企业，还可能是高校与科研院所或者是政府机构，它们在产业集群的创新发展过程中发挥了很大的作用。集群创新网络的无标度特征的功能主要表现为核心节点对创新资源具有较强的扩散和传播能力，因此集群中核心节点的数量以及发展水平对产业集群创新能力的提高具有重要的影响。

综上，运用复杂网络理论对产业集群创新网络进行评价分析，并致力建立一个评价产业集群创新网络活跃度高低的模型。首先，要定义产业集群创新网络活跃度的概念，然后基于其特征确定以复杂网络为基础的活跃度评价指标。

5.2.2 集群创新网络活跃度概念的提出及其结构特征

产业集群创新网络具有网络结构特征，是提升集群竞争优势、促进集群升级的关键影响因素。但中外学者对创新网络的研究多集中于网络的静态属性，或者从集群创新网络本身出发提高集群竞争优势,对于集群创新网络活跃状态的动态变化影响因素一直没有一个具体明确的阐述。基于此,从复杂网络的角度构建产业集群创新网络活跃度的评价模型。

为了使产业集群创新网络活跃性的程度能够度量,给出产业集群创新网络活跃度的定义,即:产业集群创新网络活跃度是指在产业集群创新网络结构中,随着创新活动的不断进行,创新网络主体之间或与外部主体之间通过网络节点属性及其直接或间接的影响关系而利用创新资源对创新活动进行扩散和吸纳并不断达成创新成果的水平。因此,产业集群创新网络活跃度是创新网络在集群升级中创新驱动力大小的体现。

5.2.3 创新网络活跃度评价指标

产业集群创新网络中企业和其他辅助机构的数量较多,且它们之间连接关系明确。因此,可以把集群中的每个企业都看作网络中的节点,把企业与企业之间的关系看作网络中节点之间的连线。另外,从产业集群的现实情况出发,模型所创建的网络都是无向网络,以此为基础构建产业集群创新网络活跃度评价指标如下:

(1)度指标。度指标(Degree Centrality)用于描述节点在网络中对其他节点产生的直接影响作用,一个节点的度的值为与该节点直接相连的节点个数。在这种情况下,数学表达式为:

$$D(i) = \sum_{j=1}^{g} X_{ij} \tag{5-1}$$

式(5-1)中:g 代表网络中节点数量的最大值;X_{ij} 表示节点 i 到节点 j 的距离。即在产业集群创新网络中,如果节点 i 与节点 j 直接相连则值为 1,不直接相连值为 0。度指标定义表明某一节点与其他节点直接相连的数量越多,其居于核心地位的程度越大,与其他节点进行直接合作的能力也就越高。度指标可用于反映产业集群创新网络中某一企业对集群中其他企业的直接影响力。一个企业的度指标越大,说明该企业与其他企业的合作活动越容易进行,越有利于集群创新能力的提升。

(2)紧密度指标。紧密度指标(Closeness Centrality)反映了网络中的节点与其他节点联系的难易程度,一个节点的紧密度 $C(i)$ 为该节点到达网络其他全部节点的距离之和的倒数，数学表达式为：

$$C(i) = \frac{1}{\sum_{j=1}^{g} \delta_{ij}} \quad (5-2)$$

式（5-2）中：g是指网络中节点数量的最大值，δ_{ij}表示节点i到节点j的最短路径距离。紧密度指标反映了节点之间的联系需要依赖多少中间媒介，刻画了节点之间合作独立性程度。紧密度指标用于研究创新活动在网络中开展的难易情况，其值的大小也能反映出企业整体创新能力的大小。若集群中一个企业的紧密度指标越大，说明该节点到其他节点的最短距离总和越小，即该节点在网络中的位置有利于创新资源的获得，因此有利于企业创新能力的提升。

（3）介数指标。介数指标（Betweenness Centrality）在社会网络中的分布特征反映了不同人员、技术等资源在相关生产关系中的地位，在创新网络中则体现了网络中的相应节点在整个网络中对于创新活动的传播作用和影响力，也就是该点在多大程度上控制他人的交往，数学表达式为：

$$B(i) = \sum_{m<n} \frac{g_{mn}(i)}{g_{mn}} \quad (5-3)$$

式（5-3）中：g_{mn}表示网络中节点m和节点n之间的最短路径个数；$g_{mn}(i)$表示这些最短路径中经过节点i的个数。介数指标是用于描述网络中节点在活动进行时被经过的次数，它反映了创新活动在最短路径中传播影响的作用。其值越大，说明该节点对于创新活动所需的要素条件越充足，即处于这个位置的企业能在很大程度上通过自己拥有的人力、技术等资源控制信息的传递从而促进企业之间创新活动的传播进而影响整个集群，会有利于创新活动的进行和创新能力的提升。

（4）集聚指标。集聚指标（Agglomeration Centrality）刻画了网络中节点与相邻节点之间连接的密切程度，进而体现网络的凝聚力及创新活动扩散的效果，数学表达式为：

$$A(i) = \frac{E_i}{C_{k_i}^2} = \frac{2E_i}{k_i(k_i-1)} \quad (5-4)$$

式（5-4）中：k_i 表示与节点 i 相连的子网中的节点个数，E_i 表示子网中现有的边数，$C_{k_i}^2$ 表示子网中最大可能存在的边数。产业集群创新网络中，集聚系数反映的是集群中企业之间联系的密切程度，进而体现了网络的凝聚力。当集聚系数较小时，集群内部的创新活动少，创新成果传播的途径也比较分散，创新知识和创新成果的交流及更新速度就会变慢，导致整个集群创新网络的创新能力下降，其创新网络的活跃度就会降低。因此，集聚指标用于描述网络中创新知识和创新成果的交流及更新速度在一个节点上能发挥的价值。其值越大，表明该节点对创新活动传播的推力越大，越有利于整个集群创新活动的进行和创新水平的提升。

5.2.4 创新网络活跃度指数模型的构建

用单一指标评价创新网络活跃度的高低存在一定的不确定性，为了使评价具有科学性，将度指标、紧密度指标、介数指标以及集聚指标结合起来对创新网络活跃度进行评价。

（1）计算集群中企业的度指标。在产业集群创新网络中，企业的度指标能直观地反映在网络中对其他企业的直接影响程度。

（2）计算集群中企业的紧密度指标。在产业集群创新网络中，企业紧密度指标体现了企业对其他企业的间接影响程度。

（3）计算集群中企业的介数指标。在产业集群创新网络中，介数指标体现了企业对整个网络的创新活动传播的影响力。

（4）计算集群中企业的集聚指标。在产业集群创新网络中，集聚指标体现了企业对网络中的整体创新氛围的影响。

如果产业集群创新网络中的一个企业的度指标、紧密度指标、介数指标和集聚指标都很大，则该企业对集群创新网络的创新能力必然有较大的影响。相应地，该企业对创新网络的活跃度就会产生较大的影响。那么，整个集群创新网络中这样的企业数量越多，就会呈现越高的创新活跃度。

为了准确地计算创新网络活跃度的高低，根据以上分析建立产业集群创新网络活跃度的数学模型。

设集群中共有 n 个企业，分别用 w、x、y、z 表示企业 i 的度指标、紧密度指标、介数指标和集聚指标。则网络中企业的平均度指标、平均紧密度指标、平均介数指标和平均集聚系数指标分别为：

$$\frac{1}{n}\sum_{i=1}^{n}w_i 、 \frac{1}{n}\sum_{i=1}^{n}x_i 、 \frac{1}{n}\sum_{i=1}^{n}y_i 、 \frac{1}{n}\sum_{i=1}^{n}z_i$$

现实中，不同的集群、不同的发展规模、不同的发展水平、同一集群不同的发展阶段等情况下集群对创新网络节点的各个属性要求不同。在市场竞争激烈的时候，企业对创新要求高，核心企业的带头作用使弱小企业必然积极靠近核心企业以获取更多的创新资源。竞争不激烈时，集群企业有较好的获利，企业间联系就不会紧密，这就确定了集群创新网络的属性是存在重要性区分的。因此，各个指标的权重就不可能是同等重要的。考虑到这一情况，可以采用熵权法确定权重，以达到客观研究集群创新网络活跃度的目的。网络的活跃度指数为：

$$Q = \frac{1}{n}(\alpha\sum_{i=1}^{n}w_i + \beta\sum_{i=1}^{n}x_i + \gamma\sum_{i=1}^{n}y_i + \delta\sum_{i=1}^{n}z_i) \tag{5-5}$$

式（5-5）中：$\alpha 、 \beta 、 \gamma 、 \delta$ 分别表示各个指标在评价活跃度时所占的权重。

但是，为了更清晰地研究集群创新网络活跃度，在评价时假设它们对创新网络活跃度的贡献是同等重要的。故可以认为 $\alpha = \beta = \gamma = \delta$ ，若令他们的值为1，则活跃度指数 Q 为：

$$Q = \frac{1}{n}(\sum_{i=1}^{n}w_i + \sum_{i=1}^{n}x_i + \sum_{i=1}^{n}y_i + \sum_{i=1}^{n}z_i) \tag{5-6}$$

式（5-6）即为评价集群创新网络活跃度的数学表达式。从上文对各个指标的分析可以看出：Q 值越大，说明产业集群创新网络的活跃度指数越大，也就是越有利于创新活动的进行，集群升级能力也就越强。

基于以上分析和建模，构建产业集群创新网络活跃度的概念模型如图 5-1 所示：

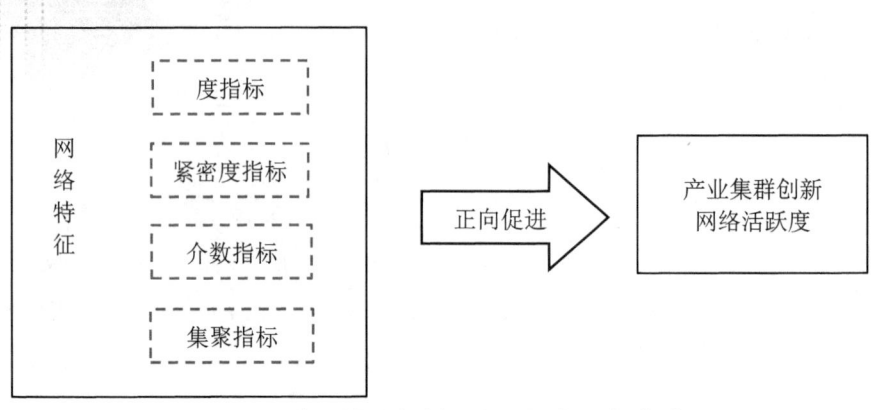

图 5-1 产业集群创新网络活跃度概念模型

5.3 实证分析

从中关村海淀园电子信息产业集群、永康五金产业集群和辛集皮革产业集群采集了部分数据，并利用以上数学模型对创新网络活跃度进行评价。设定只要企业之间有过技术或者资金上的合作关系就确定二者之间有网络上的关系。

5.3.1 集群介绍

案例 1：海淀园电子信息产业集群

该集群位于北京市中关村科技园区海淀园，是国家级科技金融创新中心和国家级科技与文化融合示范基地。海淀园周边有清华大学、北京大学等 60 多所高等院校，因此拥有极其丰富的科技资源和人才资源。此外，由于政府的大力扶持，海淀园在资金方面也具有很大的优势。由于人力、资源等的优势，集群中科研机构数量不断增加，陆续出现包括技术研发中心、试验基地等在内的数千家科技机构，而且创新效率得到稳步提升。截至 2017 年，海淀园电子信息产业实现总收入 6810.15 亿元，总量占全园区产业的 69%，电子信息产业集群保持着良好的发展趋势。

案例 2：永康五金产业集群

永康五金产业集群位于浙江省永康市，是我国最大的五金产品生产基地。在不断的发展中，永康五金产业集群围绕着传统产业振兴和新兴产业培育的目标，致力于建设一条能促进企业不断进行创新发展的产业服务体系，通过提高信息、技术等资源的利用来强化市场管理，使五金产业集群在市场竞争日趋激烈的情况下越来越具有永康特色。1996年开始创办五金博览会，使世界各地的五金贸易商开始了新产品和新技术之间的交流与互动，五金产品与五金生产要素的流动也随之得到加强，促进了五金制造业集群的结构优化与升级，推动了五金经济持续稳定的发展。

案例3：辛集市皮革产业集群

辛集市皮革历史悠久，皮革产业作为辛集市的支柱产业，对辛集市经济发展做出了很大贡献。随着时代的发展，辛集皮革产业集群越来越重视新产品的开发和新技术的应用。近几年，通过与大中专院校、科研机构合作等开展人才培训计划，通过成立皮装设计公司，建立与香港、意大利等知名企业的合作，使制衣业整体水平得到稳步提升。此外，通过自主创新、打造品牌、延伸产业链，辛集皮革逐渐实现了由规模扩张型向内涵提升型产业集群的转变。但是，作为传统的轻工业产业集群，辛集市皮革产业在发展中仍存在自主品牌缺失、商业模式落后等问题。为实现辛集市皮革业转型升级，创新对其来说仍然十分重要。

表5-2是2015年3个产业集群的部分数据，以此直观地反映3个产业集群的发展情况。

表5-2 3个产业集群2015年基本情况

集群名称	企业数量（家）	从业人员（万人）	科技活动经费支出（亿元/年）	集群申请专利（件/年）	产值（亿元/年）	出口创汇（亿美元/年）
海淀园电子信息（A）	5315	35.5	975	29072	11068.72	65.60
浙江永康五金（B）	10000	30	50.8	1571	670	27.59
河北辛集皮革（C）	2410	15.2	0.32	34	617.7	6.48

资料来源：本文的数据来源于3个集群实际情况以及海淀统计年鉴、永康市统计年鉴、石家庄市统计年鉴。

由于集群中企业数量较多，采用雪球抽样方法对其进行抽样分析。通过"天眼网""名索网"搜索集群企业的合作信息，包括合作申请专利、合作研发等。

此外，通过企业自身的网站收集企业的相关资料，对网站建设不全的一些企业通过电子邮件或者电话等方式搜集所需信息。将以上信息进行整理，确定企业与企业之间、企业与辅助机构之间存在的联系情况。

为了避免滚雪球抽样容易出现相似性偏差的缺点，分别选择具有不同特征的样本作为第一次调查对象，即选取了核心企业、非核心企业、高校与科研机构、辅助机构等。通过网站数据调研，再选取与这些样本联合申请专利和技术研发、共同参与战略联盟等的相关样本。在研究中，首先将中关村电子信息产业集群、永康五金产业集群和辛集皮革产业集群看作3个网络，分别命名为"A集群""B集群"和"C集群"。从以上3个产业集群分别选择了105、51、49个包括企业、高校、服务机构等在内的样本，并根据它们之间的创新合作关系，用Netdraw刻画3个产业集群创新网络的结构图。

5.3.2 基本结构特征分析

在复杂网络理论中，复杂网络实际上是复杂系统内部各个构成之间关系的结构化表征。复杂网络的结构决定复杂网络所具有的基本特性，进而决定复杂网络的功能，因此对复杂网络结构的研究是认识和完善复杂网络的基础。以复杂网络的形式研究产业集群创新网络，不仅可以深化对产业集群创新网络结构的理解，而且能够有效地揭示集群内部的耦合作用和组织机理，能够深入反映集群创新网络构成通过相互作用进而影响产业集群创新网络活跃度的过程。

（1）集群创新网络的基本结构特征值计算

为了对产业集群的基本结构特征以及创新网络活跃度指数进行实证分析，首先根据收集到的3个集群的数据，用 UCINET 6.0 分析软件对这3个产业集群的网络结构特征分别进行分析，讨论这些基本特征对集群创新能力的影响，并对3个产业集群创新活跃度的大小进行初步的评价。分析结果如表5-3所示：

表5-3 产业集群创新网络的基本结构特征

集群名称	海淀园电子信息（A）	浙江永康五金（B）	河北辛集皮革（C）
平均路径长度	4.655	7.796	6.546
平均度数	3.200	2.188	2.041
网络中心性（%）	9.61	8.08	6.43

(续表)

集群名称	海淀园电子信息（A）	浙江永康五金（B）	河北辛集皮革（C）
集聚系数	0.136	0.061	0.0645
网络密度	0.0308	0.0424	0.0425

（2）网络结构特征值分析

第一，平均最短路径长度。平均最短路径长度反映了创新资源在集群网络中的传递效率，路径越短，创新活动传递的效率越高。从表 5-3 的数据看，A 集群企业之间连接网络的平均最短路径长度为 4.655，在三个集群中居于最好的状态。这符合电子产业集群的特征——创新资源的传播速度快，企业之间的学习互动能力比较强。B 集群和 C 集群的平均最短路径长度反映出创新资源在这两个集群中的传递没有 A 集群理想，创新资源的传播阻力会比 A 集群大，资源和信息的传播由于传递不及时或者传播时间长会导致一定程度的失真和损失。

第二，网络中心性。网络中心性代表了网络的中心化程度。它与网络的平均度数（度中心性）处于同一层面，其值越大，说明集群中的核心企业数越多。从表 5-3 中各个集群的网络中心性系数和平均度数来看，其数值都不是很大，网络中心性系数分别为 9.61%、8.08%、6.43%，说明在集群中处于中心位置的企业的数量并不多。由于集群进行创新活动所需要的资源和信息很多来自核心企业，这些企业是集群获取创新所需知识和信息的重要渠道，是集群创新的重要力量。所以，较低的网络中心性对产业集群整体创新能力的提升作用并不是很明显。但是，通过这三个集群的网络中心性的值可以看出，A 集群获取创新资源的能力要比 B、C 集群高，C 集群获取创新资源的能力最差。

第三，集聚系数。集聚系数是网络的连接密度和网络连通性的体现。当集聚系数较小时，集群内部的创新活动不能快速高效地进行传播，创新知识和创新能力传播的途径也比较弱和分散，创新成果的交流和更新速度就会变慢，导致整个集群网络的创新能力下降。同样，若集聚系数比较大甚至接近于 1 时，集群内某一特定企业的行为将强烈地受到其他合作企业的创新行为的影响，这样可能导致创新行为的锁定效应，造成非开放状态。这种情况也不利于集群内创新活动的开展和创新成果的传递。因此，中等水平的集聚系数有利于开展创新活动。

从表 5-3 可以看出，A 集群企业之间网络的连通性稍高，其集聚系数是 0.136，B 集群和 C 集群企业之间网络的集聚系数分别为 0.061 和 0.0645，说明这两个集群的创新网络整体连通性较差，创新资源和能力在各自的集群中的传播和利用效果不是很好。

第四，网络密度。从表 5-3 可以看出，三个集群的网络密度都很低，这说明网络中企业之间的联系不多，关系不够紧密。这样的网络密度说明三个集群对创新资源的传播和利用以及对外部创新资源的获取与利用都没有达到很好的效果，集群创新活动得不到更多新的资源和能力的支持。此外，A 集群的网络密度要比其他两个集群的网络密度低，这与平均路径长度和网络中心性呈现相反的趋势。刘军在《社会网络分析导论》一书中指出：现实中实际图的连接数要少于理论上的最大连接数。如果每个行动者能够保持的关系数目有一个上限，那么整个图的连线总数受到点度数的限制，也就是在其他因素不变的情况下，大图的密度要比小图的密度小[12]。这也进一步解释了A集群创新网络的总体规模要比B集群和C集群的大。

从对 A、B、C 三个集群创新网络的整体结构特征分析，可看出其创新知识、创新能力和信息获得在集群中的传播渠道并不是很通畅。但是，还是可以分析出 A 集群创新网络的整体创新状况要比其他两个集群好。同时，根据三个集群 2014—2016 年的集群整体创新资金投入和创新成果产出的数据看，A 集群的整体创新能力要比 B 集群和 C 集群高。以下就从本书提出的创新网络活跃度模型来验证三个产业集群的创新网络活跃度。

5.3.3 创新网络活跃度评价模型验证

根据表 5-3 中的数据，利用式（5-1）～ 式（5-6）可以分别计算出三个产业集群创新网络中每个节点的各个影响指标和整体的评价指标值，最后计算出相应的活跃度指数，这是在认为式（5-6）中各个指标的权重相同且等于 1 的情况下得出的，计算结果如表 5-4 所示。

表 5-4 产业集群创新网络活跃度指数比较

集群	海淀园电子信息(A)		浙江永康五金(B)		河北辛集皮革(C)	
	指标值	A与B差率(%)	指标值	B与C差率(%)	指标值	A与C差率(%)
节点数量	105	—	51	—	49	—
度指标	336	67.0	108	7.4	100	70.2
紧密度指标	0.225	38.7	0.138	-17.4	0.162	28.0
介数指标	19956	56.6	8665	24.7	6522	67.3
集聚指标	11.693	81.2	2.2	-81.8	3.999	65.8
创新网络活跃度指数	193.37	11.0	172.065	21.4	135.316	30.0

从表 5-4 的计算结果看出，A、B、C 三个产业集群的创新网络活跃度指数分别为 193.37、172.065、135.316。即海淀园电子信息 A 集群创新网络活跃度指数最高，意味着 A 集群创新网络创新能力最高，这与前文分析创新网络的结构特征的结果相符合。浙江永康五金 B 集群创新网络活跃度指数处于中间水平，该集群的创新能力次之。河北辛集皮革 C 集群创新网络活跃度指数处于最低水平，说明该集群的创新能力在这三个集群中最差。

首先，B 集群和 C 集群的度指标、紧密度指标和集聚指标的值都相差不大，真正使活跃度指数相差较大的影响因素为介数指标。这是因为 B 集群拥有创新活动所需要的关键资源或者对创新资源的获得比较容易，对创新活动在最短路径中传播的影响作用比较大，进而更有利于创新活动的开展和传播。就集群本身的特点而言，永康五金产业集群由于产品种类较多，因此在创新活动中对资源的控制更具多样性。由此认为，由于企业对创新活动所需的资源的控制在创新活动的传播过程中具有促进作用，因此产业集群创新网络中企业对创新资源的控制越充足、创新资源的获得越便利，创新活动越容易开展，产业集群创新网络的活跃度指数也越高。

其次，A 集群的紧密度指标的值要高于 B 集群和 C 集群，这是因为 A 集群中的核心企业的个数要比 B、C 集群的多，创新网络中的节点能较容易地通过集群创新网络到达其他节点，企业之间都能通过自己拥有的合作资源快速地展开创新合作。也就是说，A 集群中的企业之间进行创新合作的阻力比较小。

另外，因为度指标表明节点与其他节点直接相连的数量，值越大说明该节点企业在集群中的重要程度越高。通过计算度指标与节点数量的比值可以看出，A集群中企业之间联系较多，也就是集群中居于核心地位的企业较多。由以上分析认为，由于核心企业在整个集群创新网络的联通中起着传播创新知识、创新能力和信息的作用，所以，集群创新网络中的核心企业越多，其创新网络活跃度指数也就越高，集群的升级能力就越强，整体竞争优势就越高。又由于 A 集群的介数指标也较大，拥有的创新资源也较充足，更有利于创新活动的开展和传播。

再者，从表 5-4 可以看出，A 集群的集聚指标明显高于 B、C 集群，由于集聚系数反映的是集群中企业之间联系的密切程度，体现了创新网络的凝聚力，因此可以认为 A 集群的网络凝聚力要高于 B、C 集群。由于电子产业集群特殊的行业性质，其在创新活动中所需的信息和资源更新速度比较快，较高的集聚系数有利于使这些信息和资源更好地发挥作用，为创新活动的进行和创新水平的提升提供正向的推力。而 C 集群的集聚系数高于 B 集群，也正是由于 B 集群的产品种类较多，虽然掌握了创新活动所需要的关键资源，但是当创新活动的更新速度较快时，B 集群不能准确而及时地做出反应，其拥有的创新资源也不能发挥出较大的作用，会增加企业的创新成本。由此可以认为，掌握创新活动的资源很重要，但是也要注重提高集群的整体凝聚力，这样才能使获得的创新资源极大地发挥价值，使集群的创新能力得到提升。

5.4 结论与建议

通过复杂网络理论对集群创新网络活跃度的研究，给出了衡量产业集群创新网络活跃度高低的几个关键指标，即产业集群中节点之间的度指标、紧密度指标、介数指标、集聚指标以及节点数量，构建了产业集群创新网络活跃度评价模型。最后，使用三个产业集群创新网络的实际数据，对构建的产业集群创新网络活跃度模型进行了实证检验。结果表明，本书建立的活跃度评价模型能对活跃度的水平给出具体的数值，且能准确地对不同集群的创新网络活跃度进行评价。

建立以上产业集群创新网络活跃度评价模型的意义在于可以指导集群企

业在利用自己所处的集群优势进行创新活动时针对不同类型创新活动,有效利用已有的创新资源,选择正确的策略和适当的合作伙伴,从而大大提高企业的创新效率和降低企业的创新成本,提高集群整体的创新水平。

针对以上结论,以创新网络整体结构特征为基础,提出以下几点提高产业集群创新网络活跃度的对策:

(1) 培育核心节点

产业集群生产和运作的过程中最核心的部分是企业,而集群企业中的核心企业又是创新活动开展的主导力量。核心企业在集群创新网络中处于关键位置,除了能获取创新所需要的资源和信息之外,还能将这些资源和信息转化为具体的创新成果传递给其他企业。对于永康五金产业集群和辛集皮革产业集群这类劳动密集型集群,在发展的同时应该适当增加网络中核心企业的数量,注重对核心企业的培育与支持,通过核心节点企业带动非核心节点企业的发展,缩短创新活动在集群中传递的最短路径,使创新能力在集群创新网络中能够高效传递,这样才能形成集群创新网络的协同优势,使产业集群创新网络的活跃度得到提升。

(2) 加大对产业集群创新的投资和政策支持

集群的发展除了需要自身的努力外,也离不开政府的支持。中关村电子信息产业集群的发展得益于国家对其进行的政策扶持。在这样的优势之下,中关村电子信息产业集群应注重对资源的配置,合理利用资源,使其所具有的资源优势发挥出最大的作用。同时,加大对集群中小企业的扶持,通过政府的政策支持和集群内龙头企业的帮带作用,引导这些创新优势不足的企业提高创新成果的使用、传递与价值创造的效率。

此外,根据国家宏观调控政策,要在相关政策上对永康五金产业集群和辛集皮革产业集群进行扶持,把市场需求与创新活动结合在一起。例如:加大技术转移机构、产学研联系机构的建设,为产学研一体化发展建立畅通的交流渠道,创立创业孵化机构,为企业在创新活动进行初期提供资金、管理、策划等方面的支持,完善有关公共信息服务平台,在促进本地企业自主发展的同时,也能吸引更多知名企业加入,为本地集群的创新、发展带来新的血液。

(3) 加强企业与大学和科研机构的联系,营造创新氛围

目前,中关村电子信息产业集群内有与清华大学等高等院所科研机构的合

作，但永康五金产业集群和辛集皮革产业集群内几乎无重点高等院校，基本都是与一些高职高专院校进行合作，不利于掌握和控制创新活动所需要的信息和技术，导致集群整体创新能力处于较低的水平。集群内有一些中小企业虽与大企业有创新方面的合作，但是由于存在知识差异，没有很好地利用这些联系对知识进行吸收和转化，妨碍了集群主体之间合作创新的广泛开展。因此必须注重集群内企业与高校和科研机构的合作。通过与大学或者科研机构的合作建立长期稳定的发展关系，提升企业的创新意识和创新水平，营造创新合作的集群氛围。

当然，本研究也有一定的不足之处。首先，实证分析只用了三个产业集群的数据，未能用更多集群的更详尽的数据对不同集群的创新网络活跃度进行比较。其次，在构建产业集群创新网络活跃度模型时，将各个指标的权重值设定为相等的，对于不同的产业集群，各个指标所占的权重有可能不一样。如果考虑权重计算，可以使用熵权法确定权重。在选择专家时，要兼顾大学专家、行业专家、行业管理者、集群企业研发人员和管理人员等。因为行业人员对全局的掌握和理解有权威性，企业人员对重点和关键点的掌握和理解有权威性，不同领域专家形成互补，能提高主观判断的准确性。以上不足，将在今后的研究中不断完善。

5.5 本章小结

产业集群依靠企业之间的联系网络，有力推动了我国区域经济的迅速发展，正确分析和评价产业集群创新网络的活跃度，对于提高企业的创新水平、增强产业集群综合竞争力具有重要的现实意义。在阐述产业集群创新网络活跃度的概念及其评价指标体系的基础上，应用复杂网络理论，构建产业集群创新网络活跃度评价模型，并以实例验证了模型，以期对产业集群创新能力的评价提供理论和实践指导。

本章参考文献

[1] Porter M E.Cluster and the New Economics of Competition[J].Harvard Business Review, 1998,76(6):77-90.

[2] Rocha H O.Entrepreneurship and Development:The Role of Clusters[J].Small Business Economics,2004,23(5):363-400.

[3] Freeman C. Networks of Innovators: a Synthesis of Research Issues[J]. Research Policy，1991,20(5): 499-514.

[4] Morgan K.The learning region: Institutions, Innovation and Regional Renewal[J]. Regional Studies,2007,41(1): 147-159.

[5] 张永安,李晨光.创新网络结构对创新资源利用率的影响研究[J].科学学与科学技术管理,2010(1):56-67.

[6] 邵云飞,周敏,王思梦. 集群网络整体结构特征对集群创新能力的影响——基于德阳装备制造业集群的实证研究[J].系统工程,2013 (5): 85-91.

[7] 崔蕊,霍明奎.产业集群知识协同创新网络构建[J].情报科学,2016, 34(1): 155-159.

[8] Erdos P, Renyi A.On the Evolution of Random graphs [J].Publications of the Mathematicl Institute of the Hungarian Academy of Sciences,1960(10): 279-290.

[9] Watts D J，Strogatz S H. Collective Dynamics of "Small-World"Networks[J]. Nature, 1998,393(6684):440-442.

[10] Barabási A, Albert R. Emergence of Scaling in Random Networks[J]. Science, 1999,286(5439):509-512.

[11] Li X, Chen G. A local world evolving network model[J]. Physica A, 2003(328):274-286.

[12] 刘军.社会网络分析导论[M].北京:社会科学文献出版社,2004:105-106.

第6章 产业集群创新网络节点企业创新能力动态评价

在经济全球化不断推进的背景下，企业正面临复杂的经营环境。我国制造业与国际先进企业比较，尚处于追赶先进水平的阶段。制造业产业集群的竞争能力来源于集群企业的创新能力。因此，研究制造业产业集群创新网络节点企业的创新能力就显得极为重要。本章将提出制造业集群节点企业创新能力评价体系，采用突变级数法对集群节点企业的创新能力进行评价，通过构建速度变化状态与趋势模型分析节点企业创新能力的变化趋势，针对实证结果提出解决问题的对策。

6.1 文献回顾

6.1.1 产业集群创新网络研究

最早提出创新网络概念的学者是 Imai K 和 Baba Y（1989），将创新网络定义为应付系统性创新的一种基本制度安排，创新网络中连接企业间的机制是创新合作关系[1]。Boschma（2007）指出由于各节点企业在企业网络中所处的位置不同，居于核心位置的企业占有的创新资源较丰富，能更好地吸纳和选取优秀合作伙伴[2]。Mahroum（2013）认为采用创新式创新体系的效率和有效性需通过访问、锚定、扩散、创建和开发创新几个环节进行[3]，指出了创新能力传递的影响因素。Erkko Autio 等（2014）分析了创新网络、企业家精神和企业家创新的属性[4]，推进了创新网络的研究深度。

曹路宝（2011）等认为集群创新网络是集群内各行为主体之间或是与集群外部各行为主体之间建立的正式或非正式的促进创新的各类关系的集合[5]。吴芷静（2012）指出集群创新网络可以实现创新技能和创新知识的积累、扩散，进而促进技术创新[6]。黄玮强（2012）等通过对集群创新网络中各节点的分析，指出集群创新网络存在明显的不均衡性，少数大企业具有引领集群创新网络发展的"核心—边缘"结构，它们的创新能力和水平直接影响到集群创新网络的创新水平[7]。李伟、董玉鹏（2014）提出创新的合作机制是在国家、高校、科研院所、金融机构和企业之间优势互补、利益共享基础上产生的，具有风险共担、利益共享的特征[8]，指出了创新网络的构成主体。刘学元（2016）构建了网络关系强度、企业吸收能力和创新绩效三者之间的关系理论模型，得出创新网络关系强度和企业吸收能力均对企业创新绩效存在显著的正向影响，且企业吸收能力在网络关系强度和企业创新绩效之间起不完全中介作用[9]。

上述研究均指出集群创新网络是促进集群创新能力提升、推动集群向前发展的重要网络模式，为本书关于集群节点企业创新能力状态的测度研究提供了理论基础。

6.1.2 企业创新能力与集群创新网络

刘微微（2011）运用主客观赋权法对集群企业创新能力进行静态测度，提出了企业创新能力的状态和趋势评价模型，并将企业创新能力的状态与创新能力发展趋势融合，在多时段内搜集企业的创新能力信息，用于动态综合评价[10]。代碧波（2012）结合中小企业集群的特点，构建了反映其持续创新能力的评价体系，运用 AHP 综合评价方法进行了实证分析，提高了评价系统的可靠性[11]。刘玮（2013）认为创新网络中的节点企业创新能力包括两方面，即自身的研发能力和配合其他企业的能力。确认节点企业可以通过获得其他企业帮助提高创新能力[12]。杜丹丽等人（2017）从创新网络的节点属性、联系强度属性、结构属性 3 个维度建立了制造企业创新网络指标体系，构建了基于时间维度的制造企业创新网络综合测度模型[13]。由雷（2017）从集群节点企业转型、产业升级和结构调整的视角，认为节点企业创新能力水平、影响因素及发展趋势对创新网络节点企业创新能力具有正向影响[14]。

梳理集群创新网络节点企业创新能力的研究成果，发现集群节点企业创新能力测度仍缺乏网络特征指标和客观的测度方法。首先，在指标体系构建方面，一般做法是基于集群企业创新能力的构成要素与系统论观点等构建指标体系，但这类指标体系的构成对网络属性表达不完整，或者因缺乏实证检验而无法验证其可行性。其次，集群节点创新能力的测度方法已由单一测度（如模糊综合评价法等）转变为多种测度方法的综合使用，虽然提高了评价质量，但依然无法摆脱集群节点企业创新能力测度中主观因素的干扰。

本书将研究以下几个方面：

第一，借鉴已有的研究成果，将集群创新网络节点属性与企业创新活动状态相结合提出指标体系；

第二，提出集群节点企业创新能力动态模型，利用突变级数法测度集群节点企业的创新能力，基于牛顿第二定律构建速度变化状态与趋势模型，综合测度集群节点企业创新能力动态发展趋势，弥补现有研究方法的不足。

6.2 集群创新网络节点企业创新能力评价指标体系构建

6.2.1 节点企业创新能力评价指标初选

针对产业集群创新网络节点企业创新能力文献阐述的影响因素特征，结合集群创新网络节点企业创新过程、创新网络属性与影响集群企业创新能力的相关因素，从集群节点企业势位、企业创新资源投入、企业创新绩效产出3个层面对制造业集群创新网络节点企业创新能力进行评价。

（1）集群创新网络节点企业势位。范群林等人（2011）认为在集群创新网络中，与企业直接连接的节点包括各类企业、高校、科研院所、中介机构等[15]。拥有节点势位较高的企业意味着有更多机会接触各类信息，有利于企业创新、提高创新绩效。节点势位高低与节点的密度、节点间平均最短距离、网络节点势能属性有关。已有研究证明，节点密度越高，其中心性程度越高，越处于网络中心位置，拥有的影响力就越大，更容易获取创新资源，更可能实现创新而非模仿，创新绩效会更高。节点间平均最短距离是节点联系的企业中有合作创新关系的企业数量，表述为合同金额总数除以合同数，其数值越大，表明各节点之间联系越紧密，创新活动越频繁，创新能力越强，创新成果越多，表现为节点间平均距离越短。网络节点势能是指各个物体间存在相互作用而具有的由各个物体间相对位置决定的能量。节点企业产学研合作率反映的是节点与高校、科研院所的合作水平，合作力度越大，创新成果越多，节点势能越强。通过选取集群节点企业间平均最短距离、节点密度、节点企业产学研合作率、网络节点势能4个指标表达集群创新网络节点企业势位。

（2）集群节点企业创新资源投入。创新资源的投入不仅有助于集群节点企业创新活动的展开，还有利于集群节点企业通过创新成果而获得更高的经济收益。代碧波提出集群节点企业持续投入能力是实现知识与技术持续创新保障的基本能力，且集群节点企业科技成果转化与新产品迅速推向市场等都是与创新投入密切相关的[11]。因此，将集群节点企业新产品研发投入率、节点企业新产品研发资金增长率、节点企业信息化投入率、节点企业创新人力资本投入率作为集群创新网络节点企业创新资源投入衡量指标。其中，节点企业新产品研发投入率反映集群节点企业对新产品、新技术研发投入的资金数量与节点企业销售收入量的比率，其投入比率越高，节点企业的创新活动保障和创新能力越强。集群节点企业新产品研发资金增长率反映集群节点企业本年度与上年度的新产品研发投入资金变动的百分比，其值越大，节点企业对创新活动越重视，持续创新能力越强。集群节点企业信息化投入率是集群节点企业信息化投入与集群信息化总投入的比率，其数值越大，说明集群节点企业在集群中的信息化地位越高，其利用集群信息网络对创新信息和资源的利用能力越强，有利于提升企业创新能力。集群节点企业创新人力资本是节点企业为了提升创新能力花费在人力教育、培训等方面的总投入。投入越大，说明节点企业人员获得更好的培训和专业能力的提升，利于提高企业的整体创新水平。

（3）集群节点企业创新绩效产出。集群节点企业创新绩效产出是节点企业创新成果的最终体现。齐秀辉与武志勇（2015）提出企业新产品市场占有率、新产品销售收入率更能体现企业创新能力的优劣[16]。因此，将集群创新网络节点企业新产品销售收入率、节点企业发明专利率、节点企业创新产品市场占有率、节点企业新产品研发周期作为评价集群节点企业创新绩效产出的指标。其中，集群节点企业新产品销售收入率是指集群节点企业新产品销售收入与集群总销售收入的比率，其数值越大，说明节点企业在集群中的创新成果的获利能力越强。集群节点企业发明专利率是指节点企业发明专利数与集群发明专利总数的比值，比率越大，说明集群节点企业创新能力越强，创新成果越多。集群节点企业创新产品市场占有率是指用户对节点企业新产品的接受程度，是节点企业新产品的销售量与集群同类产品的总销售数量的比值。其值越大，越能体现节点企业的创新优势，其经济效益越好。集群节点企业新产品研发周期是指节点企业研发新产品从创新规划到投入研发资金、生产新产品直至投入市场的周期，是新产品投入市场时间减去开始规划时间的数值除以 365 的值。节点企业的研发周期越短，表明节点企业的新产品研发能力越强，研发效率越高。

6.2.2 行为访谈与指标调整

为了进一步确认所选指标的准确性和合理性，选取哈尔滨动力集团秦皇岛分公司、天业通联重工股份有限公司、山海关船舶重工有限责任公司、秦皇岛秦冶重工有限公司、秦皇岛天秦装备制造股份有限公司等秦皇岛装备制造产业集群企业作为访谈对象进行指标测试和调整。共有 21 位公司高管和中层管理者参与并完成了行为访谈。通过访谈提炼出的集群创新网络节点企业创新能力指标与文献分析结果具有较大的重合性，并补充 1 项新的节点企业创新能力指标——"节点度中心性"，调整 1 项节点企业产学研合作率指标，将其用于网络节点势能的表达。原因是节点势能体现的是节点企业与集群创新网络外部机构的合作程度。如科研院所、外包、一体化合作等。如果节点企业实力有限，或者创新能力和创新意愿较弱，是不可能与集群创新网络外部高水平的科研机构合作的，也不会有更多的资源和能力与相关产业中的企业合作，就不具有较高的势能属性。所以，集群节点企业与外部机构的联系程度能够表达网络节点势能的属性。因此，用节点企业与高校、科研院所合作投入的科研经费除以节点企业全部科技活动经费表达网络节点势能。网络节点度中心性（Centrality）是判定网络中节点重要性的指标，节点度越大就意味着这个节点的度中心性越高，该节点在网络中就越重要。通过集群网络节点企业发明专利数、科技成果获奖数表达节点度中心性能够体现其在创新网络中的地位。调整后的集群创新网络节点企业创新能力评价指标见表 6-1。

表 6-1 集群创新网络企业创新能力评价指标调整

目标层（一层）	准则层（二层）	指标层（三层）
集群创新网络企业创新能力评价指标	创新网络节点企业势位（A_1）	节点密度（A_{11}）
		节点平均最短距离（A_{12}）
		节点企业度中心性（A_{13}）
		节点企业势能（A_{14}）
	节点企业创新资源投入（A_2）	节点企业新产品研发投入率（A_{21}）
		节点企业信息化投入率（A_{22}）
		节点企业新产品研发资金增长率（A_{23}）
		节点企业创新人力资本率（A_{24}）
	节点企业创新绩效产出（A_3）	节点企业新产品销售收入（A_{31}）
		节点企业发明专利数（A_{32}）
		节点企业创新产品市场占有率（A_{33}）
		节点企业新产品研发周期（A_{34}）

6.3 产业集群创新网络节点企业创新能力动态综合评价

在数据准确且可获得的原则下，采用改进熵值法确定指标权重与排序，运用突变级数法对集群节点企业创新能力进行静态测度。在此基础上，通过引入牛顿第二定律，探讨作用力与质量、速度之间的关系，进而构建节点企业创新能力速度变化状态与趋势模型，以实现对集群节点企业创新能力的动态综合评价。

6.3.1 集群创新网络节点企业创新能力的静态评价

（1）构建层次结构模型

运用突变级数法对集群节点企业创新能力进行静态评价，了解其在某个时间节点上的创新能力强弱，评价其在集群创新网络中的影响作用，为后续动态研究提供支撑。按照突变级数原理，根据表 6-1 构建层次模型（模型省略），对评价主体进行多层次分解，确定评价体系的突变系统类型，进而计算出集群节点企业创新能力评价指标的静态值。

按照突变级数法，将评价目标分解为若干个指标，上层每一指标下的若干子指标按照其重要程度从左到右排序。在评价同一层的指标时，重要程度相对大的指标排在前面，相对小的指标排在后面。为克服各指标排序的主观性，采用改进熵值法计算各指标权重，并从大到小进行排序。

(2) 改进熵值法确定权重

①对原始数据进行无纲量化处理,将指标进行标准化见:

$$\chi'_{ij} = \frac{\chi_{ij} - \chi_j}{e_j} \tag{6-1}$$

式(6-1)中,χ'_{ij} 为标准化后的指标值,χ_{ij} 为第 i 个企业第 j 项指标的原始值,χ_j 为第 j 项指标的均值,e_j 为第 j 项指标的标准差。

②为消除负数的影响,将坐标进行平移:

$$\chi''_{ij} = \chi'_{ij} + D \tag{6-2}$$

式(6-2)中,χ''_{ij} 为平移后的指标值,D 为平移的幅度。

③计算指标 χ''_{ij} 的比重 r_{ij}:

$$r_{ij} = \frac{x''_{ij}}{\sum_{i=1}^{m} x''_{ij}} \tag{6-3}$$

④计算第 j 项指标的熵值 e_j:

$$e_j = -\frac{1}{\ln m} \sum_{i=1}^{m} r_{ij} \ln r_{ij} \tag{6-4}$$

⑤计算第 j 项指标权重 w_j:

$$w_j = \frac{1 - e_j}{\sum_{i=1}^{n}(1 - e_j)} \tag{6-5}$$

⑥对于多层结构的评价指标,将下层结构指标的效用值相加,得到相应的上层指标效用值,进而得到相应上层指标的权重。

(3) 确定突变指标模型

突变级数法是以突变理论作为基础,结合模糊数学对评价对象进行多层次的分解,利用归一化方法进行量化运算,求出总的隶属函数,并对评价对象进行排序的一种综合分析法。对于突变级数的势函数 $f(\chi)$,将其全部临界点集合成一个平衡曲面,对 $f(\chi)$ 求一阶导数,并令其 $f(\chi)' = 0$,进而求出平衡曲面方程,通过二阶导数 $f(\chi)'' = 0$ 计算出方程奇点集。根据 $f(\chi)' = 0$ 及 $f(\chi)'' = 0$

得到状态变量与各个控制变量之间关系的分解形式下的分歧方程。最后依据突变级数法的构建思想,将模糊数学与突变理论结合生成模型模糊隶属函数,然后运用归一化公式实施量化运算,得到总隶属函数。

(4)对突变级数进行修正

在评价过程中,突变级数法需要对评价对象实施多层次分解,对最低层评价指标给出相应数据,并要求对评价目标进行多层次分组。一般情况下,突变系统某状态变量的控制变量不超过4个,所以,层次结构模型中每层指标数目不超过4个。为了对突变级数中的各层级指标进行客观评价,运用改进熵值法确定各层级指标的权重,依据权重值进行排序并按先后顺序对指标进行评价,将控制变量重要性程度大的放在最前面,相对小的放置在最末端。通过改进突变级数模型后的突变模型势函数主要有三种常见模型。

如果上层指标可分解为2个下层指标,将其视为尖点突变系统,势函数为:

$$f(\chi) = \chi^4 + \alpha\chi^2 + \beta\chi \qquad (6\text{-}6)$$

式(6-6)中,若 α 比 β 更为重要,那么在同层控制变量中的左右顺序为 α、β。

如果上层指标可分解为3个下层指标,将其视为燕尾突变系统,势函数为:

$$f(\chi) = \frac{1}{5}\chi^5 + \frac{1}{3}\alpha\chi^3 + \frac{1}{2}\beta\chi^2 + \delta\chi \qquad (6\text{-}7)$$

式(6-7)中,若 $\alpha > \beta > \delta$ 更为重要,那么在同层控制变量中的左右顺序为 α、β、δ。

如果上层指标可分解为4个下层指标,将其视为蝴蝶突变系统,势函数为:

$$f(\chi) = \frac{1}{6}\chi^6 + \frac{1}{4}\alpha\chi^4 + \frac{1}{3}\beta\chi^3 + \frac{1}{2}\delta\chi^2 + \varepsilon\chi \qquad (6\text{-}8)$$

式(6-8)中,若 $\beta > \delta > \alpha > \varepsilon$,那么在同层控制变量中的左右顺序为 β、δ、α、ε。

当势函数 $f(\chi)$ 中所有临界点汇集而成的平衡曲面 N,通过计算势函数一阶、二阶导数并联立方程可消去 χ,进而获得突变模型的分歧点集方程。通过利用分解形式的分歧点集方程推导出归一公式:

$$\chi_\alpha = \alpha^{\frac{1}{2}}, \quad \chi_\beta = \beta^{\frac{1}{3}}, \quad \chi_\delta = \delta^{\frac{1}{4}}, \quad \chi_\varepsilon = \varepsilon^{\frac{1}{5}} \tag{6-9}$$

根据多目标决策理论运算得出各层评价的相关系数矩阵。如果各变量间表现出强相关，按照"互补准则"取平均值作为模型最终的评价结果；如果各个变量间表现出弱相关，按"大中取小"的原则进行取值。

6.3.2 集群创新网络节点企业创新能力动态综合评价

借鉴刘微微等构建的企业创新能力动态评价模型[10]，运用数学求导后形成了速率关系，再加入时间变量体现了动态趋势特征，然后利用牛顿第二定律，将集群节点企业创新能力速度变化状态与趋势融合，以实现对集群节点企业创新能力的动态综合评价。本书利用改进熵值法的赋权方式对突变级数法实施改进，依据评价指标对评价系统的影响程度进行指标赋权，运用计算公式（6-5），实现评价指标的赋权与重要性程度的排序，以保证评价结果的客观性。假设由静态评价模型式（6-9）求出的 m 个被评价对象 b_1、b_2、b_3…、b_m 在 n 个时间段内的静态评价值为 $b_{ij}=b_i(t_j), i=1,2,\cdots,m; j=1, 2,\cdots,n$ 则结果如式（6-10）：

$$\boldsymbol{B}_{m\times n} = \begin{Bmatrix} b_{11} & b_{12} & \cdots & b_{1(n-1)} \\ b_{21} & b_{22} & \cdots & b_{2(n-1)} \\ \vdots & \vdots & & \vdots \\ b_{m1} & b_{m2} & \cdots & b_{m(n-1)} \end{Bmatrix} \tag{6-10}$$

由式（6-10）可知，集群创新网络节点企业创新能力的静态评价结果，在（t_j, t_{j+1}）时间内，节点企业创新能力速度变化值为 v_{ij}（$i=1,2...m; j=1, 2...n$），进而得出节点企业创新能力速度变化时间集结矩阵，见式（6-11）：

$$\boldsymbol{V} = \begin{bmatrix} v_{ij} \end{bmatrix}_{m\times n} = \begin{Bmatrix} \dfrac{b_{12}-b_{11}}{t_2-t_1} & \dfrac{b_{13}-b_{12}}{t_3-t_2} & \cdots & \dfrac{b_{1n}-b_{1n-1}}{t_n-t_{n-1}} \\ \dfrac{b_{22}-b_{21}}{t_2-t_1} & \dfrac{b_{23}-b_{22}}{t_3-t_2} & \cdots & \dfrac{b_{2n}-b_{2n-1}}{t_n-t_{n-1}} \\ \vdots & \vdots & & \vdots \\ \dfrac{b_{m2}-b_{m1}}{t_2-t_1} & \dfrac{b_{m3}-b_{m2}}{t_3-t_2} & \cdots & \dfrac{b_{mn}-b_{mn-1}}{t_n-t_{n-1}} \end{Bmatrix} \tag{6-11}$$

由式（6-11）可知，当$v_{ij}>0$时，集群创新网络节点企业创新能力速度变化处于上升状态，呈现增长趋势；当$v_{ij}<0$时，集群创新网络节点企业创新能力速度变化处于下降状态，呈现衰退趋势；当$v_{ij}=0$时，集群创新网络节点企业创新能力无速度变化，趋于稳定状态，如图6-1所示。

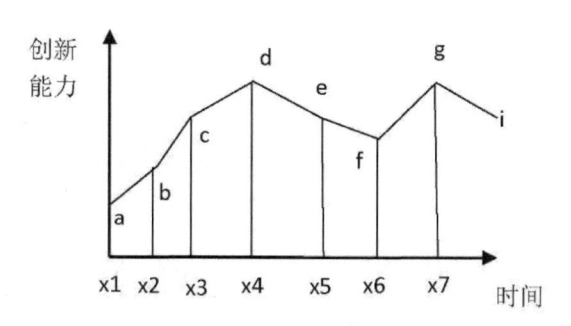

图6-1 集群创新网络节点企业创新能力时间信息集结模型

根据式（6-11），节点企业创新能力速度变化时间集结矩阵的评价对象速度变化时序信息结果和信息集结视角可分别求其速度变化状态与速度变化趋势，并依据速度变化趋势对速度变化状态进行修正。

由式（6-11）进一步计算B_i在$[t_j,t_{j+1}]$时间跨度内速度变化状态，可由积分表达式$B_v^i(t_j,t_{j+1})$表示，见式（6-12）：

$$B_v^i(t_j,t_{j+1})=\int_{t_j}^{t_{j+1}}\left[v_{ij}+(t-t_j)\times(v_{i,j+1}-v_{ij})/(t_{j+1}-t_j)\right]dt \quad (6-12)$$

式（6-12）可知，评价对象在$[t_j,t_{j+1}]$时间段内速度变化的正负情况和在$[t_j,t_{j+1}]$跨时间段内的速度变化轨迹。

另外，由公式（6-11）可得$v_i(t_j)$与$v_i(t_{j+1})$，式（6-11）中$v_i(t_j)$表示B_i在第j时刻的速度变化值，$v_i(t_{j+1})$则表示B_i在第$j+1$时刻的速度变化值，从而做出如下假设：

$$\alpha_{ij}=\begin{cases}0, & t_{j+1}=1\\ v_{i,j+1}, & t_{j+1}>1\end{cases} \quad i=1,2,\cdots,q \quad (6-13)$$

由式（6-13）可得到α_{ij}为B_i在$[t_j,t_{j+1}]$时间内的速度变化值的线性增长率。设p为关于α_{ij}的函数，从而构造速度变化的趋势测算函数：

$$p(\alpha_{ij}) = e^{\alpha_{ij}} \qquad (6\text{-}14)$$

由式（6-14）可知，该函数是单调递增函数，因此，当 $\alpha_{ij}>0$ 时，则 $p>1$；当 $\alpha_{ij}=0$ 时，则 $p=1$；当 $\alpha_{ij}<0$ 时，则 $p<1$。将此种情况视作速度变化激励情况，从而体现出 B_i 在 $[t_j,t_{j+1}]$ 时间内速度变化趋势对于速度变化状态的一种激励作用。

当 $\alpha_{ij}>0$ 时，$B_v^i(t_j,t_{j+1})$ 乘以大于 1 的系数，则表示对呈上升趋势的速度变化给予相应的奖励。

当 $\alpha_{ij}=0$ 时，对 $B_v^i(t_j,t_{j+1})$ 则表示对呈现稳定趋势状态的速度变化不给予奖惩。

当 $\alpha_{ij}<0$ 时，对 $B_v^i(t_j,t_{j+1})$ 乘以小于 1 的系数，则表示对呈现出下降趋势的速度变化给予相应的惩罚，即有三种激励方式。

依据上述速度变化的奖惩方式，通过借鉴牛顿第二定律 $\sum F=kma$，可将速度变化趋势与状态进行融合，从而构建动态综合评价模型：

$$v_{jv} = k_j B_v^i(t_j,t_{j+1}) p(\alpha_{ij}) \qquad (6\text{-}15)$$

由式（6-15）可知，假设 $k_j=1$，那么 $B_v^i(t_j,t_{j+1})$ 就相当于速度变化的"质量"，即为集群创新网络中节点企业创新活跃程度和创新能力的强弱，影响创新成果的产生，如专利、新产品、新技术等的数量和质量。$p(\alpha_{ij})$ 就相当于速度变化的"加速度" α，即为集群创新网络节点企业具有的势能高低，表现为与集群其他企业的创新合作，以及与集群外部辅助机构的创新合作等。

由式（12）、（14）和（15）可得 B_i 在 $[t_j,t_{j+1}]$ 评价时间内速度变化的综合评价值：

$$V = \sum_{j=1}^{n-1} p(\alpha_{ij}) B_v^i(t_j,t_{j+1}) \qquad (6\text{-}16)$$

当 $V>0$ 时，表示 B_i 在 $[t_j,t_{j+1}]$ 时间段内呈现创新能力上升趋势；当 $V=0$ 时，表示 B_i 在 $[t_j,t_{j+1}]$ 时间段内处于创新能力平稳状态；当 $V<0$ 时，表示 B_i 在 $[t_j,t_{j+1}]$ 时间段内呈现创新能力下降趋势。

6.4 实证分析

6.4.1 秦皇岛装备制造业集群创新网络节点创新能力静态评价

（1）数据来源

研究所需数据均来源于《河北科技统计年鉴》（2011—2017年）、《河北统计年鉴》（2011—2017年）、《河北高技术产业发展年鉴》（2011—2017年），并选取了秦皇岛装备制造业集群2011年至2016年的数据，且个别缺失数据从企业年报中获取。

（2）静态评价

取2011—2016年10家秦皇岛装备制造业产业集群创新网络节点企业指标数据，利用式（6-1）～式（6-5）计算指标权重，见表6-2，并按照权重大小排序。总体看，集群创新网络节点企业势位与集群节点企业绩效产出的重要程度基本相当。

表6-2 集群节点企业创新能力指标权重

目标层（一层）	准则层（二层）	指标层（三层）
集群创新网络企业创新能力评价指标	创新网络节点企业势位 A_1（0.37）	节点密度 A_{11}（0.26）
		节点平均最短距离 A_{12}（0.19）
		节点企业度中心性 A_{13}（0.33）
		节点企业势能 A_{14}（0.22）
	节点企业创新资源投入 A_2（0.28）	节点企业新产品研发投入率 A_{21}（0.31）
		节点企业信息化投入率 A_{22}（0.26）
		节点企业新产品研发资金增长率 A_{23}（0.24）
		节点企业创新人力资本率 A_{24}（0.19）
	节点企业创新绩效产出 A_3（0.35）	节点企业新产品销售收入 A_{31}（0.24）
		节点企业发明专利数 A_{32}（0.31）
		节点企业创新产品市场占有率 A_{33}（0.22）
		节点企业新产品研发周期 A_{34}（0.23）

在确立了指标权重值顺序后，根据式（6-6）～式（6-8）及其归一方程对2011—2016年秦皇岛装备制造业产业集群创新网络节点企业创新能力进行静态评价。考虑到篇幅的限制，以2016年数据为例，评价秦皇岛装备制造业产业集群创新网络节点企业创新能力。为避免各评价指标间统计量纲不同所带来的

差异，根据突变理论的要求，将控制变量的原始数据转化成[0,1]区间内的数值，利用公式（6-17）对各指标数据做出标准化处理：

$$\sigma_{ij} = \frac{x_{ij} - \min_{1 \leqslant j \leqslant n} x_{ij}}{\max_{1 \leqslant j \leqslant n} x_{ij} - \min_{1 \leqslant j \leqslant n} x_{ij}}, i=1,2,\cdots,m; \ j=1,2,\cdots,n \quad (6\text{-}17)$$

式（6-17）中，i 表示评价指标的数量，j 为集群节点企业的数量。根据式（6-17）对 2016 年数据做出标准化处理，见表 6-3。

表 6-3 2016 年标准化处理各指标数据

企业名称	A_{11}	A_{12}	A_{13}	A_{14}	A_{21}	A_{22}	A_{23}	A_{24}	A_{31}	A_{32}	A_{33}	A_{34}
秦冶重工	0.1839	0.0947	0.1042	0.3358	0.1316	0.1042	0.0953	0.0836	0.1186	0.2831	0.1027	0.1776
天秦装备	0.2011	0.0851	0.1987	0.2147	0.0875	0.0931	0.1687	0.0858	0.1305	0.2637	0.1972	0.2129
哈电动力	0.1586	0.3812	0.0953	0.1731	0.0717	0.1163	0.2139	0.0937	0.1426	0.3071	0.2214	0.2002
一重机械	0.0491	0.0811	0.0547	0.0921	0.0435	0.0716	0.0950	0.0876	0.1003	0.0832	0.0751	0.0641
天业通联	0.2972	0.1752	0.1328	0.3271	0.1933	0.1836	0.3992	0.0638	0.1760	0.0955	0.1192	0.2586
山船重工	0.1921	0.0935	0.1272	0.1051	0.1292	0.1734	0.0773	0.1052	0.0657	0.0804	0.1674	0.2527
仙狐铁路	0.0327	0.2499	0.0134	0.0909	0.0618	0.0117	0.0375	0.0649	0.0746	0.0612	0.0157	0.0724
骊骅机械	0.0478	0.0632	0.0481	0.0179	0.0329	0.0251	0.0875	0.0721	0.0959	0.0276	0.0583	0.0693
中烟机械	0.1048	0.0766	0.0845	0.0802	0.0792	0.1356	0.0102	0.0854	0.0811	0.0643	0.0989	0.0434
天威保变	0.3327	0.2756	0.2561	0.1436	0.1543	0.1946	0.2633	0.2276	0.3549	0.1978	0.0912	0.2457

以 2016 年秦冶重工数据为例检验其集群节点企业创新能力。

计算二级指标。集群创新网络节点企业势位指标包括节点密度、节点平均最短距离、节点企业势能、节点企业度中心性 4 个指标，为互补型的蝴蝶突变模型，按重要程度排序为 A_{13}、A_{11}、A_{14}、A_{12}。

$$X_{A_{13}} = \sqrt{A_{13}} = \sqrt{0.3358} = 0.5818, \quad X_{A_{11}} = \sqrt[3]{A_{11}} = \sqrt{0.1839} = 0.5868$$

$$X_{A_{14}} = \sqrt[4]{A_{14}} = \sqrt{0.1042} = 0.5682, \quad X_{A_{12}} = \sqrt[5]{A_{12}} = \sqrt{0.0947} = 0.6241$$

按照"互补求均值"的原则，集群创新网络节点企业势位=（0.5818+0.5868+0.5682+0.6241）/4=0.5902

节点企业创新资源投入指标中，A_{21}、A_{22}、A_{23}、A_{24} 构成了蝴蝶突变模型，按重要程度排序为 A_{21}、A_{22}、A_{23}、A_{24}，经过计算可得出：

$$X_{A_{21}} = \sqrt{A_{21}} = \sqrt{0.1316} = 0.3628, \quad X_{A_{22}} = \sqrt[3]{A_{22}} = \sqrt{0.1028} = 0.4684$$

$$X_{A_{23}} = \sqrt[4]{A_{23}} = \sqrt{0.0953} = 0.5556, \quad X_{A_{24}} = \sqrt[5]{A_{24}} = \sqrt{0.0836} = 0.6087$$

按照"互补求均值"的原则，集群创新网络节点企业势位=（0.3628+0.4684+0.5556+0.6087）/4=0.4988

节点企业绩效产出指标中 A_{31}、A_{32}、A_{33}、A_{34} 构成了蝴蝶突变模型，按重要程度排序为 A_{32}、A_{31}、A_{34}、A_{32}，经过计算可得出：

$$X_{A_{32}} = \sqrt{A_{32}} = \sqrt{0.2831} = 0.5320, \quad X_{A_{31}} = \sqrt[3]{A_{31}} = \sqrt{0.1136} = 0.4843$$

$$X_{A_{34}} = \sqrt[4]{A_{34}} = \sqrt{0.1776} = 0.6491, \quad X_{A_{33}} = \sqrt[5]{A_{33}} = \sqrt{0.1027} = 0.6343$$

按照"互补求均值"的原则，集群创新网络节点企业势位=（0.5320+0.4843+0.6491+0.6343）/4=0.5749

一级指标 A_1、A_2、A_3 构成了互补性的燕尾突变模型，相应控制变量的重要程度排序为 A_1、A_2、A_3，可得到 2016 年秦冶重工的创新能力最终评价值为：

$$X_{A_1} = \sqrt{A_1} = \sqrt{0.5902} = 0.7682, \quad X_{A_3} = \sqrt[3]{A_3} = \sqrt{0.5749} = 0.8315$$

$$X_{A_2} = \sqrt[4]{A_2} = \sqrt{0.4988} = 0.8404$$

秦冶重工有限公司的创新能力的平均值为 0.8134。

同理，可得到其他年份集群创新网络中各节点企业创新能力的评价值，见表 6-4。

表 6-4 集群节点企业创新能力静态评价结果

企业	2011	2012	2013	2014	2015	2016
秦冶重工	0.8537	0.8421	0.8158	0.7962	0.7841	0.8134
天秦装备	0.8991	0.8933	0.8792	0.8547	0.8674	0.8596
哈电动力	0.8939	0.8812	0.8655	0.8591	0.8532	0.8761
一重机械	0.8286	0.8221	0.8089	0.8145	0.8037	0.7892
天业通联	0.8776	0.8852	0.8679	0.8541	0.8515	0.8846
山船重工	0.8107	0.7861	0.8042	0.8427	0.8139	0.8544
仙狐铁路	0.7764	0.7872	0.7591	0.7653	0.6981	0.7654
骊骅机械	0.7962	0.8224	0.7726	0.7941	0.7517	0.7251
中烟机械	0.8243	0.8326	0.8447	0.8121	0.8062	0.7975
天威保变	0.8765	0.8813	0.8622	0.8513	0.8101	0.8437

从表 6-4 可知，哈电动力、天秦装备、天业通联、山船重工、天威保变等企业创新能力整体上呈现高水平状态，秦冶重工、一重机械、仙狐铁路、骊骅机械与中烟机械的企业创新能力整体表现较弱，发展后劲相比前者较为不足，这与实际发展情况吻合。

对表 6-4 进一步研究发现，一重机械、仙狐铁路与骊骅机械的企业创新能力水平波动比较大，秦冶重工、天业通联、哈电动力有着明显的上升趋势，而骊骅机械则呈下降态势。

6.4.2 集群创新网络节点企业创新能力速度变化动态综合评价

仅仅依靠静态评价结果并不能反映秦皇岛装备制造业产业集群创新网络节点企业创新能力整体的变化趋势，需要深入分析其近几年创新能力速度变化的动态综合状况。根据式（6-11）和式（6-12）计算各节点企业创新能力速度变化状态，见表 6-5。

表 6-5 集群节点企业创新能力速度变化状态值

企业	2011—2012	2012—2013	2013—2014	2014—2015	2015—2016
秦冶重工	−0.0714	−0.0210	−0.0314	−0.0157	0.0276
天秦装备	0.0124	−0.0257	−0.0194	−0.0055	−0.0026
哈电动力	−0.0041	−0.0132	−0.0059	−0.0064	0.0057
一重机械	0.0006	−0.0098	−0.0025	−0.0019	−0.0148
天业通联	−0.0091	−0.0052	−0.0136	−0.0084	0.0148

(续表)

企业	2011—2012	2012—2013	2013—2014	2014—2015	2015—2016
山船重工	-0.0127	-0.0043	0.0292	0.0069	0.0028
仙狐铁路	0.0025	-0.0142	-0.0124	-0.0422	-0.0037
骊骅机械	-0.0113	-0.0391	-0.0197	0.0261	0.0952
中烟机械	0.0296	0.0110	-0.0172	-0.0204	-0.0071
天威保变	-0.0091	-0.0052	-0.0134	-0.0385	0.0148

从表 6-5 发现，在不同年份间，秦皇岛装备制造业产业集群创新网络节点企业创新能力速度变化状态呈现出正负差别状况。依据式（6-13）和式（6-14）计算出各节点企业创新能力速度变化趋势，见表 6-6。

表 6-6 集群节点企业创新能力速度变化趋势值

企业	2011—2012	2012—2013	2013—2014	2014—2015	2015—2016
秦冶重工	0.9901	1.0062	0.9651	1.0039	1.0037
天秦装备	0.9837	0.9935	0.9962	1.0064	0.9868
哈电动力	0.9833	1.0021	1.0032	0.9903	1.0152
一重机械	0.9938	0.9867	1.0234	0.9987	0.9931
天业通联	1.0048	0.9867	1.0031	1.0021	1.0143
山船重工	0.9701	1.0062	1.0051	0.9639	1.0075
仙狐铁路	1.0031	0.9633	1.0432	0.9346	1.0135
骊骅机械	0.9938	0.9827	1.0237	0.9903	0.9842
中烟机械	0.9952	0.9862	0.9834	1.0079	1.0035
天威保变	1.0072	0.9976	1.0049	1.0033	1.0043

从表 6-6 可知，在不同年份间，秦皇岛装备制造业产业集群创新网络节点企业创新能力速度变化趋势有升有降，反映该集群各节点企业创新能力的变化状况。最后，运用式（6-15）～式（6-17）计算秦皇岛装备制造业产业集群创新网络节点企业创新能力速度变化的动态综合评价结果，见表 6-7。

表 6-7 集群节点企业创新能力速度变化动态综合评价值

节点企业	秦冶重工	天秦装备	哈电动力	一重机械	天业通联	山船重工	仙狐铁路	骊骅机械	中烟机械	天威保变
评价值	-0.0921	-0.0419	0.0240	-0.0166	0.0146	0.0222	-0.0673	-0.0346	-0.0043	-0.0516

从表 6-7 得出，哈电动力、天业通联和山船重工 3 家企业创新能力速度变化动态综合评价结果为正值，表明这 3 家企业创新能力呈递增趋势；秦冶重工、天秦装备、一重机械、仙狐铁路、骊骅机械、中烟机械、天威保变 6 家企业创

新能力呈递减趋势,其中秦冶重工、仙狐铁路、天威保变3家企业创新能力动态综合评价负值最大,其创新能力下滑最为严重,中烟机械创新能力动态综合评价负值较小,有潜力在短期内提升创新能力。在创新能力呈现递增趋势的企业中,哈电动力创新能力水平相较于其他2家企业更高,说明其更为注重研发资金与信息化投入、人才引进,产学研合作率高使其创新成果较多,具有更强的竞争优势。在创新能力呈现递减趋势的企业中,秦冶重工递减幅度比较大,其他企业递减幅度相差不明显。

比较秦皇岛装备制造业产业集群创新网络节点企业创新能力的静态评价均值与动态评价结果,如图6-2所示。

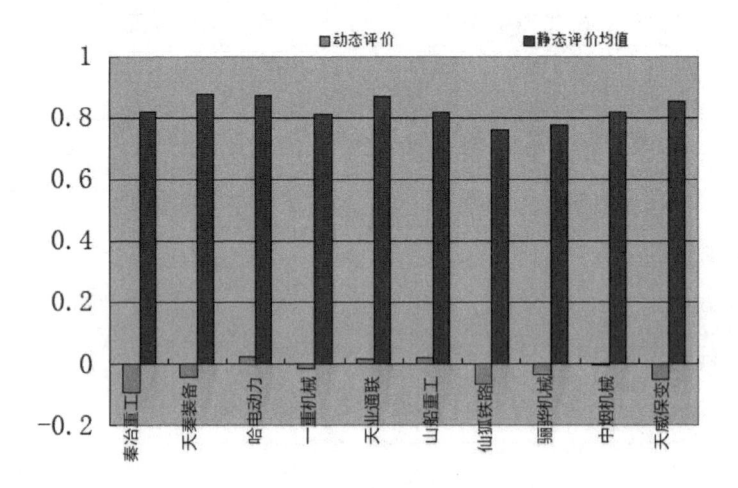

图 6-2 各节点企业创新能力静态与动态综合评价结果对比

(1)静态评价均值显示天秦装备、哈电动力、天业通联与天威保变 4 家上市企业近几年中创新能力水平相对较高,但速度变化动态综合评价结果显示天威保变与天秦装备为负值。说明哈电动力、天业通联具有良好的创新势头,能够为企业带来持续的竞争优势。虽然天威保变与天秦装备显示静态创新能力较强,但速度变化动态综合评价结果为负值,显示这两家企业的创新趋势处于下滑状态,未来将削弱企业的持续竞争优势。

(2)集群非上市 6 家企业创新能力的静态评价均值相较于上市企业较低,且只有山船重工的速度变化动态综合评价呈现上升趋势。另 5 家企业速度变化动态综合评价均呈现下降趋势,表明这些节点企业在整个集群创新网络中处于从属地位,获取创新资源能力较弱,且创新资源投入相对不足,创新绩效产出较少。

6.5 装备制造产业集群创新网络节点企业创新能力改善对策

(1) 改善企业创新网络势位。结合以上集群节点企业创新能力静态与动态分析可知,虽然秦皇岛装备制造业产业集群创新网络中4家上市公司基础较好,但近年来创新能力发展势头有放缓趋势。因此,这4家企业要重点改善节点密度与节点平均最短距离指标,利用在集群网络中势位属性优势,加强与同行企业、上下游企业、高校和科研院所的密切联系与合作,加强集群企业之间的联系,提高集群节点企业的创新能力。

非上市公司在集群网络中距离网络中心位置较远,在集群创新网络中处于依赖与从属地位,获取创新资源能力较弱,且创新资金投入相对不足,使得创新绩效产出较少。因此,6家非上市公司应重点加强节点企业之间的联系与创新合作,增加节点企业间的创新活动频率,提升集群节点企业的创新能力。另外,要重点改善节点企业产学研合作率指标。通过搭建产学研合作平台,加强与高校、科研院所、企业之间的合作,提高集群节点企业的协同创新能力,进而研发出更多创新产品。

(2) 改善创新资源投入。上市公司虽然在集群创新网络中拥有较为深厚的资本实力与资源优势,但其创新能力的发展势头却呈现出放缓趋势。因此,这4家企业应注重人才培养,引进高端研发人才,注重"T"型人才培养,才能促进创新能力持续提升。此外,提高节点企业研发资金投入、信息化建设投入,有利于发现市场需求,抓住创新机会,激发集群节点企业的创新能力。

由于非上市公司在集群创新网络中经济实力有限,且创新网络势位较低,获取创新资源较为困难。因此,这6家企业要重点改善集群节点企业创新人力资本的投入与企业信息化建设,通过不断增加信息化投入,实现对市场需求和新产品信息早发现、早准备,掌握创新主动权,并根据变化趋势加强人才培养与引进,积极探索新技术、新产品,加快缩短与创新网络势位高的企业的差距,提升企业的创新能力。

通过加入产业集群创新网络属性的研究，运用集群创新网络节点企业创新能力的静态和动态综合评价模型，对秦皇岛装备制造业集群中 10 个企业的面板数据进行了节点企业的创新能力实证研究，针对 4 家上市公司和 6 家非上市公司的评价结果提出了改善创新能力的对策。由于集群创新网络的复杂性和多样性，使得集群创新网络具有多种网络特征，考虑指标选取合理性和数据的可获得性，仅分析了具有代表性的集群节点企业网络势位、创新资源投入、创新绩效产出 3 个方面的集群创新网络节点企业创新能力准则层评价指标，达成了预期研究目标。由于指标选取的局限性，需要后续进行网络属性的相关拓展研究。此外，产业集群的发展会经历不同的生命周期阶段，各阶段的特性也会对节点企业创新能力产生影响，也需要未来进行有针对性的研究。

6.6 本章小结

基于产业集群创新网络特征构建了集群节点企业创新能力的评价指标体系，采用改进熵值法确定指标权重，运用突变级数法对集群创新网络节点企业创新能力进行静态测度，并借鉴牛顿第二定律提出集群企业创新能力速度变化状态与趋势模型，从而得到融合节点企业创新能力速度变化状态与速度变化趋势的动态综合评价模型。以秦皇岛装备制造业产业集群中的 10 家企业为例，运用 2011 年到 2016 年间面板数据对集群节点企业创新能力进行动态评价，并提出对策建议。

本章参考文献

[1] Imai K, Baba Y.Systemic Innovation and Cross-26 Border Networks: Transcending Markets and Hierarehies [C]//Paris:OECD Conference on Science, Technology and Eco-nomic Growth,1989.

[2] Boschma R A, Ter Wal A L J. Knowledge Networks and Innovative Performance in An IndustrialDistrict: The Case of A Footwear District in the South of Italy[J]. Industry and Innovation,2007,14(2):177-199.

[3] Sami Mahroum,Yasser Al-Saleh.Towards a functional framework for measuring national innovation efficacy[J].Technovation,2013,33(10):320-332.

[4] Erkko Autio, Martin Kenney, Philippe Mus-tard, Don Siegel, Mike Wright. Entrepre-neurial innovation: The importance of context[J]. Research Policy, 2014,43(7):1097-1118.

[5] 曹路宝,胡汉辉,陈金丹.基于U-I关系的高技术产业集群创新网络分析[J].科学学与科学技术管理,2011,32(5):28-33.

[6] 吴芷静.产业集群企业技术创新的网络化结构与作用机制分析[J].商业时代,2012(15):115-118.

[7] 黄玮强,庄新田,姚爽.基于创新合作网络的产业集群知识扩散研究[J].管理科学,2012,25(2):13-23.

[8] 李伟,董玉鹏.协同创新过程中知识产权归属原则[J].科学学研究,2014(7):86-95.

[9] 刘学元,丁雯婧,赵先德.企业创新网络中关系强度、吸收能力与创新绩效的关系研究[J].南开管理评论,2016(9):30-42.

[10] 刘微微,张铁男.企业创新能力动态综合评价研究[J].中国管理科学,2011(10):789-793.

[11] 代碧波,宋晓洪.中小企业产业集群持续创新能力评价研究[J].哈尔滨商业大学学报(社会科学版),2012(4):79-92.

[12] 刘玮.开放式创新环境下技术密集型企业创新能力演化机理研究[D].北京:中国地质大学,2013.

[13] 杜丹丽,康敏,曾小春.模糊变化速度视角下制造企业创新网络测度研究[J].科技进步与对策,2017(9):42-50.

[14] 由雷,王伟光.创新网络中非核心企业技术创新能力评价[J].经济问题探索,2017(7):54-63.

[15] 范群林,邵云飞,唐小我,等.创新网络结构嵌入性与群内企业创新能力关系研究——以四川德阳装备制造业集群为例[J].研究与发展管理,2011(6):35-44.

[16] 齐秀辉,武志勇.创新驱动视角下大中型工业企业创新能力动态综合评价[J].科技进步与对策,2015(11):114-119.

第 7 章 产业集群生态系统的创新网络自组织演化机制

成熟的产业集群能有效推动世界新技术革命的进程，产业集群的发展已成为现代经济社会的一个关键性特征，在工业化进程中产业集群迅速普及发展，并成为世界范围内认可的一种高效的发展模式。集群要取得长足的发展，就要不断加强对集群的研究，各国学者对产业集群的研究角度从最初的线性范式逐渐发展为网络范式，由企业的简单聚集转移为多层次、多主体的社会关系系统，从生态的视角和动态演化机制的视角研究集群创新网络还未见比较深入的、新的研究。有研究认为除了产生均衡状态和周期变化的状态，产业集群存在的演化规律是复杂的，是简单的线性因果关系无法解释的。集群创新网络作为促进集群发展的新模式受到了广泛的关注。对集群创新网络要素以及网络演化规律的深入分析，充分发掘利用网络优势，可以有效解决集群创新系统问题，最大限度地提升集群的创新能力。集群创新网络是一个不断演化的动态系统，其网络构成主体间的相互作用和创新网络与外界环境的互动具有明显的生态系统特性。在市场经济的大环境下，集群由最初点对点的竞争合作发展为专业化分工的企业群落并不断扩大规模，形成上下游产业链间的竞争合作关系。被广泛认知的产业集群特征并不能完全形成集群的创新能力和竞争优势。相反，集群适应内外部环境变化时产生的协同演化能够强化创新能力，提升竞争优势。这种演化过程用生态系统理论解释更为准确。在内外部影响因素推动下的技术创新过程是集群企业自发选择的行为，具有不稳定性、开放性、随机涨落等特性，这些特性既能体现出集群生态系统的特性，还说明集群创新网络是一种自组织的结构。

本章针对集群企业竞争合作的生存方式，以及专业化分工形成的相关产业链和吸引的辅助机构等相互依存、共生发展的生态链关系，基于生态理论，阐述有竞争关系的企业在不断发展过程中形成产业集群创新网络并不断发展成熟，随着环境的变化，集群创新网络产生暂时性衰落，又因为以生态性为基础的自组织理论的作用，集群创新网络出现涨落，进一步发展以适应新的市场环境。并运用生态系统 Logistic 模型解释产业集群创新网络生态系统在演化过程中受到资源禀赋制约的背景下，其构成企业间的竞争合作关系，并基于此建立自组织演化机制模型，既考察集群创新网络的资源禀赋问题又联系网络成员的社会关系状况，探析集群创新网络的成因以及集群向有序演化的条件和演化的规律。

7.1 文献回顾

7.1.1 集群创新网络概念及运行方式

Freeman（1991）提出创新网络的概念，他认为创新网络构架主要以企业之间的创新协同关系作为联结机制，是有效进行系统性创新的一种制度安排[1]；在创新网络概念的基础上，很多学者以集群创新网络作为研究的切入点和理论基础。例如，Casanueva（2013）从网络视角对集群的创新演化进行了探讨[2]。相关研究还包括，Jinho Choi（2013）提出产业集群企业与区域内的相关行为主体在长时间正式或非正式的信息交换与合作的基础上形成了集群创新网络，认为该种集群不仅具有经济上的优势，还能通过集群中的网络结构传递创新成果，具有多元化主体、多样化联系、多要素组合的特点，能够有效提高集群网络的创新能力[3]。国内学者李文博、张永胜等（2010）以复杂系统为基础定义集群创新网络，认为它由集群主体、关系以及属性组成[4]。集群创新网络概念的提出是根据集群在稳定的、周期的动态行为中，集群中的企业不断进行创新，其相互间存在着单一的、线性的理论不能解释的复杂关系。产业集群中的企业在资源、市场、技术等方面都具有一定的同质性，并在一定功能上具有互补性，与各辅助机构在地理上形成聚集，集群企业、专业化分工、辅助机构等组织的共生关系和依存关系具有生态特征。这种生态特征在很大程度上决定了集群创新网络的运行方式。

由集群概念的发展可以得出，由于技术的成熟和专业化的要求，企业间由最初的点对点竞争合作的运行方式发展成为新企业不断加入的专业化分工的企业群落，形成地理上的聚集；随着市场的发展与生产规模的扩大，不断吸引上下游相关产业在空间上靠近，在其他地区形成相关配套的集群，进而形成空间聚集的集群生态系统。基于此，许芳（2011）提出产业集群与自然界的生物群落具有生态学机制上的相似性和可比性[5]。Yu Xizhan（2013）从生态角度出发，分析集群内各部分的运行方式，由此指出集群内部存在着共生的关系[6]。集群生态理论指导了集群产业链的生态关系的建立，也使集群的竞争优势由以技术特征来合作的专业化分工发展为上下游产业链之间的合作竞争。迈克尔·波特经典的钻石模型也体现了集群的生态性，他指出产业集群在成长过程中呈现出较为明显的具有一定规律的生命态势。在上下游相关产业的聚集过程中，金融、通信、公共服务以及政府的介入，使创新网络主体与辅助机构之间建立正式的联系，通过人才流动等非正式的联系方式，有效促进了创新成果在集群企业间的产生、存储、传递以及应用，形成了在集群生态系统背景下的集群创新网络理论视角。

基于集群创新网络概念，国内学者邵云飞等（2013）分析了网络密度、集聚系数、中心性等特征对集群创新能力的影响[7]。Renana Peres等（2014）还分析了网络特征要素对集群运行方式的影响，这种影响主要反映在集群创新的传递上[8]。由此认识到，集群知识的应用与扩散、创新的产生与发展都受到集群创新网络的影响，这种影响以集群生态系统理论为基础，主要体现在创新网络的结构特点和网络要素上。由集群的专业化分工功能和随之产生的产业链关系而形成的网络结构在推动集群创新活动和发展过程中又充分显示了集群的自组织特性。例如：集群创新网络节点密度描述集群整体结构的紧密程度，影响集群的创新传递效率；网络节点数量描述集群网络的规模，数量越多，规模越大；网络中心度描述集群企业的核心性，即企业对资源的获取和利用程度。网络结构与要素促使集群不断发展演化，是产业集群生态系统内外部主体为适应创新复杂性的一种自组织涌现。基于集群创新网络生态系统这一理论基础，研究集群创新网络这一主体的现实问题，可以发现集群创新网络的状态与集群的自组织机制有直接的关系，构建集群自组织演化机制模型对促进产业集群演化升级、使集群在有限的资源条件下实现高效生产、提高集群创新网络的创新能力具有重要的应用价值。

7.1.2 集群生态性

集群创新网络内部企业间协同合作、稳定发展的状态会受到集群外部环境的影响，以致集群产生动态变化，这种演化过程与自然界的生态系统具有相似性。生态学理论包括种群生态学、系统生态学、发展生态学等，能够较为清晰地描述自然界生物种群的进化规律。产业集群创新网络具有开放、动态、随机涨落等特点。在特定的市场环境中，集群企业竞争资源、协同合作的发展状态与生物种群优胜劣汰、共享群居的生存状况相类似。结合生态学的部分理论，能够更清晰地剖析相互竞争合作的企业群落通过专业化分工形成机构成熟的产业集群，其具有生态特征，创新发展的模式是以网络形态出现，并在相互竞争和共享集群资源（创新资源、信息资源、品牌资源、人力资源等）的过程中形成自组织功能，完善自组织机制，从而推动集群的发展。李健（2006）提出产业集群具有与自然生态系统相似的层次和生态群落竞争及共同进化的特性，认为集群内部成员企业间形成开放的、分工协作的网络关系并保持一定的差异性能使集群实现均衡发展[9]。万幼清（2014）认为集群是一种生态学概念，集群创新系统具有开放性、整体性和动态性等特征[10]。集群的发展同生物群落的演化具有极高的相似性，因此，产业集群创新网络的发展同样存在涨落起伏的规律。在其发展停滞的情况下，也是由集群的生态性使集群创新网络内的主体不断与网络外的环境进行物质、能量、信息的交换，从而产生集群创新网络的自组织演化。也就是说集群创新网络的形成以及由无序向有序的发展是集群创新网络自组织演化的过程，其理论基础是集群具有生态系统特性。集群企业类似于生态系统开放的网络竞争关系，随着环境的变化失衡并放大为巨涨落的特点，为集群创新网络自组织演化的研究提供了理论基础。基于此，有学者运用生态学理论研究产业集群创新网络的特性，进一步丰富了集群创新网络理论的内涵。例如刘满凤（2015）在 Logistic 模型的基础上进行扩展，描述在共生关系的作用下集群创新网络中企业的成长情况，并进行稳态性分析，认为产业集群应建立一种发展模式，使集群企业形成差异化的协作与竞争关系[11]。综上所述，大量的具有相似性质的企业构成企业种群并嵌入到某一行业中，由于地理上的优势而聚集成企业生态群落，该群落与环境构成了集群创新网络生态系统，此种生态系统是以网络形态发展变化的，并具有开放的、动态的特性。因此在一定的条件下，可以利用生态系统相关理论对集群企业的竞争关系进行描述，了解集群创新网络内的各企业间的演化规律，为研究集群创新网络自组织演化奠定了基础。

7.1.3 集群自组织理论

从产业集群创新网络的实际运行方式来看，其优势来源由以技术特征竞争合作的专业化分工到以配套产业协同的生态系统，充分体现了市场机制的作用。可以说，产业集群在发展过程中，在市场机制的作用下具有一种强大的自组织能力。在物理学中，自组织现象、规律是自组织理论主要的研究对象。目前包括耗散结构理论、协同学理论、突变理论等。德国理论物理学家哈肯认为，组织自身在没有外界强制指令的控制下形成特定规则和程序，其内部要素各司其职并相互配合形成一种有序的结构，这一过程就是自组织。自组织可以看作是一个不断与外部环境进行物质、能量和信息交换的开放性系统，在结构体系和运转机制的作用下不断降低熵的含量，使系统由无序状态演化为有序状态。

集群自组织特征表现的是集群各企业通过自身努力，不断开发、满足用户需求，自觉地形成了集群扩张发展的运行方式。如由最初的集群内部企业点对点的竞争合作演化成专业化分工的竞争合作，同时伴随着集群规模的扩大，形成了相关产业链的竞争合作以及相关服务业和辅助机构的靠近与加入，产业集群相关产业各自发挥其专业职能，共同服务于产业集群的发展，由此形成了产业集群自己的一套有序和特定规则的组织结构，也就是产业集群的自组织特征和运行方式。随着20世纪后期自组织理论在经济学中的应用，Cai（2011）指出，集群通过复杂系统的自组织理论和协同作用产生演化发展，具有自组织、自适应和协同进化的特性，调动和发挥集群的自组织机制可以使集群发展到更高的水平[12]。同样，Zheng He等（2011）提出集群创新网络是具有自组织特性的复杂自适应性系统，并开发了具体的分析框架来描述产业集群发展的自组织过程[13]。国内学者也将自组织理论应用于产业集群系统的研究中，对产业集群的演进路径和升级发展过程中的关键问题进行了探讨，牟绍波（2007）从复杂理论视角探讨了集群持续发展的自组织机制,认为产业集群是一个具有自组织特性的复杂适应性系统[14]。李锐等(2009)以复杂系统为基础描述了产业创新系统的自组织特性,构建了产业创新系统自组织演化的动力模型[15],为产业集群创新网络自组织演化奠定了基础。龚艳萍和陈艳丽(2010)提出聚集、流、非线性和多样性等特征是创新网络特有的,分析了创新活动中的自组织现象,认为资源在创新网络中的流动促使自组织的有效演进[16],为创新网络进一步应用复杂适应性系统理论提供了依据。刘英基(2011)分析了产业集群技术创新网络在自组织理论下的动力机制,并以此为基础论述了集群技术创新企业间的博弈特征及其运行机制[17]。郑小碧(2012)提出经过自组织机制的推动,产业集群形成了自创生、自生长和自维持三阶段的发展演化[18],反映了集群升级进程特征。孙振雷(2014)认为当集群外部出现风险时,集群内的企业和相关机构会在自组织特性的促使下,在有效解除外部风险的同时使集群复杂化、有序化、平衡化,实现自适应、自成长的演进[19]。郭利平(2015)还研究了创新集群从创生到成熟的过程,并将其简化为一个开放结构,不断与外界交换,形成涨落,进而出现系统质的巨变,最终突破旧秩序,达到新的稳定状态的自组织过程[20]。

综合集群创新网络的概念及运行方式,从集群生态系统角度分析集群创新网络的自组织演化机制,这一机制表现为在网络节点数量、节点密度和中心度数量集群等网络要素发展到适当程度时,在市场机制的作用下会促使创新产生,又经过网络要素与集群生态性的作用使创新发生传递,此时网络环境发生突变,其中的企业、部门、机构在合作竞争运行方式的推动下,在技术上会出现一系列相关的创新,进一步提升集群的创新能力,集群也随之发生演化,这种现象是集群创新网络自发产生的。可以说,集群创新网络是集群企业为适应创新复杂性的自组织涌现,这种自组织演化机制可以说是集群创新网络生态性的一种表现,在适当的条件下构建集群创新网络自组织演化机制,可以有效推动集群创新网络的发展。

7.2 产业集群创新网络生态系统 Logistic 模型构建

7.2.1 集群生态系统 Logistic 模型条件假设及模型建立

产业集群创新网络承载着企业的相互竞争与合作,在一定条件下,其所提供的资源禀赋有限,集群创新网络中各类企业之间的发展都会受到限制,不论同质企业还是相关配套企业间都必然产生相互影响,这种影响可能导致两种关系,一种是相互合作、共生促进的关系,另一种是相互竞争、淘汰制约的关系。在市场机制的作用下,具有生态系统特性的集群创新网络自主演化发展在特定条件下逐步形成相对稳定的状态。基于集群创新网络具有生态系统特征,集群创新网络中企业之间存在正式和非正式的联系以及合作竞争的关系,利用生态学 Logistic 模型分析集群创新网络生态系统通过合作竞争关系自主演化直至稳定平衡的特点。

(1) 为了简化问题,假设在一个集群创新网络中存在 2 个相互合作、竞争互动的网络节点,称之为企业 1 和企业 2。其产出水平的变化适合 Logistic 模型与平衡理论。

(2) 假定在特定的时间和空间里,集群创新网络中存在企业 1 和企业 2,且两个企业具有一定的创新能力和合作竞争关系。

(3) 假设网络中的资源有限,各种要素的禀赋是一定的,资源得到充分利用的状态为自然状态。这种情况下,在 t 时刻,企业 1 在 t 时刻的产量为 n_1,企业 2 的产量为 n_2,且企业的产出量存在极限,分别为 k_1 和 k_2。

(4) 企业 1 和企业 2 的初始增长率为 r_1 和 r_2。

当两企业间是合作共生的关系,得出其演化 Logistic 模型为式(7-1):

$$\begin{aligned} \frac{dn_1}{dt} &= r_1 n_1 (1 - \frac{n_1}{k_1} + s_1 \frac{n_2}{k_2}) \\ \frac{dn_2}{dt} &= r_2 n_2 (1 - \frac{n_2}{k_2} + s_2 \frac{n_1}{k_1}) \end{aligned} \quad (7-1)$$

当两企业间产生竞争关系,得出其演化 Logistic 模型为式(7-2):

$$\frac{\mathrm{d}n_1}{\mathrm{d}t} = r_1 n_1 (1 - \frac{n_1}{k_1} - s_1 \frac{n_2}{k_2})$$
$$\frac{\mathrm{d}n_2}{\mathrm{d}t} = r_2 n_2 (1 - \frac{n_2}{k_2} - s_2 \frac{n_1}{k_1})$$
（7-2）

为分析集群创新网络中两个企业相互竞争和合作情况下的关系，对以上模型进行求解分析，如式（7-3），设：

$$f(n_1, n_2) = r_1 n_1 (1 - \frac{n_1}{k_1} \pm s_1 \frac{n_2}{k_2}) = 0$$
$$g(n_1, n_2) = r_2 n_2 (1 - \frac{n_2}{k_2} \pm s_2 \frac{n_1}{k_1}) = 0$$
（7-3）

对以上模型进行求解，可以得到在竞争合作关系下企业间的稳定平衡点。

7.2.2 集群生态系统 Logistic 模型分析

当企业 1 和企业 2 在同一网络中展开创新活动时，两者间的关系可能是竞争关系，也可能是合作关系。对于企业 1 来说，企业 2 消耗资源，对企业 1 可能造成积极的影响，也可能是消极的影响，表示为 $\pm s_1 \frac{n_2}{k_2}$，S_1 表示企业 2 消耗资源对企业 1 产生的影响，$\frac{n_1}{k_1}$ 为单位数量的企业消耗的资源，$1 - \frac{n_1}{k_1}$ 为消耗资源导致对自身增长的阻滞作用。

在合作状态下得到的稳定平衡点为：$P(\frac{k_1(1+s_1)}{1-s_1 s_2}, \frac{k_2(1+s_2)}{1-s_1 s_2})$，此时要使企业间达到稳定平衡状态，要使 $S_1 S_2 < 1$，也就是集群企业间保持既竞争又合作的关系。

在竞争状态下，如果 $S_1 > 1$，表示在消耗企业 1 的资源时，企业 2 比企业 1 消耗多，且企业 2 的创新能力强于企业 1。可以得出 4 个稳定平衡点：
$P_1(k_1, 0)$；$P_2(k_2, 0)$；$P_3(\frac{k_1(1-s_1)}{1-s_1 s_2}, \frac{k_2(1-s_2)}{1-s_1 s_2})$；$P_4(0,0)$

显然，只有 S_1、S_2 同时小于或大于 1 时，才是具有实际意义的平衡点。设

$$m = (f_{n1} + g_{n2}) / p_i, \quad n = \begin{vmatrix} f_{n1} & f_{n2} \\ g_{n1} & g_{n2} \end{vmatrix}_{p_i} \quad i = 1, 2, 3$$

其中，P_1、P_2、P_3 的经济含义为：

（1）当 $S_1 < 1$，$S_2 > 1$ 时，表明在创新活动中，企业 1 的创新能力较强；

在与企业2竞争中，企业1的创新能力仍然较强，因此企业2要么加大创新产出，缩小差距，要么走向衰落。否则，企业1将不断发展壮大，企业2被企业1击败，$n_1(t)$和$n_2(t)$趋向$P_1(k_1,0)$。

（2）当$S_1>1$，$S_2<1$时，企业2的创新能力和竞争力较强，可能出现企业1被企业2击败的情况，$n_1(t)$和$n_2(t)$趋向$P_2(k_2,0)$。

（3）当$S_1<1$，$S_2<1$时，在企业1的创新竞争中，企业2的创新能力和竞争力较强，而在企业2的创新竞争中，企业1的创新能力和竞争力较强。

综合集群创新网络合作关系下的稳定平衡点，可以得出集群创新网络生态系统企业创新的合作竞争关系的稳定条件，如表7-1所示。

表7-1 集群创新网络生态系统企业创新的合作竞争关系的稳定条件

平衡点	m	n	稳定条件
$P_1(k_1,0)$	$r_2(1-s_2)-r_1$	$-r_1r_2(1-s_2)$	$s_1<1$，$s_2>1$
$P_2(k_2,0)$	$r_1(1-s_1)-r_2$	$-r_1r_2(1-s_1)$	$s_1>1$，$s_2<1$
$P_3(\dfrac{k_1(1-s_1)}{1-s_1s_2},\dfrac{k_2(1-s_2)}{1-s_1s_2})$	$-\dfrac{r_1(1-s_1)+r_2(1-s_2)}{(1-s_1s_2)}$	$\dfrac{r_1r_2(1-s_1)(1-s_2)}{(1-s_1s_2)}$	$s_1<1$，$s_2<1$
$P_4(0,0)$	r_1+r_2	r_1r_2	不稳定
$P(\dfrac{k_1(1+s_1)}{1-s_1s_2},\dfrac{k_2(1+s_2)}{1-s_1s_2})$	$\dfrac{r_1(1+s_1)+r_2(1+s_2)}{(1-s_1s_2)}$	$\dfrac{r_1r_2(1+s_1)(1+s_2)}{(1-s_1s_2)}$	$s_1s_2<1$

利用平衡点m、n的结果，结合企业合作状态下的稳定平衡点，可以获得集群创新网络内企业创新合作竞争模型的均衡点及稳定性结果。也就是说，开放的集群创新网络中，由于网络结构和资源禀赋等客观因素，必然导致企业间存在竞争和合作的关系，在一定的因素影响下网络结构会产生失衡，形成涨落。而创新网络重新达到稳定状态的过程，是集群企业在市场机制的作用下的自组织行为，也就是集群自组织演化的过程。因此实现两个企业共存平衡状态的条件为：

$$P_0(\frac{K_1(1\pm s_1)}{1-s_1s_2}, \frac{K_2(1\pm s_2)}{1-s_1s_2}) \qquad s_1s_2<1 \qquad (7\text{-}4)$$

从以上分析可知，集群形成的原因是专业化分工而产生企业的聚集，且在有限资源的限制以及外部环境的影响下，集群内的企业间必然存在竞争合作的关系，集群创新网络只有在一定条件下才能达到稳定平衡状态。集群的运行方式类似于生态系统，在多样性、开放性、动态性的特点作用下，常常会出现失稳，集群企业会在市场机制的作用下形成自组织演化以实现系统稳定。首先，在竞争关系的集群创新网络中，因为创新能力和资源的有限性必然会引起同质企业间激烈的竞争，企业间的创新竞争引起集群创新网络失衡，失衡在网络中反馈循环的催化下被逐渐放大，也就引起了集群的演化。集群演化发展会产生两种结果，一种是集群更具有竞争力，另一种则是集群产生衰退，这两种结果主要取决于创新网络中企业间的组织形式。其次，企业间竞争结果一般分为两种方式，一种是企业使用类似的技术生产同质的产品，形成成本领先的优势，采用低价竞争的策略，造成竞争双方的损失，对集群创新网络的演化发展产生消极影响；另一种是企业采取差异化策略，即创新策略，弱化企业间的竞争，维持自身的竞争优势，从而进一步促进集群的演化发展。最后，基于信息不对称等原因，企业间的竞争往往会导致企业的优胜劣汰。反之，企业间由竞争关系转换为协同合作、互补共存，最终的结果是集群创新网络内部各企业保持一定的动态差异，在集群创新网络产生失衡时能迅速作出反应，采取改变现状的创新行为，推动集群创新网络由无序向有序发展。这种有效的组织形式则是集群企业间的开放性和自主性推动集群创新网络实现自组织演化的机制。

7.2.3 集群生态系统创新网络自组织演化机制构建

纵观上述研究可知，成熟的产业集群为增大竞争优势、防止集群衰退，在追求创新发展的过程中会加速构建适应当前市场机制的创新网络。在此过程中，网络中的节点数量、节点密度以及网络中心度会不断变化，发展到一个能够高效地传递创新网络信息的适当水平，网络中的焦点企业发展成为高中心度的创新领导者，这即为集群自创生阶段。基于集群创新网络生态系统理论，集群创新网络在环境资源有限以及内外部影响因素的扰动下，处于一个远离平衡态的开放系统状态。其运行机制与生态系统相类似，并在受到外界环境变化的影响后，企业会产生微涨落，出现失稳状态。在达到一个发展的临界点时，部分集群会抓住市场机遇，使微涨落逐步非线性放大成为巨涨落，集群内企业实施转型策略，使集群恢复稳定平衡状态。另一部分集群会发生涨落回归，出现一个自调整阶段，继续在市场竞争压力下寻求机遇。而具有自组织机制的集群创新网络系统会自发地由无序状态演化为有序状态，在历经分岔、巨涨落等过程后，实现集群创新能力和竞争优势的提升。可以说这种具有开放性、非平衡性、非线性和随机涨落性的集群创新网络系统具有自组织演化的条件。因此，构建集群创新网络自组织演化机制有助于集群创新网络从外部环境中获取信息、资源等负熵流，保持系统的先进性。集群创新网络自组织演化机制如图 7-1 所示：

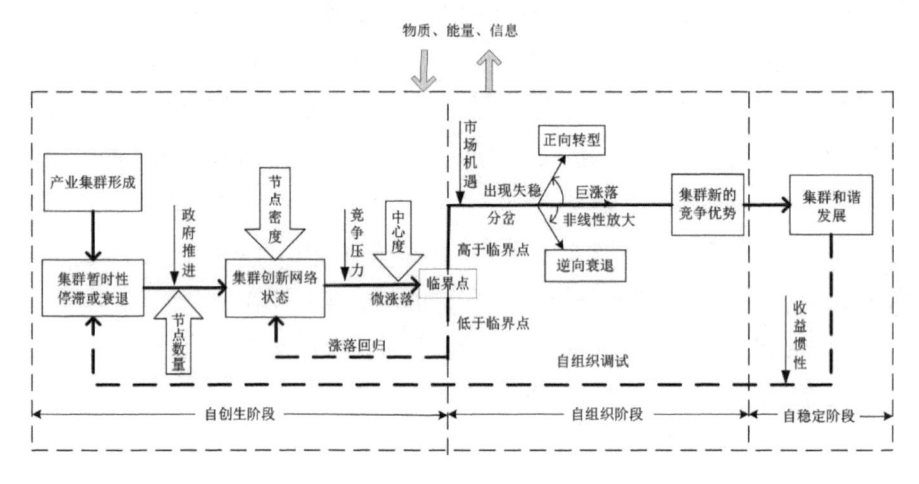

图 7-1 集群生态系统创新网络自组织演化机制图

7.3 产业集群创新网络的自组织演化条件与机制运行

7.3.1 集群创新网络自组织形成条件

自组织是指系统内部各要素在没有外界强制力量影响的情况下协调运作，在时间、空间以及功能上共同行动、联合发展，系统自身逐渐形成有序结构的演化过程。基于自组织理论以及产业自组织演化的相关研究，本书提出产业集群创新网络产生自组织现象所具备的条件包括：

（1）开放性。在集群创新网络中，集群各节点企业以及辅助机构通过创新网络，以产品、资金、人才为载体，与外部环境进行物质、能量、信息的交换，构成经济系统中的一部分，只有保持足够的开放性，才能不断适应环境，促进资源流动，激发创新网络的活跃性。

（2）非平衡性。集群创新网络中的信息、人员、资金等要素都是在节点企业间频繁流动变化的，加之创新网络的中心度、节点数量、节点密度等网络要素的差异，创新所需信息和资源的分布具有差异性，而且创新成果的形成在创新网络中的分布也是不平衡的，会导致企业间协作或竞争，使环境更加复杂多变。

（3）非线性。集群创新网络中除了网络要素的影响，还包含多层次的构成主体因素的影响。各主体间的关系是相互竞争又相互合作，它们之间的作用具有数量特征的不可叠加性，也就是说具有多方位非线性的作用关系。

（4）随机涨落性。在集群创新网络中，创新主体在与外部环境进行信息、能量、物质交换时，经过信息双向传递的催化循环，某个参量的微小变动会经网络作用的放大，形成巨变，造成系统偏离平均水平，破坏网络创新系统的平衡，随后创新网络寻求再平衡，促使创新网络的自组织进化，推动集群创新网络系统由无序向有序演进。

从自组织的产生条件来看，集群创新网络的开放性、非平衡性、非线性、随机涨落性符合了集群生态性的特点：在动态的过程中，集群内部与环境发生着物质能量的交换，集群企业相互之间存在着复杂的、非线性的合作竞争的关系，在市场机制的作用下，集群创新网络不断发生着变化。秦书生（2004）提出技术创新系统自组织进化必要的外部条件是良好的社会环境[21]。基于集群形成与演化具有自组织的行为特征，还有研究探讨了集群创新网络自组织演化需具有随机涨落、远离平衡态和开放等生态性条件。在此基础上，张延禄（2013）以复杂系统的自组织理论为切入点探讨了集群技术创新系统的演化过程，建立了集群自组织演化机制[22]。本书认为产业集群创新网络中创新是知识的产生、创造和应用的进化过程，是对企业生产要素组合和创新系统结构的改进与变革，在集群生态性特征的作用下，集群创新网络由无序到有序、由旧结构向新结构的自我转变，是在网络要素的作用下对环境的自我适应和内部组织自我调整的过程，必然会出现创新网络中节点企业数量增加、集群规模扩大、中心企业（创新带动企业）的实力提升。同时，还可能出现新的中心企业，促成中心企业度数增加，带动创新网络中企业加强合作，从而进一步提高节点企业的网络联系密度等网络要素的变化，产生创新网络自组织演化现象，促进集群创新网络自组织特性提升。

7.3.2 集群创新网络自组织演化机制运行

本书借鉴已有的研究成果，在集群生态性的基础上，指出了集群创新网络的自组织特性和形成自组织现象所具备的条件，提出了集群创新网络自组织演化机制的理论研究框架，依此构建集群创新网络自组织演化机制。

产业集群可以认为是一个开放的自组织系统，具有非平衡的特征。集群创新网络的发展受到外界环境不断变化的影响和集群企业、辅助机构等网络构成要素的非线性冲击，产业集群创新能力大幅提升，其结构自发地由无序演化为有序或者由有序演化为更加有序的状态。本书参考刘英基（2011）等的研究[17]，将自组织系统的动力机制方程作为描述产业集群创新网络活动规律的基本工具，对基于产业集群生态系统的创新网络自组织演化模型作出进一步论证。

根据前面的讨论，集群创新网络的自组织演化过程存在着正反馈和负反馈的机制。首先，在正反馈机制中，集群企业中心度越高，对集群资源的利用与控制程度越高，在创新网络中越容易产生突破性创新并对其他企业产生带动作用，用 D 表示中心度度数；集群网络节点企业数量反映集群的网络规模，节点数量越多，网络规模越大，创新的传递范围越广，用 C 表示节点企业数量；网络节点密度表示网络中各节点企业连接的紧密程度，密度越高连接越紧密，适当紧密程度的创新网络具有更好的连通性和传递性，用 L 表示节点企业实际连接数量。讨论集群创新网络要素对集群创新的影响关系，用式（7-5）表示：

$$y=D+C+L \tag{7-5}$$

y 即为创新网络要素之间存在影响关系的总和，这种影响关系是企业间的交互作用，交互的过程中能够促使集群创新网络进行创新，这一作用可以表示为 k_1y；创新过程中还存在着来自创新网络内部竞争动力和来自外部环境动力的影响作用，这一作用可以表示为 k_2y，k_1、k_2 皆为网络创新成熟度比例系数，$k_1y \times k_2y$ 即为创新的正反馈部分。在创新网络节点密度不断增大的过程中，集群企业联系密切，创新的传递效率出现一定程度的降低。加之创新逐渐成熟并产生效益后，网络的创新动力可能会降低，一部分企业囿于眼前利益和享受成果而不思进取，企业发展停滞不前，称之为收益惯性。网络节点密度过大和收益惯性对网络创新产生的阻碍，即为负反馈部分，用 $k_3(1-y)$ 表示。正负反馈的叠加作用最终共同作用于集群创新网络的创新活动中，即：$k_1y \times k_2y \times k_3(1-y)$，令 $\alpha = k_1 k_2 k_3$，α 为正负反馈机制强度系数。创新活动会受到资源的有限性以及信息传递滞后性等客观因素的阻碍，这种客观存在的因素的作用，用 $-\beta y$ 表示，即为阻尼项。在自组织特性的作用下，集群创新网络还受到随机涨落机制的作用，用 $\Gamma(t)$ 表示。本书构建的集群创新网络自组织演化机制方程为：

$$Y = \alpha y^2(1-y) - \beta y + \Gamma(t) \tag{7-6}$$

式（7-6）中，Y 表示产业集群创新网络自组织发展的状态，y 表示产业集群创新网络技术创新的发展程度，α 为强度系数，$-\beta y$ 表示限制性因素在产业集群创新网络创新能力的演化过程中的作用，$\Gamma(t)$ 表示随机涨落机制对产业集群创新网络创新能力的作用。对方程式（7-6）进行变换，可以得到产业集群创新网络创新能力的演化方程式（7-7）：

$$\frac{dH}{dt} = -H^3 + aH + b + \Gamma'(t) \tag{7-7}$$

式（7-7）中，$H = \sqrt{\alpha} y - \frac{\sqrt{\alpha}}{3}, a = \frac{\alpha - 3\beta}{3}, \frac{2\alpha - 9\beta}{27}\sqrt{\alpha}, \Gamma'(t) = \sqrt{\alpha}\Gamma(t)$。

为了便于分析，令 $b = \Gamma'(t) = 0$，分析仅含一个参数 a 的产业集群创新网络自组织演化模型方程为式（7-8）：

$$\frac{dH}{dt} = -H^3 + aH \tag{7-8}$$

在产业集群创新网络自组织发展处于稳定状态时 $\frac{dH}{dt} = 0$，可以得到方程式（7-8）的三个解：$H_1 = 0$，$H_2 = \sqrt{a}$，$H_3 = -\sqrt{a}$。

当 $a < 0$ 时，$H_2 = H_3 = \pm\sqrt{a}$ 为虚数，没有实际意义，不能作为集群创新网络自组织演化状态下的方程的解，只有 $H_1 = 0$ 为产业集群创新网络演化方程式的稳态解；当 $a \geq 0$ 时，方程式的三个解均为实数解，此时 $H_1 = 0$ 为产业集群的不稳定解，$H_2 = \sqrt{a}$、$H_3 = -\sqrt{a}$ 是产业集群的稳态解。$a = 0$ 为产业集群创新网络自组织演化的分岔点，从 $a < 0$ 状态逐渐增大并跨越 $a = 0$ 这一点时，集群企业为寻求新的发展，提高自身创新能力，成为集群创新网络具有高中心度度数的创新节点，带动越来越多的集群企业创新，增大集群节点密度，促使集群创新网

络发生涨落，进而使产业集群创新网络的系统性质发生显著改变。这说明产业集群创新网络整体发生质变并实现系统由无序结构到有序结构的演化是在网络要素推动下产生的。

从式（7-6）的结构特点来看，非线性的集群创新网络的技术创新路径受到 $ay^2(1-y)$ 的影响。要想有效推动集群创新网络的自组织创新，最大限度上实现结构从无序转变为有序，需要积极增大产业集群创新网络的正反馈系数或者降低限制性因素系数 β，这一过程也是集群创新网络自组织演化的必要条件和内部机制。产业集群自组织演化经历自创生、自组织、自稳定三个阶段，演化轨迹可能趋于正向转型、逆向衰退和获取新的竞争优势等不同的方向是因为不同的产业集群具有不同的技术创新强度系数 α。

7.4 研究结论

由以上分析可以得出，产业集群是一个企业群落，集群创新网络可以看作是企业群落和环境构成的生态系统。在没有外部环境强制影响时，产业集群创新网络在市场机制的作用下的创新过程是具有自组织特性的，产生这种特性的根本原因是集群创新网络具有生态性。集群所表现出的动态性、多样性、开放性、合作竞争性等生态系统特性是集群创新网络自组织演化的条件，其自组织演化的过程可以划分为自创生、自组织、自稳定三个阶段。

（1）在自创生阶段，集群在专业化分工的作用下形成相关产业链，并显现出一定的生态特性，在市场机制和政策推进下，规模大的集群更易形成创新网络状态。此时，集群创新网络的节点数量、节点密度对集群网络规模的发展产生较大影响。当集群的节点密度继续增大直至增加到一个适当的密度时，部分企业发展成为高度数的网络中心节点，使创新成果在网络中高效传播，随着微涨落达到新的临界点。部分企业无法适应微涨落，产生涨落回归，进入自我调整阶段。

（2）在自组织阶段，网络中心度高的企业会首先突破临界点，抓住市场机遇，出现较为明显的失稳状态，并利用网络优势将涨落放大，促进集群网络结构优化调整。此过程中，突破临界点的企业发展也会出现分岔，转型成功和持续发展的企业继续合作竞争，创造新的集群竞争优势。

(3)在自稳定阶段,具有新的竞争优势的集群在一段时间稳定发展后,收益惯性会在内部竞争压力和外部环境要素的作用下激发集群产生演化反馈,开始新的发展循环。

(4)在集群自组织循环全过程中,广泛的创新网络节点密度能够有效促进集群创新优势的形成,有助于提高中心度度数,吸引新企业加入,增加节点数量,在集群创新网络演化的全过程中产生积极的影响,同时还要将节点密度保持在一个适当的高度,最大效率地发挥集群的规模效应和结构效应。自组织演化中的随机涨落机制能够对产业集群创新网络的技术创新能力和网络发展轨迹产生较大冲击作用。以上研究结论证实了以集群创新网络生态系统为背景的自组织运行机制能够准确解释集群的运行特征,对集群发展的深入研究具有现实意义。

(5)在对集群创新网络演化机制进行分析时,假设条件为集群创新网络禀赋保持平衡,而现实中并不存在完全静止状态,环境的动态变化是造成集群发展失衡的原因,这种失衡状态会导致集群发生随机涨落,集群内的企业对变化做出相应的反应,进而对集群的发展产生影响。建立一个有效的演化机制对集群创新网络的演化有促进作用。不同的集群网络要素特征不同,创新强度系数不同,其构成企业对有限资源的竞争作出的反应也会不同,这会造成产业集群自组织演化的轨迹趋于不同的发展方向。产业集群创新网络的研究目标是企业,只有正确引导企业提高竞争优势,在企业利益最大化的同时使整个集群发展壮大,集群中的企业才能实现共赢。

7.5 对策建议

(1)在企业方面,集群自组织演化机制是在没有外部环境强制影响时企业自身面对随机涨落自我调整的过程,集群企业要注意创造自组织演化机制发生的条件,顺利实现集群自组织演化。

①集群创新激励方面:完善信息保障和人才激励机制,促进集群创新网络中的人才流动以及创新资源共享。集群内部企业要辨识自身发展的状态,在自创生、自组织、自稳定等阶段适当予以引导,培养集群企业自身的自组织意识,

摆脱对固有成熟路径的依赖，使集群企业间自主形成相互协调、相互合作竞争的关系。培养企业自身的主体意识，在集群创新网络出现涨落时适时抓住市场机会，调整发展方向，实现创新能力的提升。

②集群创新网络建设方面：技术创新活动是引起集群创新网络随机涨落的主要原因，要有效促进技术创新，企业间应建立集群创新网络战略联盟，将网络节点密度与节点数量控制在一个适当的水平，并注意提升具有代表性的企业的能力以增加网络中心度度数，注重集群创新网络整体能力的不断提升，使创新网络形成远离平衡的开放系统。

③集群创新公共平台建设方面：积极建设集群创新网络辅助机构，吸引高校、科研机构参与集群创新，完善集群创新网络与外界进行物质、能量和信息的交换通道，通过集群各主体及辅助机构之间的充分开放形成自组织演化机制，持续提高集群的创新能力，实现集群创新网络在发展过程中的全方位突破。

（2）在政策方面要想充分发挥集群创新网络自组织演化机制的作用，需要政府在多方面做出政策引导。

①集群创新激励方面：应以培育和发展企业自组织管理能力为目标，针对集群企业自组织管理水平，适当选择实施不同环境政策；充分发挥政策引导效力，以政府支持力度弥补市场机制的不足，在集群出现暂时性衰退时及时发挥创新激励效力；政府应制定激励集群发展的管理政策，进一步完善社会投资体系，积极引导社会资本投资于集群创新系统，使各类社会支持资金逐步向集群创新网络建设倾斜，为集群创新提供金融支持和配套服务。

②集群创新网络建设方面：集群创新网络具有生物群落资源有限、信息不对称等特性，需要在政策上予以影响，针对集群创新特点举办专业论坛，针对产品技术研发、新技术变革举办相关展览会，推出新技术新产品，充分链接各个集群企业，构建多路径的集群创新网络，充分发挥在具有自组织演化机制的集群创新网络中企业的自主链接和融入意识，提高集群企业的创新效率和网络利用效率，以保障集群健康持续发展。

③集群创新公共平台建设方面：引导集群建立研发中心或公共技术平台，建立健全信息网络体系，根据集群发展的动态趋势，对集群共性问题应采取积极的措施进行有针对性的解决，提高公共问题的解决效率，营造集群良好的创新环

境；及时准确地发布集群信息，提高集群传播信息和使用信息的效率。

最后，基于本书研究的集群创新网络生态系统的自组织演化机制，在集群创新网络生态系统的背景下建立自组织演化机制，动态地考察产业集群创新网络的演化问题，能够清晰地说明集群创新网络发展演化的复杂性。由于模型研究的抽象限制，在构建模型过程中，对许多影响因素进行了简化，这造成了研究结论与集群创新网络的现实状态存在一定的差异，这个问题需要进一步研究解决，以使模型的解释更符合产业集群创新网络的活动规律和特点，从而更好地推动集群发展。

7.6 本章小结

产业集群创新网络是有效促进集群技术创新的发展模式，对集群的升级与产出效率具有重要的影响。本书以生态学为背景分析产业集群创新网络的不稳定性、开放性以及随机涨落等自组织特性。根据产业集群生态特性，以 Logistic 模型对产业集群演化进行描述，并建立集群创新网络自组织演化机制模型，通过自组织的动力机制方程描述产业集群创新网络自组织演化过程，说明其演化条件，找出集群创新网络自组织演化的关键影响因素，对集群创新网络自组织的演化机制作出进一步解释说明，为集群内企业优化创新网络、构建高效的网络演化机制提出建议。

本章参考文献

[1] Freeman C. Networks of innovators: A synthesis of research issues[J]. Research Policy, 1991, 20(91):499-514.

[2] Casanueva C, Castro I, Galán J L. Informational networks and innovation in mature industrial clusters[J]. Journal of Business Research, 2013, 66(5): 603-613.

[3] Jinho Choi, A Sang, Hyun, MS Cha. The effects of network characteristics on performance of innovation clusters[J]. Expert Systems with Applications, 2013, 40(11):4511-4518.

[4] 李文博,张永胜,李纪明. 集群背景下的知识网络演化研究现状评介与未来展望[J]. 外国经济与管理,2010(10):10-19.

[5] 许芳. 基于群落演替理论的产业集群进化路径初探[J]. 自然辩证法研究,2011(10):76-81.

[6] Yu Xizhan, Sui yinghui. Study on Symbiotic Mechanism of the Industrial Clusters Ecosystem Based on City Innovation [C]. International Conference on Education, Management and Social Science, 2013:107-111.

[7] 邵云飞,周敏,王思梦. 集群网络整体结构特征对集群创新能力的影响——基于德阳装备制造业集群的实证研究[J]. 系统工程,2013(5):85-91.

[8] Peres R. The impact of network characteristics on the diffusion of innovations[J]. Physica A: Statistical Mechanics and Its Applications, 2014(402): 330-343.

[9] 李健,金占明. 基于生态学理论的产业集群发展[J]. 科学学研究, 2006(S2):431-437.

[10] 万幼清,王云云. 产业集群协同创新的企业竞合关系研究[J]. 管理世界,2014(8):175-176.

[11] 刘满凤,危文朝. 基于扩展 logistic 模型的产业集群生态共生稳定性分析[J]. 科技管理研究,2015(8):121-125,137.

[12] Cai S, Jiao J, Xiang Q. Research on formation and development of circular industrial clusters and innovative networks[J]. Energy Procedia, 2011(5):1519-1524.

[13] He Z, Rayman-Bacchus L, Wu Y. Self-organization of industrial clustering in a transition economy: A proposed framework and case study evidence from China[J]. Research Policy, 2011, 40(9):1280-1294.

[14] 牟绍波,王成璋. 产业集群持续成长的自组织机制研究[J]. 科技进步与对策,2007(7):73-75.

[15] 李锐,鞠晓峰. 产业创新系统的自组织进化机制及动力模型[J]. 中国软科学,2009(S1):159-163.

[16] 龚艳萍,陈艳丽. 企业创新网络的复杂适应系统特征分析[J]. 研究与发展管理,2010(1):68-74.

[17] 刘英基. 产业集群技术创新的自组织过程分析——基于动态博弈的视角分析[J]. 科技进步与对策,2011(22):62-66.

[18] 郑小碧. 基于自组织理论的产业集群共性技术创新研究[J]. 科技进步与对策,2012(8):46-51.

[19] 孙振雷,刘家俊. 自组织扩散机理:产业集群风险演化研究的新视角[J]. 内蒙古社会科学(汉文版),2014(3):101-105.

[20] 郭利平. 基于自组织的创新集群演化机理及其对策[J]. 企业经济,2015(9):58-62.

[21] 秦书生. 技术创新系统复杂性与自组织[J]. 系统辩证学学报,2004(2):62-67.

[22] 张延禄,杨乃定,刘效广. 企业技术创新系统的自组织演化机制研究[J]. 科学学与科学技术管理,2013(6):58-65.

第 8 章　产业集群创新网络活跃度仿真模拟及改善

迈克·波特在《国家竞争优势》一书中指出，产业集群是指在特定的区域中具有竞争与合作关系，且在地理上集中，有相互联系的企业、专业化供应商、服务供应商、金融机构、相关产业的厂商及其他相关机构等组成的群体。随着世界各国产业集群在经济发展中的作用进一步显现，以产业集群为基础的产业模式和创新体系得到越来越多的关注。与此同时，产业集群创新网络正成为一种新模式发挥着至关重要的作用，是集群发展的直接驱动力，也是集群增强创新能力和竞争优势的源泉。但是在一定的创新网络结构中如何定量地有效测度创新在集群网络中产生和扩散的效率和效果？创新和扩散的效率和效果又受哪些因素的影响？从这些问题出发，对产业集群创新网络的活跃状态进行研究。

8.1 相关研究述评

产业集群的发展中最本质的问题就是集群企业创新能力的提升，集群企业只有通过创新活动并形成创新网络才更有助于提升集群的竞争优势，形成持续发展的能力。所以，对产业集群中网络关系的研究也主要集中于创新网络。集群创新网络的研究始于 Freeman，他在 1991 年提出创新网络的概念，认为创新网络是应对系统创新的一种新机制，网络构架的主要联结机制是企业间的创新合作关系[1]。随着网络研究的兴起，运用网络理论研究集群创新网络的成果日渐增多，其热点之一是集中于对集群创新网络特征的研究。田钢（2010）从创新网络演化角度入手，提出集群创新网络具有幂律分布特征，表现为短的平均路径和高的集聚系数，呈现小世界性特征[2]。刘友金（2013）从典型的复杂网络模型入手，指出由焦点企业成长起来的集群创新网络具有异质性网络特征[3]。基于集群创新网络的特征，学者们对创新网络的功能效应进行了研究。许秀玲（2013）提出集群创新网络可以调动异质性资源，是集群发展的内部驱动力量[4]。Levén P（2014）指出，创新网络是促进集群企业升级的关键[5]。那么如何优化集群创新网络又成为中外学者研究的重点，Alberti（2015）认为，集群若想通过创新网络实现升级发展，应该以多种方式进行多种类型的知识交流，使创新网络中的知识分布区域平衡，成为集群实现协作创新的直接驱动力[6]。陈伟（2015）则从反向进行研究，提出集聚结构和中介性会诱发产业集群创新网络的潜在风险，从而提出培育集群网络中中等规模的企业可以提高集群创新网络的抗风险能力[7]。李肖刚（2016）提出通过在集群创新网络结构中嵌入第四方物流可以有效改善集群创新网络，提升集群创新能力[8]。

综上所述，产业集群创新网络具有网络结构特征，是集群升级和提升竞争优势的关键，但中外学者对创新网络的研究大多集中于网络的静态属性，或者从集群创新网络本身出发来提升集群竞争优势。对于集群创新网络活跃状态动态变化的影响因素一直没有一个具体明确的答案。基于此，本书从集群创新网络中的创新和扩散两个方面入手，构建集群创新网络活跃度模型。

8.2 产业集群创新网络活跃度影响因素分析

8.2.1 产业集群创新网络活跃度的概念和特征

目前国内外学术界对产业集群创新网络中创新和扩散的效率效果并没有一个明确的定义，很容易导致研究落脚点无法集中。为了明确研究的重点和方向，本书提出了产业集群创新网络活跃度的概念，即集群创新网络活跃度是指在产业集群创新网络结构中，随着时间的变化，集群创新网络主体之间基于网络节点属性及影响关系推进创新活动并通过创新能力传递达成集群网络创新能力水平提升的程度。

（1）产业集群创新网络活跃度具有动态性。集群创新主体进行创新的主要目的在于获取竞争优势、得到超额利润。此时，集群中率先进行创新的企业与其他企业之间就会存在创新势差，那些创新能力差的企业希望通过跟进创新企业的创新活动获得超额利润。在这种情况下，率先进行创新的企业会在原有能力的基础上通过吸收转化集群中的资源与知识寻求更高层次的创新来维持集群中的竞争优势；其他企业在跟进创新企业的过程中不断积累创新资源和能力，有可能实现自主创新，进而促进创新在集群中加速扩散。这种动态过程在集群的发展中不断延续，因此集群创新网络活跃度是一个动态持续的过程。在产业集群创新网络活跃度动态变化中，集群企业的创新能力和吸收能力是影响集群创新网络活跃度的关键因素。

（2）产业集群创新网络活跃度具有群集性。强调集群创新网络中的创新活动和扩散活动是集群中多主体相互作用的结果，这些主体不仅包括集群中承担主要生产和销售责任的节点企业，还包括辅助与支持机构、高校、科研机构、中介机构和政府等。这种群集性特征正是由集群创新网络活跃程度决定的，而且各主体之间创新合作的意愿也会影响创新网络的创新活力。所以集群创新网络中关系强度和集群企业的转移意愿会影响集群创新网络活跃度的激发。

（3）产业集群创新网络活跃度具有网络特性。集群创新网络活跃度的网络特性主要源于集群网络本身的特征，改变这些因素将会对集群创新网络活跃度产生重要的影响。因此，产业集群创新网络活跃度的影响因素还应该包括中心度、集聚系数和平均路径长度等网络结构特征。

8.2.2 产业集群创新网络活跃度影响因素确定

通过对产业集群创新网络活跃度概念和特征的阐述可以知道，产业集群创新网络活跃度体现了集群网络中创新活动过程和创新能力扩散过程及其耦合作用下集群创新网络的状态。集群创新网络主体通过创新活动实现创新，率先创新的企业成为创新能力扩散源，创新成果通过集群网络中建立起来的联系通道进行扩散，称为第 1 次创新能力的扩散。第 1 次创新能力扩散后会诱导出大量的相关创新，创新主体范围逐渐扩大，创新成果的接受者可能变成创新的实现者，并推动创新能力扩散。于是又引起了第 2 次创新能力的扩散，由此形成"创新—扩散—再创新—扩散"的循环过程，直到第 n 次的扩散与再创新。随着扩散源的增加和强化，集群创新网络处于活跃阶段，创新与扩散的耦合作用过程如图 8-1 所示。

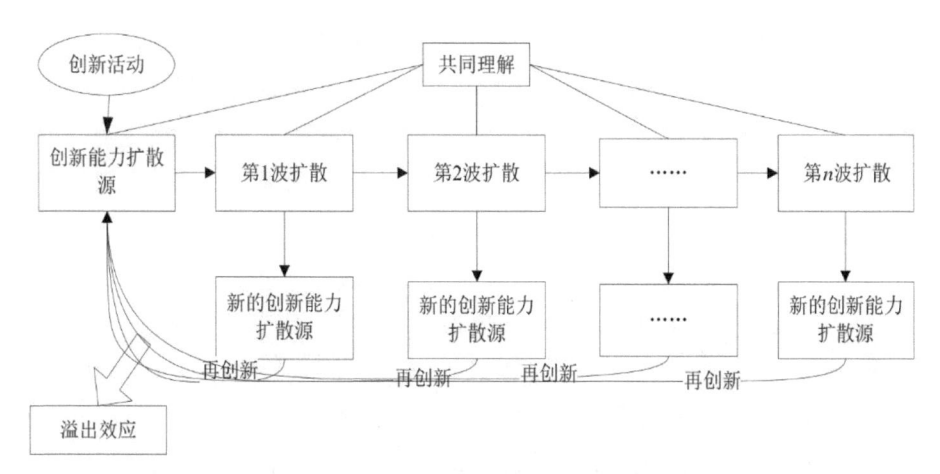

图 8-1 创新与扩散的耦合作用过程

需要说明的是,在创新与扩散相互渗透共同发挥作用的过程中,集群创新网络中的溢出效应也越来越明显,部分节点可以直接通过集群创新网络中的直接或间接的溢出效应实现创新能力的扩散,成为新的扩散源。此外,在创新与扩散的耦合作用过程中,集群企业之间的企业文化、价值观念等共同理解会影响创新能力扩散的效率和效果。

显然,集群创新网络活跃度被激活的关键就在于集群创新网络中的企业在创新活动和创新能力扩散耦合作用下进行"创新—扩散—再创新—扩散"的过程,展示了从创新企业个体到集群创新网络整体\微观到宏观的活跃度激活过程。因此,综合以上分析结构,在杜建等(2013)研究的基础上提出集群创新网络活跃度的影响因素[9],如图 8-2 所示。

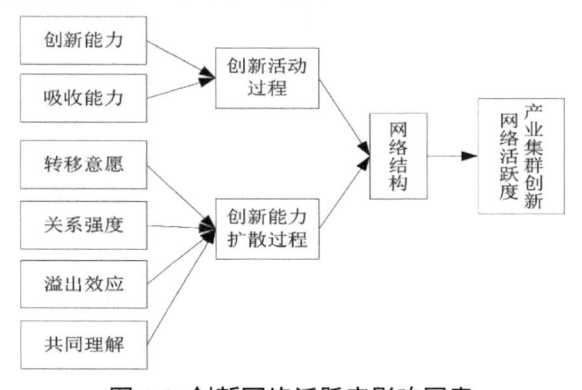

图 8-2 创新网络活跃度影响因素

创新活动过程是集群企业的自主创新行为，创新能力扩散体现集群创新网络中企业之间的创新联系，因此创新活动过程包含创新能力与吸收能力。创新能力是指集群企业利用现有资源实现创新的能力；吸收能力是指集群企业对创新网络中创新能力的吸收转化能力。创新能力扩散过程包含转移意愿、关系强度、溢出效应和共同理解，转移意愿主要由网络成员的多样性、接受新成员的意愿和集群外组织联系的程度构成；关系强度是指集群企业与其他网络主体间技术合作或联系的频率高低程度或者组织成员获取网络资源的能力；溢出效应则体现为集群企业在创新网络中所获得的利益和对创新网络的贡献；共同理解是指集群中各主体之间组织文化、价值体系的相似程度。网络结构是产业集群创新网络活跃度持续激活的基础，所以对创新活动过程和创新能力扩散过程均存在普遍影响。网络结构中主要选取平均路径长度、集聚系数和中心度指标，其中平均路径长度反映集群创新网络的紧密性，它影响着集群创新网络中创新扩散的效率；集聚系数反映集群创新网络的连通性，表征集群创新网络形成集聚效应的强弱；中心度反映集群创新网络的中心性，体现创新网络中核心节点企业对网络的控制程度，如上图8-2所示。

8.3 产业集群创新网络活跃度影响因素模型的构建

8.3.1 基本概念和符号

假设一个集群是由以企业为核心的创新主体和以大学、研究机构、中介组织为支持的辅助组织构成，它们之间存在着合作创新的关系。将这些创新主体和它们之间存在的关系看作是一个网络，即为集群创新网络。其中，网络中的节点代表集群中的创新主体（为了体现集群的网络性，在之后的论述中将创新主体称为节点企业），全部节点的集合记为 V，$V=\{1,2,\cdots,n\}$，n 为集群中节点企业的数量且 $n \geqslant 3$；节点 i 节点 j 建立起来的创新合作关系记为 ij，$i,j \in V$，同时 ij 也表示为创新网络中两个节点之间的连线，网络中全部连线的集合记为 g，即有 $ij \in g$。此时可将集群创新网络记为 $G=(V,g)$。另外，从产业集群的现实出发，模型所创建的网络都是无向网络。

8.3.2 产业集群创新网络活跃度模型构建

由图 8-2 的结构可以看出,集群企业根据自身的能力和与其他企业的联系不断进行创新活动和创新能力扩散,在每一阶段的创新效果、扩散效果以及二者的耦合效应构成了集群中创新网络活跃度的水平。由此,可以通过设定集群企业的创新活动过程模型和创新能力扩散过程模型构建集群创新网络活跃度模型。

8.3.2.1 创新活动过程模型构建

现有文献在构建创新函数时仅考虑集群中节点企业的创新能力或研发能力,这并不能反映集群企业的实际情况。集群企业在创新活动过程中需要首先吸收集群中可利用的资源和知识并加以创造,这是集群创新能力得以施展的基础。可见,将集群创新网络吸收能力纳入创新活动影响因素是十分必要的。故创新活动过程的模型为:

$$L_{it} = L_{it-1} \times (1 + \lambda_i v_i) \tag{8-1}$$

式(8-1)中,

L_{it}——t 时刻节点企业 i 从事创新活动对产业集群创新网络活跃度产生的效果;

L_{it-1}——t-1 时刻节点企业 i 从事创新活动对产业集群创新网络活跃度产生的效果;

λ_i——节点企业 i 的创新能力;

v_i——节点企业 i 的吸收能力。

8.3.2.2 创新能力扩散过程模型构建

产业集群创新网络中的创新能力扩散过程受到转移意愿、关系强度、溢出效应和共同理解的影响,故集群企业创新能力扩散的模型为:

$$R_{it} = \delta_{it} \left[1 - e^{-(\gamma_{it} + \zeta_{it})} \right] (\varphi_{jt} L_{jt} - L_{jt}) \tag{8-2}$$

式(8-2)中,

R_{it}——t 时刻节点企业 i 从事创新能力扩散活动对集群创新网络活跃度产生的效果;

δ_{it}——t 时刻节点企业 i 的溢出效应;

γ_{ij}——节点企业 i 和节点企业 j 的关系强度；

ζ_{ij}——节点企业 i 和节点企业 j 的共同理解；

φ_{jt}——t 时刻节点企业 j 的创新转移意愿。

此外，φ_{jt}、L_{jt} 和 L_{it} 之间的关系表示节点企业 j 在创新转移意愿的基础上，企业 i 和企业 j 的创新势差，它是创新网络活跃度持续激发的基础。特别的，式（8-2）的存在是有约束条件的，一方面，集群创新网络节点企业之间的创新合作关系距离是有限的，这是集群企业进行创新活动和创新能力扩散的前提；另一方面，产业集群创新网络节点企业之间存在创新势差，即 $\varphi_{jt}L_{jt} - L_{it} > 0$，这是创新网络活跃度得以持续激发的基础。集群中节点企业的创新势差是适当的，势差太大会造成企业理解和合作困难，使创新成本增加；势差过小，企业之间缺少异质性，造成竞争加剧，竞争压力导致创新锁定。此时，集群节点就会放弃进行创新的发送，滞胀创新能力在网络中的扩散，阻碍创新网络活跃度的提升。因此，集群企业之间的创新能力差距不能过于悬殊。

8.3.2.3 产业集群创新网络活跃度模型构建

产业集群创新网络活跃度是在一定的网络结构中创新活动过程和创新能力扩散过程耦合作用下形成的网络创新活动的状态，同时以创新网络理论为指导，将网络结构要素的影响作用共同反映在集群创新网络活跃度模型中，见式（8-3）：

$$\ln M_t = \ln M_{t-1} + \int_0^t \left(\alpha \sum_{i=1}^n \ln L_{it} + \beta \sum_{i=1}^n \ln R_{it} + \omega P_1 + \xi C_1 + \psi D_1 + \varepsilon_1 \right) \mathrm{d}t \quad (8\text{-}3)$$

式（8-3）中，

M_t——t 时间集群创新网络活跃度；

P_t——集群创新网络的中心度；

C_t——集群创新网络的集聚系数；

D_t——集群创新网络的平均路径长度；

α——创新活动影响系数；

β——创新能力扩散影响系数；

ε_t——在创新能力扩散过程中的创新损益以及意外的影响系数。

此外，ω、ξ、ψ 分别表示平均度、集聚系数、平均路径长度对产业集群创新网络活跃度的影响系数，受平均度、集聚系数和平均路径长度的影响，而且这些影响系数均服从于 0-1 的随机分布。

8.4 仿真模拟

本书研究的集群创新网络的活跃度状态节点之间的距离较短，因此根据仿真模拟的设计原则，对已建立的活跃度模型进行一些必要的简化。设定集群企业的创新能力服从[0.01,0.1]的均匀分布，集群企业的吸收能力服从[0.1,1]的均匀分布，转移意愿服从[0.5,1]的均匀分布，具有创新合作关系的集群企业之间的交流频率和共同理解能力服从[0.5,1]的均匀分布；产业集群创新网络中的溢出效应设为 0.5。应用 matlab 仿真平台进行仿真，仿真周期为 200。

8.4.1 集群创新网络行为对活跃度的影响

因为创新网络活跃度的影响因素存在集对性的特点，也就是说创新活动过程和创新能力扩散及其耦合作用下的影响因素两两之间存在相互影响，因此可以通过仿真模拟集来展示在不同因素共同作用下创新网络活跃度的变化过程，以此来分析集群创新网络行为与活跃度的关系。此时设定平均路径长度为 20，集聚系数为 0.725，中心度为 4.8，企业数量为 100，大学和科研机构为 30，中介机构为 10，金融机构为 20。其他参数为默认值，不再列示。

在图 8-3 中，给出了吸收能力与创新能力分析的等高线，需要注意的是，等高线的横轴表示创新能力参数取值的下限，设为 0.1，即当创新能力的取值越大时，集群企业拥有的创新能力就越强，创新能力分布的一致性程度就越高；等高线的纵轴表示吸收能力参数取值的下限，设为 1，即当吸收能力的下限取值越大时，节点企业的吸收能力就越强。

在创新活动过程与创新能力扩散过程中，创新能力和吸收能力对创新网络活跃度的影响是不同的。图 8-3 说明当企业的创新能力差异性明显、吸收能力较强时，集群创新网络活跃度越高。这是因为集群中的节点企业存在着创新势差,尤其是核心企业拥有很强的创新能力,而一些小企业创新能力较弱,此时一些节点企业增强吸收能力,可以迅速获取集群中先进的知识和技术,缩短与核心企业的创新势差,创新与扩散的耦合过程发挥重要作用,由此可以快速激活集群创新网络的活跃度。而当吸收能力和创新能力下限都取值很大,即企业的吸收能力和创新能力都很强时,集群企业之间的创新势差明显减小,创新趋势趋同更加明显,从而会逐渐失去创新—扩散—再创新的累积效应。

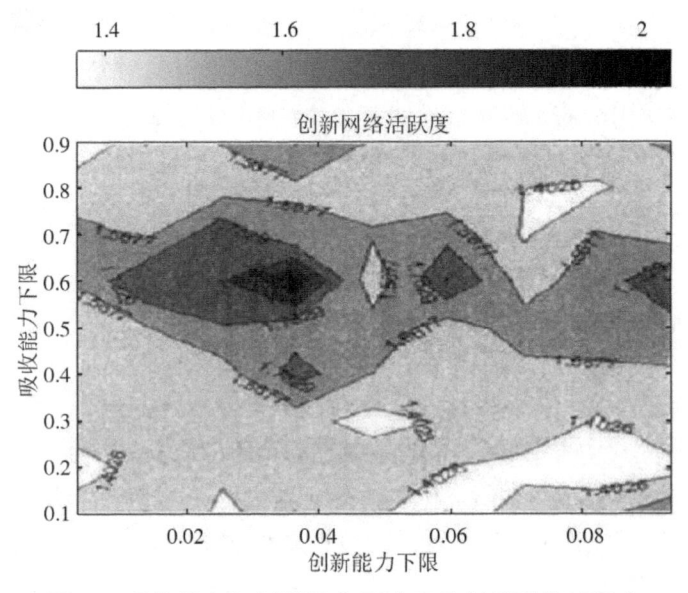

图 8-3 吸收能力与创新能力影响下的创新网络活跃度

在图 8-4 中给出了转移意愿与关系强度的等高线,等高线的横轴表示转移意愿参数取值的下限,设为 1,即当转移意愿的下限越大时,节点企业之间的转移意愿取值越高,转移意愿越强烈;等高线的纵轴表示关系强度参数取值的下限,同样设为 1,即当关系强度的下限越大时,节点企业之间的关系强度取值越高,关系越密切。值得注意的是,在图 8-4 中,关系强度下限取值较高时,即节点企业集聚系数较高,关系密切时,转移意愿下限的取值对创新网络活跃度的影响很小,这说明此时关系强度对转移意愿具有替代作用。当转移意愿下限的取值进一步升高时,关系强度下限不用取最高值,集群创新网络活跃度就会很高。这说明转移意愿达到一定阈值时,关系强度的替代作用又会进一步减小。这也说明虽然提升创新网络中节点的关系强度和转移意愿对提升集群创新网络活跃度具有重要影响，但在集群网络中，节点企业的转移意愿是其本身的主观意愿，其变化具有强烈的不确定性。在很难改变节点企业的转移意愿时，利用关系强度对转移意愿的替代性作用，可以克服转移意愿的主观性，有利于促进产业集群创新网络活跃度。

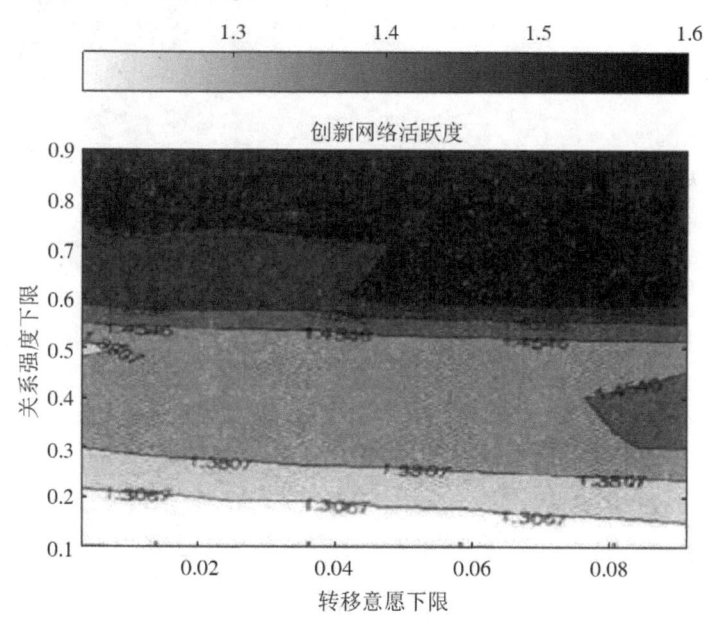

图 8-4 转移意愿与关系强度影响下的创新网络活跃度

在图 8-5 中给出了共同理解和溢出效应的等高线图，等高线的横轴表示集群创新网络中溢出效应的取值。溢出效率的取值越高，集群之间的溢出效应就越大；等高线的纵轴表示共同理解参数取值的下限，设为1，即共同理解的下限越大时，集群中节点企业间的企业文化、价值观念等越相似。

图 8-5 说明在产业集群创新网络中，集群中那些拥有相同行为准则、价值观念的节点企业随着集群中溢出效应的升高，创新活力也得以激活。当溢出效应和共同理解下限的取值越大，即产业集群中的溢出效应越大，节点企业之间越能相互理解，产业集群创新网络活跃度就越高。

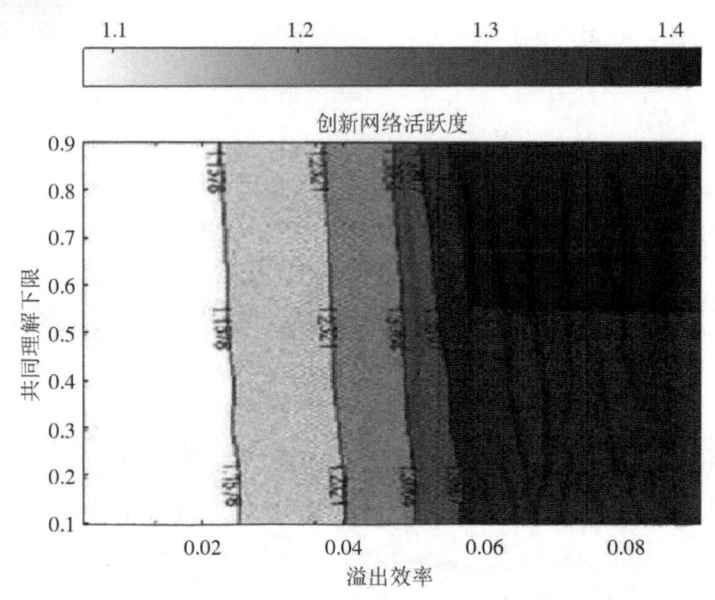

图 8-5 溢出效应和共同理解影响下的创新网络活跃度

8.4.2 网络结构对活跃度的影响

产业集群创新网络拓扑结构特征是集群创新网络活跃度持续激活的重要基础性影响因素，从前人的研究来看，拓扑结构特征只有在一定范围内，仿真才是有意义的。如节点之间路径过小、集聚程度过大且均为核心企业则会造成集群高度集中，不利于创新。同样，平均最短路径长度过大、集聚程度为 0、没有核心企业的创新网络也不可能存在。因此，拓扑结构特征的取值范围限定为：平均路径长度在 5~45 之间，集聚系数在 0.1~5 之间，中心度在 0.1~25 之间。

产业集群创新网络活跃度与平均路径长度的仿真结果如图 8-6 所示：随着时间的推移，平均路径长度逐渐缩短，集群创新网络活跃度开始时处于缓慢增长状态，随后快速增长，当达到一定稳定增长状态后又开始缓慢增长。这说明在创新活动初始阶段，虽然平均路径长度在缩短，但集群企业之间大多重视独立创新，关系强度较低，很少进行沟通与联系，因此集群创新网络活跃度增长较缓；在中期阶段，随着平均路径长度的逐减缩短，集群创新网络节点企业之间的创新合作增多，交流频率增加，吸收能力逐步提高，各节点企业从创新交流中获得利益，创新网络中的节点企业愿意将创新成果与创新能力扩散到整个网络中,使整个集群创新活动涌现,带来集群的整体竞争优势提升,集群企业从中获得更多的利益。所以,在这段时间,集群创新网络活跃度快速增长;到了后期阶段,当平均路径长度进一步缩短时,集群创新网络中的企业开始走向趋同,创新研发能力减弱,集群创新网络活跃度增长减缓。总的来说,产业集群创新网络活跃度与平均路径长度之间呈现负相关趋势。

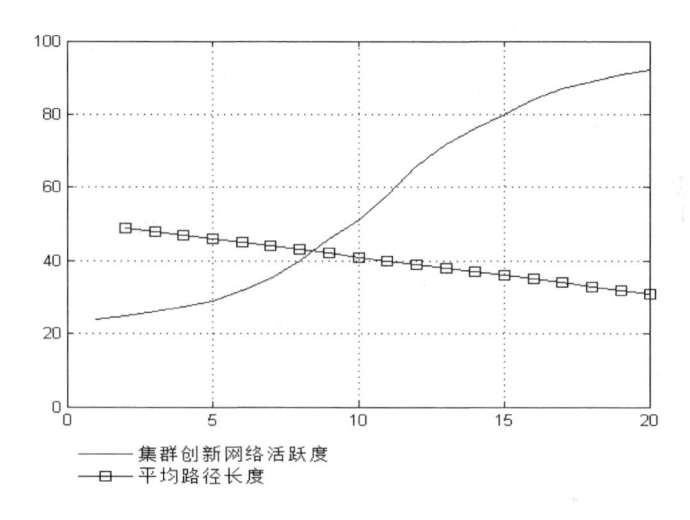

图 8-6 平均路径长度与创新网络活跃度的关系

产业集群创新网络活跃度与集聚系数的仿真结果如图 8-7 所示。

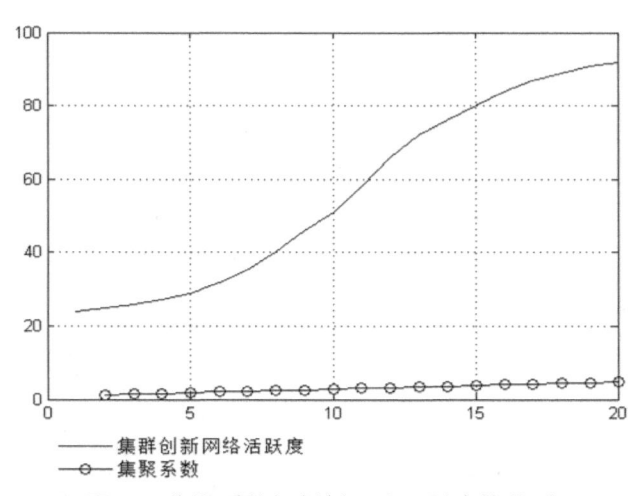

图 8-7 集聚系数与创新网络活跃度的关系

随着时间的推移，集聚系数在集群较小的范围内逐渐增加，集群创新网络活跃度先缓慢增长，之后快速增长，最后又到缓慢增长状态。在起始阶段，集群创新网络中的节点企业分布比较分散，企业之间价值体系、组织文化等的相似程度较低，给企业之间的联系造成一定的困难，企业之间很难进行合作创新与创新能力扩散，所以创新网络不太活跃；随着集聚系数的逐渐增大，集群创新网络中局部企业交流增多，形成紧密关系，产生块状结构的可能性增大，在很大程度上促进了集群企业之间创新资源的交流互动，创新能力转移意愿、共同理解、溢出效应都得到一定的提升，有利于创新活动的开展和创新能力的扩散。所以，集群创新网络活跃度快速增长，创新网络处于非常活跃的状态。在集群创新网络活跃度达到一定程度后，因为创新网络中块状结构中节点企业数量不断增加并趋于饱和状态，过密的网络结构导致创新趋同，从而使创新网络中的创新活动和能力扩散趋缓，阻滞集群创新网络活动。从整体来看，产业集群创新网络活跃度与集聚系数之间呈正相关趋势。

产业集群创新网络活跃度与中心度的仿真结果如图 8-8 所示。

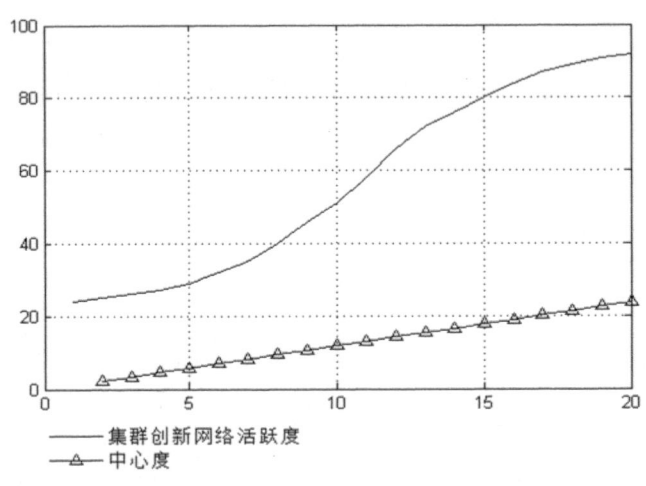

图 8-8 中心度与创新网络活跃度的关系

随着时间的推移，中心度企业数量逐渐增加，集群创新网络活跃度由缓慢增长到快速增长，最后趋于缓慢增长。在创新开始阶段，集群创新网络中心度较低，创新网络中的核心节点企业较少，核心节点企业对集群中其他企业的溢出效应并不明显，节点企业之间缺少创新交流与合作，不利于集群企业创新活动的开展,所以产业集群创新网络活跃度是缓慢增长的状态;中心度的进一步增加,意味着集群创新网络中核心节点企业数量增加,核心节点企业"领头羊"的作用进一步凸显,其他节点企业加大与核心节点企业的合作创新联系,集群中的溢出效应不断增加,影响创新活动和加速创新能力扩散过程,故产业集群创新网络活跃度得以快速增长。在后期阶段,集群中核心节点企业的数量趋于稳定,而且集群企业过分依赖与核心节点企业的联系,而忽视对自身研发能力与创新资源利用能力的提升,导致产业集群创新网络活跃度增长趋缓。总体而言,产业集群创新网络活跃度与中心度之间呈现正相关趋势。

8.5 模型验证与改善建议

8.5.1 模型验证

中关村电子信息产业集群建立时间较长,发展较为成熟,数据积累较为全面,因此对于集群创新网络活跃度研究和仿真检验具有典型性。拟用中关村电子信息产业集群创新网络的活跃度变化过程对模型进行验证。主要是通过滚雪球抽样方法选取包括企业、高校、科研机构等在内的 100 个样本,以此来刻画一个小型的中关村电子信息产业集群创新网络。

为了能够定量地描述该小型中关村电子信息产业集群创新网络,运用社会网络分析工具——Ucinet 软件对该小型中关村电子信息产业集群创新网络进行分析可知,平均路径长度为 15,中心度为 0.3546,集聚系数为 0.193,仿真结果得到验证。而且可以看出,中关村电子信息产业集群创新网络结构并没有达到最优,还可以通过优化创新网络结构激活集群创新网络活跃度。

此外,用客观数据对中关村电子信息产业集群创新网络活跃度模型进行验证,如图 8-9 所示。

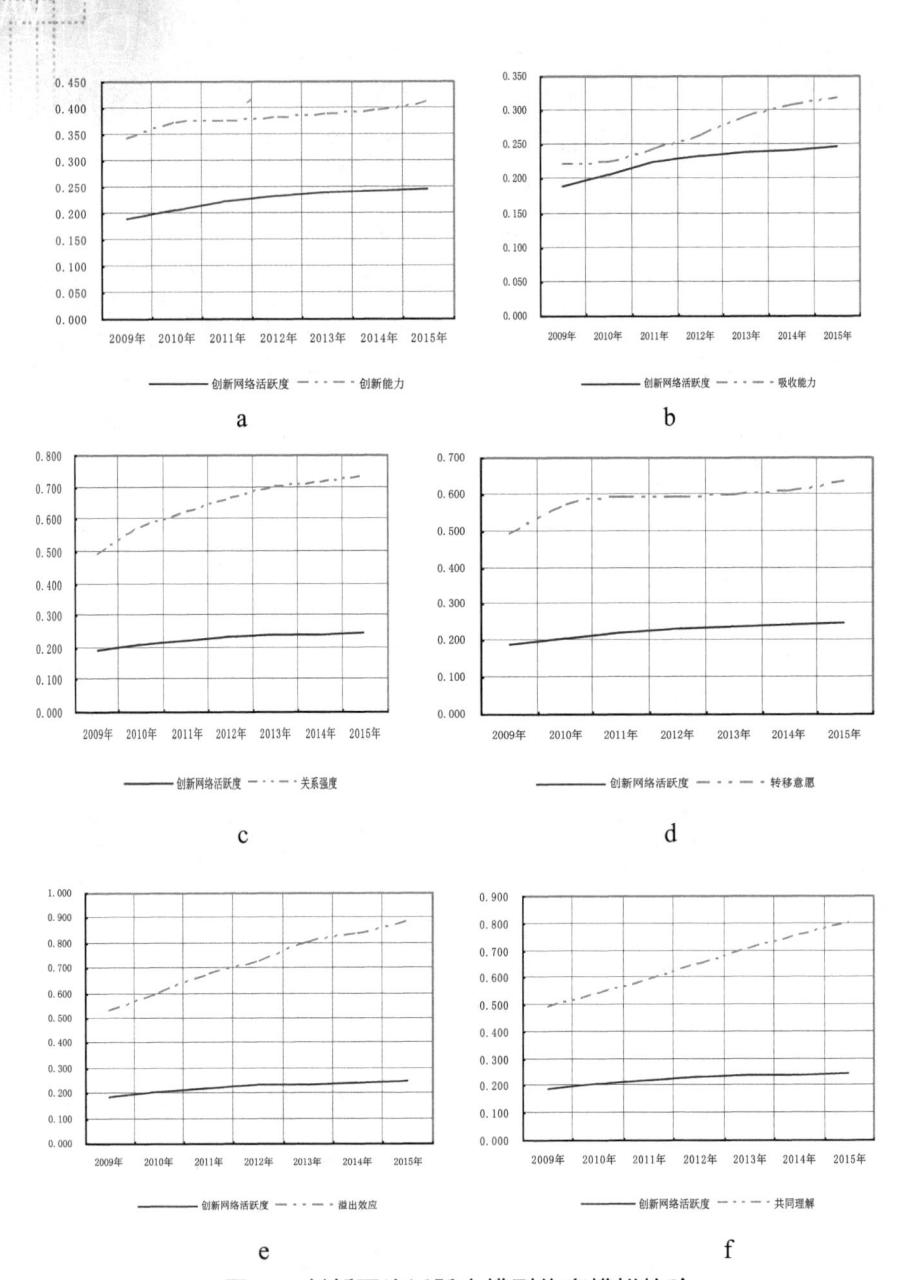

图 8-9 创新网络活跃度模型仿真模拟检验

由于前面的仿真与实证之间存在一定误差，也不能判定抽取的集群节点企业的数量是否具有代表性，考虑到现实的复杂性和仿真的简约性，仿真模型不可能完全抽象出所有现实情况，因此认为，只要参数的总体变化趋势基本相同，就说明仿真模型与现实网络基本吻合。

由图 8-9 可知，创新能力、吸收能力、关系强度、转移意愿、溢出效应、共同理解对集群创新网络活跃度的影响与实际网络基本吻合。所以，这个结果从一定程度上说明了集群创新网络活跃度模型的正确性，具体分析如下：

（1）由图 8-9 的 a 可以看出，随着创新能力的提高，中关村电子信息产业集群创新网络活跃度随之提高。但是，当创新能力和创新吸收能力进一步升高时，创新网络活跃度增速趋缓，这说明适度的创新能力对创新网络活跃度具有正向作用，验证了仿真结果。

（2）由图 8-9 的 b 可以看出，随着吸收能力的提高，中关村电子信息产业集群创新网络活跃度随之提高，这说明吸收能力对创新网络活跃度具有正向作用，验证了仿真结果。但需要注意的是在 2009—2011 年期间，随着吸收能力的缓慢增长，中关村电子信息产业集群创新网络活跃度增长较快。这可能是因为在 2009 年，国务院正式确立在中关村建设国家自主创新示范区，中关村电子信息产业集群作为示范区的一部分，积极响应国家政策，着力提升创新能力，忽视了对吸收能力的提升。但此时创新能力对活跃度影响的效力大于吸收能力对活跃度的效力，所以在 2009—2011 年期间，吸收能力增长缓慢，活跃度增长较快。

（3）由图 8-9 的 c 可以看出，随着中关村电子信息产业集群创新网络关系强度的提高，创新网络活跃度随之提高，这说明关系强度对创新网络活跃度具有正向作用，验证了仿真结果。

（4）由图 8-9 的 d 可以看出，虽然集群创新网络中的创新成果转移意愿对创新网络活跃度影响的整体趋势还是正向的，但结果并不明显。说明创新网络节点上的企业在集群激烈的竞争中有着本能的自我保护意识，不会轻易将自己的创新成果传递出去，只有在传递创新成果有利的情况下才有积极性。因此，这样的一种矛盾心态导致 d 图的微小的不稳定变化，该结果对仿真结果有了进一步的验证。更进一步的延伸解释可以认为，这种情况还可能是因为转移意愿大多是节点企业的主观意愿，每个企业对网络中的创新成果和创新能力的传递、合作、共享以及集群的整体效应都有不同的理解，而且集群的发展变化还会受到经济环境、法律环境、政策环境等外界因素的影响，导致集群发展出现周期性变化，因此会使影响集群企业对创新能力传递产生理解上的偏差。

（5）由图 8-9 的 e 可以看出，随着中关村电子信息产业集群创新网络溢出效应的提高，创新网络活跃度随之提高，这说明溢出效应对创新网络活跃度具有正向作用，验证了仿真结果。

（6）由图 8-9 的 f 可以看出，随着中关村电子信息产业集群创新网络节点之间共同理解的提高，创新网络活跃度随之提高，这说明共同理解对创新网络活跃度具有正向作用，验证了仿真结果。

8.5.2 中关村电子信息产业集群改善创新网络活跃度对策

8.5.2.1 强化创新成果产出和侵权行为管理

中关村电子信息产业集群具有较短的平均路径长度，可以促进中关村电子信息产业集群的创新能力和扩散效率。由仿真分析可知，集群平均路径长度与创新网络活跃度负相关，中关村电子信息产业集群的平均路径较短，创新网络中的创新能力能够在集群内部快速传播，从而提高整个电子信息产业集群的创新能力。

但是，网络的平均路径较短也会产生负面效应。表现为，集群内主体之间的频繁互动会形成一种紧密的网络结构，容易产生高度趋同的思维和创新行为。同时，较短的平均路径使不同的知识、信息更容易在网络中扩散，主体之间的学习与模仿行为的作用力度更大，此时就会导致集群创新行为趋同，以技术为导向的核心竞争力刚性问题会越来越突出，使集群的专业化分工、规模扩大、提高市场竞争力、增强适应市场变化的能力大大降低。

当集群创新网络中的节点企业不再进行创新活动或者创新效率降低、产生创新惰性时，企业难以产生创新突破，知识侵权行为将会大量增加，将阻碍中关村电子信息产业集群创新网络活跃度的进一步提高。

因此，中关村电子信息产业集群中的企业应该既要保持较短的平均路径长度，又能避免创新趋同与创新惰性。此时就可以推行以政府为主导，以集群企业创新合作关系为核心，在中介机构、金融机构等监督下的创新合作关系奖惩机制。政府部门可以建立集群创新合作关系登记平台，鼓励集群企业将合作内容、预期结果等输入系统，由处于第三方的中介机构对是否有效开展创新活动、是否已经形成创新成果、创新成果是否具有可行性，即是否可以转化为经济利益、为企业创造财富等进行评估。如果创新活动有效开展，并且创新成果得到了有效推广，则由政府奖励这些企业。否则，就要对这些企业进行处罚，以避免集群中企业盲目建立无效的创新合作关系，促使集群创新网络良性健康发展。同时，相关监管机构应该注重打击集群中的知识侵权行为，树立保护知识产权的意识。这样可以促使中关村电子信息产业集群既保持较短的平均路径长度，又能避免创新趋同和创新惰性。

8.5.2.2 "引进来"与"走出去"相结合

当集聚系数在一定阈值范围内，较高的集聚系数有利于信息、技术在整个创新网络中传播和扩散，有利于创新活动的产生。但当集聚系数超过一定范围，容易导致网络结构的僵化，限制了集群创新网络活跃度的提高。目前，中关村电子信息产业集群基本聚集在海淀区，在群落内部的集聚性程度较高，这在一定程度上有助于创新网络活跃度提高。随着网络的发展和不断成熟，有可能带来网络的负面效应，形成网络锁定，进而限制集群创新网络活跃度的激活。

为了避免网络锁定，中关村电子信息产业集群可以采取"引进来"与"走出去"相结合的方式优化集群网络关系。其中"引进来"是指中关村电子信息产业集群可以引导外部企业加入集群网络中，或与其建立创新合作关系。尤其是引入国外创新能力较强的企业，这样可以有效增加集群网络的异质性，抑制高集聚系数带来的负面效应。"走出去"是指中关村电子信息产业集群不再局限于现在的地理区域，而是把中关村电子信息产业集群部分"搬"到一个资源更加丰富、创新能力更强、扩散效果更好的区域，以实现集群创新网络活跃度的持续激活。

8.5.2.3 优化集群网络节点

中关村电子信息产业集群创新网络中心度不高，核心节点企业的辐射带动作用没有显现，而且中关村电子信息产业集群中每年都有大量的中小企业进入和退出，这些中小企业虽然单独掌握的资源不多，但因为数量巨大，总量上也掌握着大量的资源和网络联系，一旦集群中某些节点出现故障，那么整个中关村电子信息产业集群的创新网络活跃度都会受到严重影响。

所以，中关村电子信息产业集群可以在集群中培育具有创新能力和经济基础的网络节点企业，为集群长远发展积蓄力量。而且，还可以刺激原有核点节点企业不断持续创新以保持其优势地位，淘汰创新能力不足的企业，整体上提高集群的竞争能力。对于中关村电子信息产业集群中中小企业爆发式增长的现象，相关部门可以通过设置进入壁垒，从源头上减少网络中无关节点的数量。还可以引入竞争机制，淘汰那些创新能力低的企业，培育那些创新能力强、扩散效率高的核心企业，以改善集群创新网络活跃度。

产业集群创新网络节点企业的优化还表现为不同类型的节点数量能够匹配，且创新网络中核心节点和非核心节点企业数量的匹配、整个创新网络中的节点结构能够合理化。当中关村电子信息产业集群中不同的节点能够形成良性的互动、筛选机制，那么集群创新网络中就会存在创新势差，从而达到一种创新—扩散—再创新的动态平衡状态，促进集群网络的健康可持续发展，激活集群创新网络活跃度。

8.5.2.4 着力提高主体能力

中关村电子信息产业集群中的主体已经具备创新合作意识，但这种创新合作意识仍较弱，而且对于高技术企业来说，总会面临创新投入高、创新不确定性高的问题。中关村电子信息产业集群中节点企业间的合作多为短期合作，长期的联系较少，缺少长期合作意识。为解决这些问题，应从提高集群主体能力入手。

首先，对于中关村电子信息产业集群来说，最直接最有效的合作促进方法就是增加集群主体（企业、高校、科研机构、中介机构等）之间的联系，尤其是与高校、科研机构的联系。中关村电子信息产业集群中聚集了很多国内外知名大学和研究机构，如清华大学、北京大学、中科院等，它们是集群中原始创新的发源地，与它们建立联系可以快速获取大量创新资源，从而提高集群主体的创新能力。

其次，中关村电子信息产业集群在快速发展过程中，集群企业数量迅速膨胀，但核心企业数量增速较缓。在这种情况下，应该发挥政府的宏观调控能力，一方面可以通过相关优惠政策解决企业实际问题，引导那些有创新能力和经济实力的企业成长为集群中的核心企业。另一方面，要通过建立项目审批制度来控制中关村电子信息产业集群中的企业数量，避免集群恶性膨胀，引导中关村电子信息产业集群健康发展。

最后，中关村电子信息产业集群中的企业在加大资金投入的同时，还应建立合理的创新效益分配制度，以此来加强企业之间的信任，建立长期的、良性的合作交流关系。

8.5.2.5 有效增加扩散强度

中关村电子信息产业集群转移意愿较低，但关系强度较高。虽然从仿真分析了解到，在一定范围内，关系强度对转移意愿具有替代作用，但是过低的转移意愿会使集群企业的经营者死守现有的创新成果，不愿意将创新成果扩散出去，不愿意与集群中其他企业建立联系。所以，中关村电子信息产业集群可以通过以下方法转变观念，提高节点企业之间的关系强度，从而有效增加扩散强度。

首先，中关村电子信息产业集群为获取外部新的知识和技术，可以通过鼓励创新成果产生、聘请技术顾问、参加企业论坛等方式加强节点企业的关系强度。其次，中关村电子信息产业集群应建立健全员工培训与继续教育制度，以此来提高员工的个人能力。因为在创新与扩散的过程中，节点企业员工的专业技能、工作经验等发挥着重要的作用。需要注意的是，企业整体的水平并非单个员工能力的简单加和，企业也需要建立有效激励制度和管理流程，促进员工能力与企业能力的融合。最后，中关村电子信息产业集群的管理者应该关注创新发展战略的制定，确定发展目标并作出合理的规划，调动各方参与主体的积极性，有目的地培育创新体制机制，以维持其可持续性的创新涌现。

8.5.2.6 扫清平台障碍

中关村电子信息产业集群在多年的发展过程中成就了很多企业，使这些企业短时间内就获得了大量的经济利益，从而促使很多企业盲目地进入到电子信息这个高技术性产业集群中，而并未理解高技术企业的真正含义。

在企业角度，中关村电子信息产业集群中节点企业之间交流的过程中，要注重理解对方企业的企业文化、价值观念等，有意识地在企业管理和商业活动等方面创造双方的共同要素，增强彼此的共同理解，促进企业对新鲜事物的吸收。此外，中关村电子信息产业集群还可以通过研讨会、工作组等方式培育企业内外部的信任度，鼓励员工之间正式和非正式的交流，促进有效沟通和知识共享。

在政策方面，针对中关村电子信息产业集群中高新技术企业的特点，制定更具有普适意义的政策，考虑政策的公平性；通过完善硬件设施、改善软件条件来营造良好的创新环境，减少集群企业在交流过程中遇到的障碍；建立完善的创新中介服务平台，整合不同形式、不同体制的创新资源，实现对资源的优化配置。

8.6 结论与不足

集群创新网络是推动集群创新活动和创新能力扩散的平台，基于产业集群创新网络的创新活动过程和创新能力扩散过程是集群企业获取核心竞争力的关键。得出结论如下：

（1）提出集群创新网络活跃度的概念和内涵，指出集群创新网络活跃度是衡量集群创新网络中创新活动和创新能力扩散的总体水平的指标。

（2）从创新活动过程和创新能力扩散过程两个维度对集群创新网络活跃度进行分析，得到影响产业集群创新网络活跃度的因素主要包括：创新能力、吸收能力、转移意愿、关系强度、共同理解和溢出效应。

（3）通过仿真模拟得出，平均路径长度在 5～45 之间，集聚系数在 0.1～5 之间，中心度在 0.1～25 之间时，平均路径长度与创新网络活跃度负相关，集聚系数和平均度与创新网络活跃度正相关；创新能力的异质性分布均匀、吸收能力适度有助于激活集群创新网络活跃度，集群创新网络中节点之间的关系强度、转移意愿、溢出效应和共同理解越高，集群创新网络活跃度越高。通过对中关村电子信息产业集群创新网络结构的刻画与分析，验证了仿真结果的正确性，并提出具有针对性的改善中关村电子信息产业集群创新网络活跃度的政策建议。

本课题仅选取了创新网络结构和集群主体行为对活跃度的影响因素进行研究，没有将集群内外的其他因素考虑进去，而且也没有量化创新网络结构和主体行为之间的影响关系。今后的研究可以选择其他切入点，更加细致地进行考量，还可以选取不同地区、不同行业的产业集群，而且尽可能多地选取更多的节点对仿真结果进行分析，以使模型的结果更加接近于现实情况。

8.7 本章小结

激活集群创新网络是提升集群竞争力的有效途径和方法。基于过程视角阐释集群创新网络活跃度的概念与特征,通过对创新活动过程和创新能力扩散过程及二者耦合作用的分析,确定创新网络活跃度的影响因子,构建集群创新网络活跃度模型,并运用 matlat 进行仿真模拟。结果表明,平均路径长度在 5~45 之间,集聚系数在 0.1~5 之间,中心度在 0.1~25 之间时,平均路径长度与创新网络活跃度负相关,集聚系数和平均度与创新网络活跃度正相关。而且,异质性创新能力的均匀分布和适度的吸收能力有助于激活集群创新网络活跃度,集群创新网络中节点之间的关系强度、转移意愿、溢出效应和共同理解越高,集群创新网络活跃度越高。

本章参考文献

[1] Freeman C. Networks of innovators: a synthesis of research issues[J]. Research Policy, 1991, 20(5): 499-514.

[2] 田钢, 张永安. 集群创新网络演化的动力模型及其仿真研究[J]. 科研管理, 2010 (1): 104-115.

[3] 刘友金, 朱婵, 龚彩华. 焦点企业成长视角的集群创新网络无标度特征研究——BA 模型的改进及其模拟分析[J]. 湘潭大学学报: 哲学社会科学版, 2013 (6): 63-66.

[4] 许秀玲. 高技术产业集群升级的企业网络演化形态研究——以杭州软件产业集群为例[J]. 科技进步与对策, 2013, 30(6): 59-64.

[5] Levén P, Holmström J, Mathiassen L. Managing research and innovation networks: Evidence from a government sponsored cross-industry program[J]. Research Policy, 2014, 43(1): 156-168.

[6] Alberti F G, Pizzurno E. Knowledge exchanges in innovation networks: evidences from an Italian aerospace cluster[J]. Competitiveness review, 2015, 25(3): 258-287.

[7] 陈伟, 周文, 郎益夫. 集聚结构、中介性与集群创新网络抗风险能力研究——

以东北新能源汽车产业集群为例[J]. 管理评论, 2015(10):204-217.

[8] 李肖钢,李秋正. 基于4PL嵌入的产业集群升级理论模型与案例研究[J]. 科技进步与对策, 2016(7):69-73.

[9] 杜建,吴东,吴晓波,等.旗舰企业对本地企业知识转移的影响因素研究：基于全球制造网络的视角[J].科学学研究,2013,31(3):407-414.

第 9 章　产业集群创新网络中创新能力传递障碍与集群升级

逐渐加剧的市场竞争，要求集群内企业高度重视创新能力的提升。我国产业集群在发展过程中普遍存在创新能力不够、发展后劲不足的问题，即集群中少数企业创新能力较强，而多数企业创新能力弱的失衡状态。要想提高整个集群的创新能力，推动集群升级，仅仅依靠少数创新能力强的企业是不够的。如果能够将集群创新网络中核心企业的创新能力向集群其他企业扩散，并减少创新能力传递障碍，将会促进创新能力在整个集群中的有效传递，提高集群的整体创新水平。所以，减少创新能力在集群创新网络中传递的障碍，不仅可以提高整个集群创新网络的活跃性，还可以增强集群的整体竞争力。因此，研究创新能力传递中的障碍，有助于集群企业采取合理的创新战略，正确解决自身创新能力问题，减少创新风险，提高创新效率，对于促进产业集群的优化升级有重要意义。

9.1　理论基础

集群创新能力是集群升级的关键。Porter（1998）提出增强产业集群竞争优势的关键在于创新能力的提升[1]。戴维奇（2011）进一步指出创新能力是集群竞争力提升的推动力量，提高集群整体创新能力不仅是集群企业升级发展的重要环节，更是其终极目标[2]。因此，集群创新能力的提升是集群不断升级优化的推动力量。另外，研究指出创新网络促进集群企业的创新活动。黄玮强等（2012）认为，相对于其他网络类型，在相同条件下创新网络能最大限度地提升集群创新扩散速度[3]。罗晓光和孙艳凤（2015）从定性的角度分析了产业集群创新网络结构与创新绩效的关系，研究表明创新网络对于促进创新活动有积极作用[4]。Li 和 Chen（2015）从网络能力角度分析，认为创新网络中的行为主体通过在网络中进行交流合作能促进创新成果的扩散和转移，增加企业的创新优势[5]，说明产业集群创新网络具有作为传输渠道的传递功能。上述研究指出了集群升级的关键在于集群创新能力的提升，产业集群创新网络促进创新活动的开展，并为创新能力传递提供传输渠道，为研究创新能力在产业集群创新网络中的传递提供了理论基础。

在创新能力传递方面的研究，Rogers（2004）指出，创新能力在某个特定的时间内，在社会系统的成员之间通过某种渠道得到交流[6]。毛才盛（2013）也支持 Rogers 的观点，指出通过集群内机构的参与，将核心企业的创新能力在集群中的不同成员中进行传播，有利于集群的持续发展[7]。说明创新能力具有在集群中传递的属性。另外，陈劲等（2013）认为，集群创新能力是创新组织的各种知识活动综合作用的结果，产业集群内知识转移水平对创新成果产出的贡献相当大，知识转移对于创新能力有直接影响[8]。詹湘东、王保林（2015）也赞同上述观点，提出产业集群内知识转移程度对创新能力的影响尤其重要，集群创新能力的高低受到知识转移的制约[9]。Uddin 和 Gao（2016）认为，集群企业的生存和发展在很大程度上依赖于企业的创新能力，而创新能力又依赖于企业内的知识转移[10]。以上研究结论为本书借鉴知识转移影响因素模型，构建产业集群创新网络中创新能力传递障碍概念模型提供了理论支撑。另外，陈劲等（2013）提出创新成果产出是评价创新能力最现实的指标。因此，上述研究为创新能力以创新成果为载体在集群中进行传递提供了理论基础。

结合以上理论基础，将企业创新成果作为创新能力的载体，并借鉴知识转移的定义，进而提出创新能力传递概念。创新能力传递是集群在不断升级过程中的必经环节和阶段，具体的表现是创新能力在某一产业集群内，经由某一特定渠道，以创新成果为载体，进行企业间传递的过程。因此，产业集群创新网络中创新能力传递是指集群企业的创新活动以创新成果为载体，创新网络为路径，传递于集群中被接受者吸收、利用并带来收益，从而提高集群整体创新能力和竞争力的过程。实际上，创新能力传递在集群网络中的有效进行，是多方面相互作用完成的，依然存在来自各方制约创新能力传递的障碍，将其称之为产业集群创新网络中创新能力传递障碍。利用文献分析与秦皇岛开发区电子信息产业集群代表性企业进行行为访谈相结合,详细探究产业集群创新网络中创新能力传递障碍的指标体系,确定了 20 项测量指标,经过因子分析,得到了 5 个研究维度,具体情况如表 9-1 所示。

表 9-1 产业集群创新网络中创新能力传递障碍维度及表现

序号	维度	表现
1	创新能力传递方传递意愿不强	具有较高创新能力企业在产出创新成果后对利益的保护心理,担心被超越的保守意识以及创新能力传递所获得利益小于垄断利益表现的行为,从创新源上阻碍创新能力传递
2	创新能力接受方吸收能力低	接受方吸收能力低表现在思想和行为两个方面。思想上是对创新能力的重视程度不够和消极思维定式,行为上是企业本身知识存量不足、高素质员工欠缺以及在创新活动中资金缺乏等,企业在创新能力传递中受益小,参与创新能力传递的积极性降低,阻碍创新能力在集群中的有效传递
3	传递方与接受方之间差异大	表现为创新能力强的企业与创新能力弱的企业之间在企业文化、知识距离以及信任度方面的差异大,在创新能力传递过程中形成阻力
4	产业集群创新环境不佳	集群创新环境氛围的缺失,表现为集群市场竞争氛围紧张,造成企业间竞争程度大于合作,融资渠道不够丰富通畅,创新激励政策不完善等方面,没有为创新能力传递提供良好的集群创新环境
5	产业集群创新网络松散	从创新能力传递渠道上产生不利于创新能力传递的障碍,表现为节点企业间交流不频繁、网络关系不稳定、网络密度小以及网络平均路径长等传递障碍

9.2 研究假设与量表设计

9.2.1 产业集群创新网络中创新能力传递障碍对集群升级的影响

产业集群创新网络中创新能力传递的有效进行,是由多方面因素相互作用完成的,由创新能力传递方发出,以创新成果为载体,以创新网络为渠道进行,并由创新能力接受者接收。加之产业集群的创新环境作用,其中势必存在一些对创新能力传递有阻碍作用的因素,即前文提出的产业集群创新网络中创新能力传递障碍,不利于创新能力在产业集群创新网络中传递,制约产业集群升级。

首先,创新能力传递方是集群创新网络内创新能力强的核心企业(核心企业是指产业集群创新网络中的关键节点,能拉动和牵制其他企业、对集群发展起主导作用,产生的创新成果对集群影响较大)。对于能让企业获得绝对竞争优势的创新能力,核心企业会采取相应保护措施以防止本企业的创新成果外泄,这就不利于整个集群内创新能力的有效传递。因此,创新能力传递方传递意愿不强,会使创新能力在集群创新网络中传递变得愈发困难,从根源上加大了创新能力传递阻碍,不利于整个集群的创新能力提升,不利于集群升级发展。其次,创新能力传递接受方是创新成果的接受者。在创新能力传递过程中,接受方的吸收能力低将会对创新成果的接受产生负面影响,其吸收能力越低,则从创新能力传递中的受益就越小,参与的积极性就会越低,影响创新能力提升,阻碍产业集群升级。再次,创新能力传递障碍不仅包括创新能力传递方传递意愿不强以及接受方吸收能力低,而且还存在创新能力传递方与接受方之间差异大的障碍。两者差异越大,创新能力传递障碍就越大,越不利于集群的优化升级。另外,由于创新能力传递主要是各企业在集群中进行的,所以其过程必定受到集群创新环境的影响,产业集群创新环境不佳会抑制集群的创新氛围,不利于创新能力传递,阻碍产业集群升级。最后,创新网络使集群具有信息流动渠道,但是低密度创新网络加大了信息传递的距离,抑制创新成果在集群网络中的流动,不利于创新成果的迅速传播,并且创新成果在平均路径长度越大的创新网络中传递,越抑制创新能力的顺利传递,即产业集群创新网络松散,节点企业联系不紧密,缺少正式和非正式的交流渠道,影响集群创新活动的展开,不利于创新能力在集群创新网络中的有效传递,对集群升级产生消极影响。据此,提出如下假设:

H_1:产业集群创新网络中创新能力传递障碍与集群升级负相关。

H_{1a}:创新能力传递方传递意愿不强与集群升级负相关。

H_{1b}:创新能力接受方吸收能力低与集群升级负相关。

H_{1c}:创新能力传递方与接受方之间差异大与集群升级负相关。

H_{1d}:产业集群创新环境不佳与集群升级负相关。

H_{1e}:产业集群创新网络松散与集群升级负相关。

综合以上分析,得到本书关于产业集群创新网络中创新能力传递障碍与集群升级的关系模型,如图 9-1 所示:

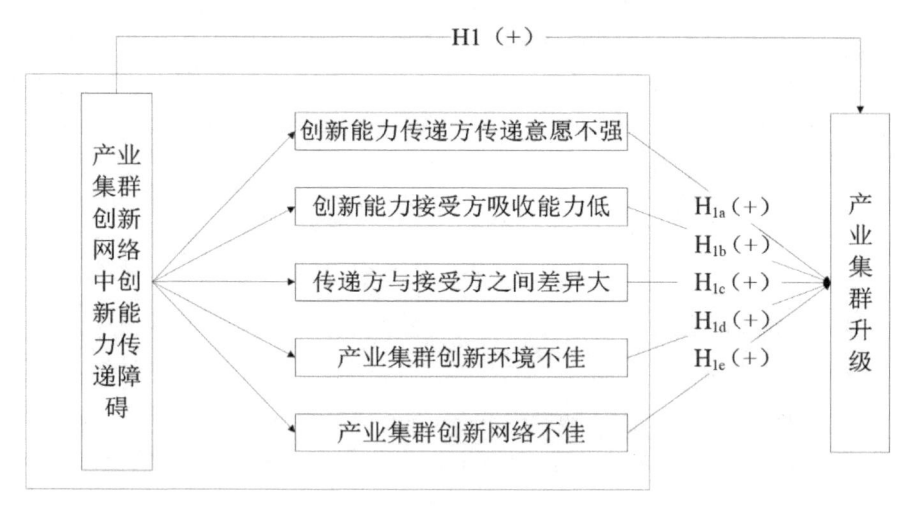

图 9-1 研究变量关系模型图

9.2.2 产业集群创新网络中创新能力传递障碍概念模型

根据相关理论分析，产业集群内知识转移模型是研究创新能力传递的重要理论基础，本课题从知识转移影响因素模型入手，对产业集群创新网络中创新能力传递障碍展开研究，通过对不利于产业集群创新网络中创新能力传递的具体障碍进行分析，构建产业集群创新网络中创新能力传递障碍概念模型，进而为分析各障碍的制约程度打下基础。

集群企业的传递意愿是影响创新能力有效传递的一个先决条件，而集群创新网络中创新能力强的企业出于自我利益的保护，总是担心既得利益受到影响，就会在"本位主体"和"利己主体"的驱动下，防止创新成果在集群内"泄露"。这样，作为一个集群整体，如果有多家企业都有意识地控制创新能力传递行为，其他企业就会群起效仿，进而会带来整个集群创新能力传递行为的萎缩。

另外，在产业集群中，各个企业通过自己掌握而其他企业无法掌握的创新能力，在利益分配中获得竞争优势地位。有些企业担心在创新能力传递过程中接受者对创新成果中所承载的技术创新成果等进行深入研究，而使得自己被这些企业超过，甚至于被淘汰。为了在市场竞争和集群内竞争中不处于劣势，会故意保护企业已有的创新成果。

在保守思想的支配下，企业未意识到创新能力传递会对本企业创新成果的推广和应用带来便利。例如，不仅可以获取政府关于财政、税收等优惠政策，也有利于企业可持续发展、维持与其他集群主体的连续互惠关系、提升网络地位和权力、提高声誉等等，若只是一味保守，这种传统的排他意识会削弱传递意愿，从而会使创新能力传递有可能成为一句空话。

再者，企业是以营利为目的的经济体，企业通过对预期创新成本和收益的对比进行创新能力传递与否的决策，当一项创新成果使企业从中获得大量利润和竞争优势时，利益的获取驱动企业创新活动的持续进行，同时创新成果会对其他企业产生诱导。

在本课题中，合作剩余是创新能力传递所得到的收益与垄断创新成果情况下所能得到的纯收益之间的差额。对于一个经济主体而言，当合作剩余为负，即传递收益小于非传递收益时，会产生企业不愿意进行创新能力传递的结果，给创新能力传递带来阻碍。因此，对利益的保护心理、竞争排他意识以及合作剩余为负是抑制产业集群创新网络中创新能力传递的障碍。

根据相关文献研究，不利于创新成果被接受采纳的影响因素有多种。

第一，集群企业没有意识到创新能力是企业在集群中获得强大竞争力的核心要素，就不会主动关注，更不会采取有效行动获取创新成果来提高自身实力和获得经济效益，对创新能力不够重视会不利于创新能力的有效传递。

第二，企业固有的习惯性消极思维定式，使其习惯于当下的工作方式，坐享安逸的经营现状，毫无危机感，不愿意打破现有状态而去接收新的事物，即使这项新的创新成果会给他们创造更大的财富，这样的习惯性消极思维定式不利于企业拥有对创新能力的渴望，会降低企业对创新成果的吸纳水平，制约创新能力的有效传递。

第三，获得创新成果必须拥有足够的资金，企业接受创新成果的资金来源有三个方面：自有资金，发行股票或债券，向金融机构借贷。显然，使用自有资金是最安全的。但是，创新能力弱的企业拥有的自有资金有限。而且，发行股票将影响公司的治理结构，可能会影响企业的决策，且发行股票程序复杂，融资有一定的难度。同时，发行债券一般需要有很高的信誉、与发行债券数目相应的担保，审批程序也较复杂和困难，一般企业会作为第二选择。第三种就是向融资机构借贷。融资机构是以企业资本金为信号选择融资对象的，但是对于创新能力弱的集群企业,其自有资金本身就非常有限,所以造成融资困难,进而阻碍创新能力的吸收。

第四,知识资源是影响集群企业采用创新成果产生效益的潜在因素。也就是说,知识资源是接受创新能力的必要条件,企业现有的知识资源不足,在一定程度上影响创新成果的吸收和应用,因为接受方应用一项创新成果需要知识存储量的最小阈值,这是创新成果应用者可以应用创新成果的前提,当其知识存量低于这个最小阈值时,创新能力接受方则无法应用该创新成果,致使创新能力传递受阻。因此,企业知识资源存量不足会阻碍产业集群创新网络中创新能力传递的顺利进行。

第五,企业高素质员工包括创新型企业家、创新型管理人员以及创新型技术人员,他们是创新能力接受方企业中的核心人才,对创新成果的吸收以及应用具有重要作用,所以企业中高素质员工的欠缺会不利于企业接收创新成果。

因此,对创新能力重视不够、消极思维定式、融资困难、学习能力不足以及高素质员工欠缺是制约产业集群创新网络中创新能力传递的障碍。

作为集群创新网络中的行为主体,企业之间的差异影响创新能力传递的顺利进行。

首先,信任度低是关系距离的主要体现。企业间越信任彼此,越有助于创新能力传递活动的顺利进行。尤其是在产业集群创新网络中,由于多数企业都处在相关领域,良好的关系不但能够增加彼此的信任,消除心理不安全感,促进创新能力传递,更能够使彼此在创新成果传递的过程中充分探讨创新过程和经验,进而提高集群整体创新水平。相反,集群创新网络中成员之间信任度低,心理产生不安全感,则不利于创新能力传递,会抑制整个集群的创新水平。

其次,企业文化是企业内部影响企业创新与变革的重要因素。企业文化是将企业凝聚起来的"胶水",这种凝聚效应全面体现于企业的各个方面,任何为了提高企业创新能力的举措必然应该有相应的企业文化计划。也就是说,如果双方的企业文化通用性差异较大,则会阻碍创新能力有效传递。

再次,知识距离是创新能力传递方与接受方之间在知识存量、水平等方面的差距。由于知识是创新能力基本结构中的一个重要组成成分,如果创新能力传递方与接受方之间的知识存量、知识资源水平差别较大,那么会加大创新能力传递障碍。因此，集群企业间信任度低、文化差异大以及知识和能力距离大都不利于创新能力在产业集群创新网络中的顺利传递。

产业集群内部环境发展情况影响产业集群创新网络中创新能力的传递。良好的产业集群环境是创新能力得以顺利传递的保障。

第一，产业集群的发展阶段是一定时期综合考量各种因素的结果，产业集群发展成熟度越高，企业间不仅会形成相对正式的交流合作渠道，而且企业间展开非正式的交流接触也会更加频繁。同时，产业集群的成熟度高，可以为企业间的创新能力传递提供更多便利的硬件条件和软件环境。相反，产业集群发展阶段越不成熟，硬件设施越不健全，集群企业间合作的机会越少，则给创新能力传递带来的阻碍越大。

第二，资金对于集群内任何一家企业来说都至关重要，集群风险投资发展缓慢、融资渠道不顺畅，会使集群因资金短缺而对创新成果望尘莫及，这会造成创新能力传递受阻。

第三，激励政策是通过特定的方法与管理体系将行为主体对网络及工作的承诺最大化的过程，所以集群内激励政策不完善会使企业创新能力传递的动力有限，如若集群中政府等组织没有从税收、财政等方面完善配套激励政策，那么会对创新能力传递产生一定的消极影响。

第四，中介机构在产业集群创新网络内创新能力传递中起到的是"黏合剂"和"连接纽带"的作用，是集群创新能力传递的服务主体，是集群内创新主体实现创新能力传递的第三方服务平台，同时为创新能力的有效传递搭建众多平台，加速创新成果的传递。但是，中介机构在集群中的参与活动少，如：中介机构对创新成果的宣传推广不足，为企业提供的经济政策咨询不够、资金援助不足、人才输送不足，以及对创新成果的评价不客观等，都会阻碍创新能力在产业集群创新网络中的有效传递。

因此，产业集群发展阶段不成熟、融资渠道不通畅、激励政策不完善以及集群内中介机构参与少都是制约产业集群创新网络中创新能力传递的障碍。

产业集群创新网络的网络结构和网络关系不良，为创新能力在集群创新网络中传递在传输渠道上增加了障碍。

首先，当产业集群创新网络内节点企业分布松散，则导致节点企业间的空间位置距离较大，会使企业间的连通性较差，增加面对面接触交流的时间和资金成本，不利于集群企业之间的交流，集群内的信息和知识得不到高效地传播，也不利于创新成果在集群企业之间的传递，从而为创新能力的有效传递带来阻力。

其次，信息传递路径越长，即网络中传递路径上节点越多，网络中的知识、信息、技术等资源传递得越慢，资源失真或损失也就越大，该网络结构也就越阻碍创新能力传递。

再次，创新网络中节点企业间不稳定的网络关系不利于彼此间的互动，会增加机会主义行为的发生概率，并且很大程度上会出现信息不对称问题。另外，当活动者离开网络的时候，其关联的网络纽带也随即消失，所以一个不稳定的网络关系会减少创新能力传递机会。

最后，企业间的不断交流不仅可以促进信任、带来地域内共同的文化水准的产生，也会伴随着知识、信息的传递。产业集群创新网络内节点企业间互动不够、交流不顺畅，会导致集群的凝聚力下降，造成沟通交流的平台缺失，从而影响知识等资源的配置和整合效率，导致集群内的创新能力传递机会减少。

因而，集群企业松散、信息传递路径长、网络关系不稳定以及节点企业间交流不顺畅这四个方面都会阻碍创新能力在产业集群创新网络中的有效传递。

为了进一步研究产业集群创新网络中创新能力传递障碍，初步设计对从事企业战略管理和产业集群创新相关研究方向的教授专家和秦皇岛开发区电子信息产业集群中的代表性企业进行行为访谈。鉴于资源有限，对部分专家进行实地访谈的难度较大，因此，本研究在相关领域专家和 MBA 同学的帮助下，对产业集群内的 3 家典型企业进行了访谈，分别为秦皇岛海湾安全技术有限公司、秦皇岛中科百捷电子信息科技有限公司和 LG 电子（秦皇岛）有限公司，在每个企业选择中层管理人员 7 人、高层管理人员 3 人，共计 30 人。访谈内容主要是本企业所在产业集群中创新能力传递情况、制约产业集群创新网络中创新能力传递的障碍以及它们对于产业集群整体发展的负面影响情况。

对访谈结果进行进一步整理分析，发现受访者提到较多的制约创新能力在产业集群创新网络中传递的障碍是对利益的保护心理、融资困难、集群激励政策不完善、高素质员工欠缺等。这与以往学者对知识转移、创新扩散影响因素的研究结果相近。另外，也有在相关文献中没有涉及的障碍。有3位高层管理者提到了集群市场竞争激烈这一障碍，具体阐述为竞争是市场经济条件下的普遍规律，而产业集群市场越是竞争激烈、氛围紧张，合作的可能性就越小，创新能力强的企业为了"自我保护"，防止创新成果被复制，担心影响其在集群中的竞争力，则通过人为手段，例如提高创新成果的交易价格，使得创新能力传递的效应降低，进而使创新能力传递受阻。但是，以往学者较少明确分析这一因素，因而，本书将集群市场竞争激烈引入分析。

综上所述，本书经过国内外相关文献的研究和理论分析部分的梳理所得到的诸多具体障碍，在行为访谈中都得到证实，也有在相关文献研究中没有明确提出的障碍。由于不同的研究方法所获取的具体障碍略有差异，因此，不同的研究方法可以互相补充说明。本书在专家指导下仔细分析两种研究方法所得到的障碍，将内涵基本相同的进行合并处理，初步得到制约产业集群创新网络中创新能力传递的具体障碍，共20项。

为探索产业集群创新网络中创新能力传递障碍概念结构，结合调研背景，以秦皇岛市开发区汽车装备制造产业集群、生物技术产业集群、新材料产业集群作为调查对象，选取秦皇岛戴卡兴龙轮毂有限公司、哈电集团（秦皇岛）重型装备有限公司、秦皇岛康泰心电制造有限公司等11家代表性企业进行调查。共发放调查问卷330份，通过整理得到有效问卷305份，有效率92.4%。根据Mullen（1995）提出的因子结构等价性原理，将样本分成两部分，采用SPSS17.0统计软件对136份问卷作探索性因子分析，满足测量题项：样本数不小于5∶1的要求，独立样本T检验的结果显示测量题项全部通过检验，说明每个测量题项均具有良好的鉴别性；KMO值为0.935，且Bartlett球形检验达到了显著性水平；对测量指标进行主成分分析和正交旋转后抽取了5个公共因子，累计方差贡献率为70.304%，解释了变量特征的大部分变异，进行分别命名，具体见表9-2。

表 9-2 产业集群创新网络中创新能力传递障碍探索性因子分析结果

因子命名	项目	因子1载荷	因子2载荷	因子3载荷	因子4载荷	因子5载荷	a系数
创新能力传递方传递意愿不强 YYBQ	合作剩余为负 YY1	0.802	—	—	—	—	0.908
	既得利益的保护心理 YY2	0.729	—	—	—	—	
	传统文化的保守意识 YY3	0.615	—	—	—	—	
创新能力接受方吸收能力低 SSNLD	创新活动资金缺乏 SS1	—	0.764	—	—	—	0.883
	高素质员工欠缺 SS2	—	0.683	—	—	—	
	消极思维定式 SS3	—	0.622	—	—	—	
	对创新能力重视程度不够 SS4	—	0.613	—	—	—	
	知识存量不足 SS5	—	0.563	—	—	—	
传递方与接受方之间差异大 SFCYD	企业文化差异大 SF1	—	—	0.750	—	—	0.852
	双方信任度低 SF2	—	—	0.685	—	—	
	知识距离大 SF3	—	—	0.606	—	—	
产业集群创新环境不佳 HJBJ	创新激励政策不完善 HJ1	—	—	—	0.734	—	0.846
	集群市场竞争氛围紧张 HJ2	—	—	—	0.669	—	
	中介服务机构参与不够 HJ3	—	—	—	0.612	—	
	融资渠道不够丰富通畅 HJ4	—	—	—	0.574	—	
	产业集群发展阶段不成熟 HJ5	—	—	—	0.552	—	
产业集群创新网络松散 WLBJ	节点间交流不频繁 WL1	—	—	—	—	0.704	0.822
	网络平均路径长度大 WL2	—	—	—	—	0.659	
	网络关系不稳定 WL3	—	—	—	—	0.573	
	网络密度小 WL4	—	—	—	—	0.528	
累计方差贡献率（%）		49.743	55.684	61.068	65.591	69.583	0.941
特征值		4.441	4.260	3.512	3.382	3.127	

通过探索性因子分析，应用 Amos 17.0 统计软件对余下的 169 份问卷作验

证性因子分析，得到了产业集群创新网络中创新能力传递障碍概念模型，见图 9-2；通过模型的拟合指标适配度检验概念模型的拟合程度，采用卡方自由度比指数（χ^2/df）、拟合优度指数（GFI）、残差均方和平方根（RMR）、渐进残差均方和平方根（RMSEA）、增值适配指数（IFI）、非规准适配指数（TLI）、比较适配指数（CFI）作为检验指标，结果如表 9-3 所示。

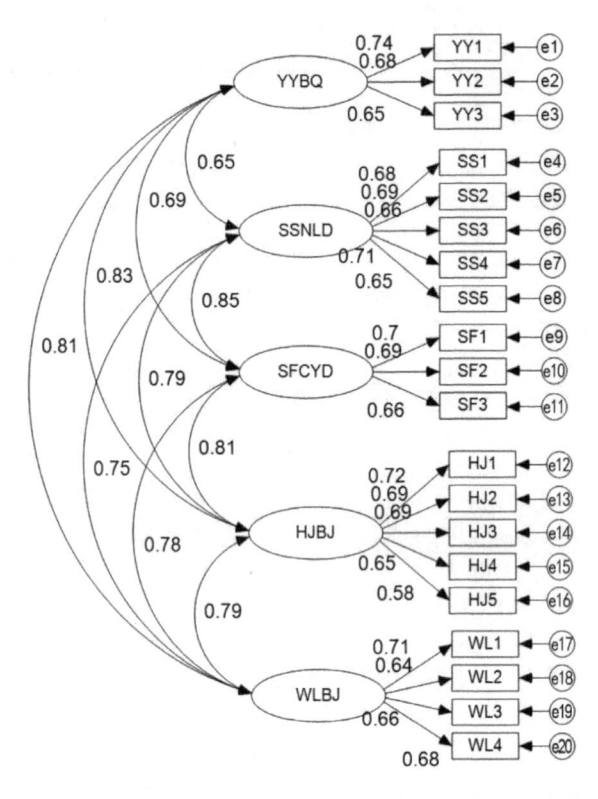

图 9-2 产业集群创新网络中创新能力传递障碍概念模型

表 9-3 概念模型拟合指标统计

检验指标	χ^2/df	GFI	RMR	RMSEA	IFI	TLI	CFI
标准	1<χ^2/df<3	>0.90	<0.08	<0.08	>0.90	>0.90	>0.90
本模型	1.874	0.865	0.035	0.068	0.912	0.902	0.915

由表 9-3 可知，产业集群创新网络中创新能力传递障碍概念模型的拟合指标基本达到适配标准，说明模型适配度良好，通过了验证性因子分析。

9.2.3 产业集群升级量表

结合秦皇岛开发区电子信息产业集群的实际,并借鉴吴恩申(2014)等学者们曾使用过的成熟量表,进而提出产业集群升级量表,即从产品升级、营销升级、流程升级以及技术升级4个方面共设置20个题项,采用李克特5点量表(1表示完全不符合,5表示完全符合),将各题项得分的平均分作为该变量的分值。

9.3 实证分析

9.3.1 样本描述

在正式调查阶段,为避免同源误差影响,在秦皇岛开发区电子信息产业集群中选取了概念模型构建阶段不同的集群企业进行调查。选取了宏启胜精密电子(秦皇岛)有限公司、秦皇岛富连京电子有限公司、秦皇岛耀恒德昌电子有限公司等7家企业,共发放调查问卷260份(通过电子邮件形式),回收有效问卷217份,有效问卷回收率为83.46%。

9.3.2 信效度检验

利用Cranach内部一致性系数 α 做信度检验,结果显示总量表的Cranach's α 值为0.902;产业集群创新网络中创新能力传递障碍的Cranach's α 值为0.915,其五个障碍维度创新能力传递方传递意愿不强、创新能力接受方吸收能力低、传递方与接受方之间差异大、产业集群创新环境不佳和产业集群创新网络松散的Cranach's α 值分别为0.901、0.889、0.844、0.929和0.863;集群升级的Cranach's α 值是0.945。因此各个变量测量项目内在一致性程度较高,调查问卷通过了信度检验。

对于量表的效度检验。首先,采用的产业集群升级量表是国内外使用成熟的量表。产业集群创新网络中创新能力传递障碍量表是梳理相关文献研究并与秦皇岛开发区电子信息产业集群代表性企业进行行为访谈相结合后得到了测量题项。测量项目通过了独立样本 T 检验,各测量题项之间鉴别性良好。通过探索性因子分析得到了其因子结构,并通过了验证性因子分析,构建出产业集群创新网络中创新能力传递障碍概念模型,模型各项拟合指标均达到了适配标准。因此,认为该量表具有良好的内容效度。

其次,各潜变量的 AVE 值在 0.851～0.946 之间,CR 值在 0.620～0.810 之间,达到了 AVE 值大于 0.5、CR 值大于 0.7 的标准,说明具有良好的收敛效度。

再次,各个变量 AVE 的平方根值大于变量之间的相关系数值,认为潜变量通过区别效度检验,如表 9-4 所示。

表 9-4 潜变量相关系数及区别效度检验

潜变量	1	2	3	4	5	6
1 创新能力传递方传递意愿不强	(0.867)	—				
2 创新能力接受方吸收能力低	0.475	(0.787)	—			
3 传递方与接受方之间差异大	0.397	0.455	(0.809)	—		
4 产业集群创新环境不佳	0.582	0.652	0.532	(0.899)	—	
5 产业集群创新网络松散	0.481	0.526	0.498	0.435	(0.793)	—
6 集群升级	-0.397	-0.432	-0.263	-0.272	-0.274	(0.880)

注:斜对角线数据为各变量的 AVE 平方根,其下方数据为该变量与其他变量的相关系数。

9.3.3 假设检验

对产业集群创新网络中创新能力传递障碍的五个障碍维度与集群升级关系进行假设验证,五个障碍维度分别作为外源潜变量,产业集群升级作为内生潜变量,纳入结构方程中,获得五个障碍维度与集群升级关系路径图,见图 9-3。

首先,分析整体模型的各项拟合指标,$\chi^2/df=1.959$,GFI=0.894,RMR=0.029,RMSEA=0.054,IFI=0.963,TLI=0.958,CFI=0.963,模型拟合指标基本达到检验标准,说明模型整体拟合程度良好。其次,五个障碍维度与集群升级的路径系数及其显著性如表 9-5 所示。五个障碍维度与集群升级的路径均达到了显著性水平($p<0.05$),说明这五个障碍维度与集群升级都存在显著的负相关关系,即假设的 H1a、H1b、H1c、H1d 和 H1e 都通过了验证。可以说明假设 H1 成

立。综上，五个障碍维度与产业集群升级都有显著的负相关关系，起到了负向抑制的作用，即确认的产业集群创新网络中创新能力传递障碍与集群升级有显著的负相关关系，有负向抑制作用。

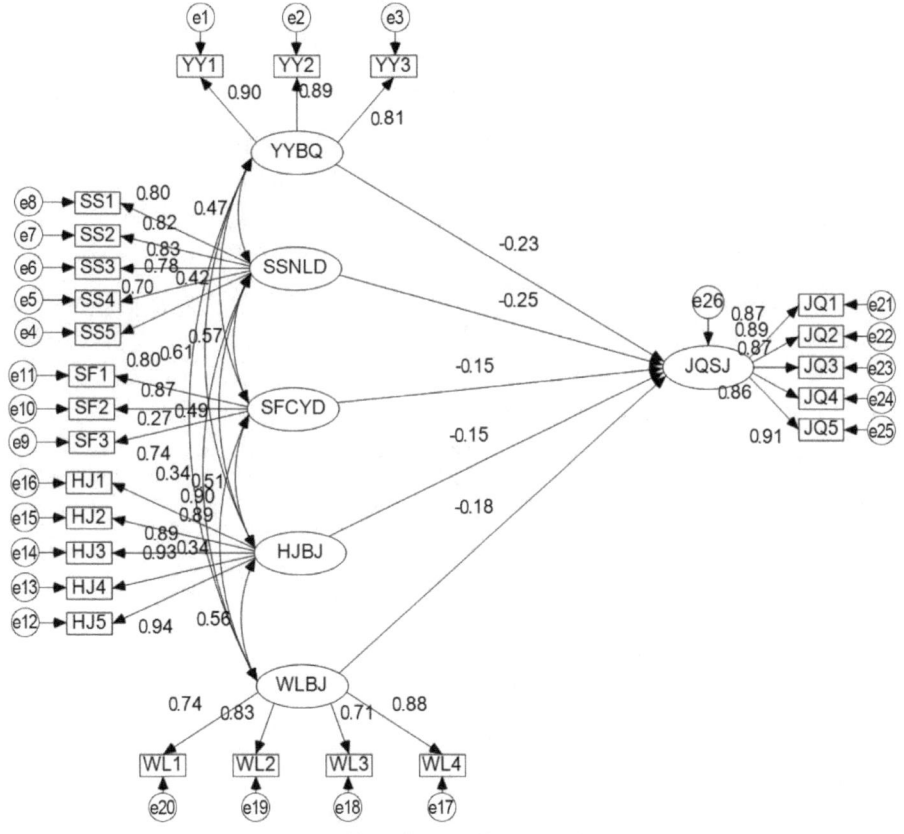

图 9-3 各个障碍维度与集群升级关系路径图

表 9-5 标准化路径系数及显著性

路径	标准路径系数	S.E.	C.R	P	路径是否显著
集群升级←传递意愿不强	−0.231	0.052	−4.442	—	是
集群升级←吸收能力低	−0.251	0.068	−3.691	—	是
集群升级←传接方差异大	−0.148	0.073	−2.027	—	是
集群升级←创新环境不佳	−0.150	0.069	−2.174	—	是
集群升级←创新网络松散	−0.178	0.043	−4.140	—	是

9.3.4 权重计算

采用相关性权重法确定各个变量的权重,可以得到产业集群创新网络中创新能力传递障碍对集群升级的阻滞程度。对所有障碍维度中的具体障碍因素的相关系数值分别加和,而每个障碍因素的权重是该障碍因素的相关系数值与其所属障碍维度的相关系数总和的比重;障碍维度的权重是该障碍维度和集群升级之间的相关系数与所有障碍维度和集群升级的相关系数加和的比值。相关计算见公式(9-1)和公式(9-2)。

$$\rho_{ij} = \lambda_{ij} \bigg/ \sum_{j=1}^{n} \lambda_{ij}, \quad i = 1, \cdots, 11 \tag{9-1}$$

$$\eta_i = \lambda_i \bigg/ \sum_{i=1}^{11} \lambda_i \tag{9-2}$$

式(9-2)中,η_i 表示障碍维度的权重,ρ_{ij} 是具体障碍因素的权重,λ_i 是障碍维度与集群升级之间的相关系数值,λ_{ij} 是具体障碍因素与其所属障碍维度之间的相关系数值,n 表示障碍维度包含的具体障碍因素个数。例如,创新能力传递意愿不强的权重为 $\eta_1 = \lambda_1 \big/ \sum_{i=1}^{5} \lambda_i = -0.397/(-1.638) = 0.2424$,合作剩余为负的权重为 $\rho_{11} = \lambda_{11} \big/ \sum_{j=1}^{3} \lambda_{1j} = 0.902/2.603 = 0.3465$。同理,可以计算所有潜变量及观测变量的权重,具体的权重数值如表 9-6 所示。

表 9-6 产业集群创新网络中创新能力传递障碍与集群升级权重表

因变量	障碍维度的权重	权重比例(%)	障碍因素的权重	权重比例(%)
集群升级	创新能力传递方传递意愿不强 η_1	24.24	合作剩余为负 ρ_{11}	34.31
			传统文化的保守意识 ρ_{12}	31.04
			既得利益的保护心理 ρ_{13}	34.65
	创新能力接受方吸收能力低 η_2	26.37	高素质员工欠缺 ρ_{21}	20.97
			对创新能力重视程度不够 ρ_{22}	21.12
			知识存量不足 ρ_{23}	17.76
			创新活动资金缺乏 ρ_{24}	20.36
			消极思维定式 ρ_{25}	19.80

(续表)

因变量	障碍维度的权重	权重比例（%）	障碍因素的权重	权重比例（%）
集群升级	传递方与接受方之间差异大 η_3	16.06	双方信任度低 ρ_{31}	35.90
			知识距离大 ρ_{32}	30.77
			企业文化差异大 ρ_{33}	33.33
	产业集群创新环境不佳 η_4	16.61	融资渠道不够丰富通畅 ρ_{41}	19.67
			中介服务机构参与不够 ρ_{42}	20.44
			创新激励政策不完善 ρ_{43}	20.62
			产业集群发展阶段不成熟 ρ_{44}	19.50
			集群市场竞争氛围紧张 ρ_{45}	19.76
	产业集群创新网络松散 η_5	16.73	网络关系不稳定 ρ_{51}	23.39
			网络平均路径长度大 ρ_{52}	22.50
			节点间交流不频繁 ρ_{53}	26.31
			网络密度小 ρ_{54}	27.80

9.4 结论与实践应用

9.4.1 结论分析与改善建议

通过相关理论分析提出了产业集群创新网络中创新能力传递障碍概念，并构建了其概念模型；通过实证研究发现，产业集群创新网络中创新能力传递障碍对产业集群升级有显著的阻碍作用，五个障碍维度对产业集群升级的阻碍作用显著；根据各变量权重计算结果可知，不同的观测变量和潜变量对集群升级的阻碍程度都是不一样的，权重值越大，说明该障碍对集群升级的制约程度越大。那么，在克服创新能力传递障碍、采取对策措施方面，应分清主次，对权重较大的障碍应当优先改善。

（1）从潜变量权重的分配情况看，创新能力接受方吸收能力低占据了最大的比重，为26.37%，说明在集群创新网络传递障碍中，创新能力接受方吸收能力低对集群升级起到的制约作用比较强，应该注意克服这一障碍。综观其观测变量中的权重结果，发现企业对创新能力重视程度不够和高素质员工欠缺占据了较大的比例，集群的升级发展受到制约，很大程度上是受集群中吸收能力低的企业限制，这与企业缺乏创新意识、对创新能力重视不足紧密相关。同时，也与企业中缺少高素质员工密切相关。因此，要想推动集群的升级发展，最重要的就是企业的决策者应努力提升自身的综合素质，提高学习能力和创新意识，掌握行业发展趋势和方向，做出是否吸纳以及何时吸纳创新成果的正确决策。另外，企业领导者需要注重人才培养和智力引进。通过加强与高校和科研院所合作，为企业引进高端研发人才。在人才招聘时，应当注重对应聘者的创新意识、创新信息敏感程度和洞察力方面的考察。只有企业具备对创新成果的不断吸收和探究，才能促进创新能力传递，使集群在升级中获得更持久的竞争力。

（2）创新能力传递方传递意愿不强在创新能力传递障碍对集群升级制约程度中所占权重为24.24%。在各项观测变量中，既得利益的保护心理和合作剩余为负的比重占了第一和第二位。也就是说，创新能力传递方传递创新成果的意愿不强烈影响集群升级发展，起制约作用较大的是企业对利益的保护。因此，要采取措施使创新能力传递方自身利益受到保障的同时激励其传递意愿。政府需要制定相关的政策保护核心企业的创新利益。若没有相应的利益保护机制，核心企业会对创新成果中的核心技术予以保留，创新能力接受方进行技术模仿也只能浮于表面。政府可以对创新能力传递方进行多种形式的奖励（表彰、奖金、优惠政策等），这样不仅保证了创新能力传递方的创新热情，而且也会积极促进其将创新成果传授予合作方。

另外，要重点发挥政府作为市场经济的宏观调控者和服务者的作用，通过制定具有全局性、引导性和可持续性的集群整体战略规划，努力营造合作共赢的集群环境，使产业集群内的创新能力传递方企业充分认识到以诚信和谐为前提的创新能力传递能够为其带来高于以往的个体收益。那么，这些群内企业在进行创新能力传递时就不会有太多的顾虑，也不会太过担心创新能力传递出去以后会"自掘坟墓"，使群内企业积极地参与到创新活动中，解决创新能力传递方传递意愿不强的问题。

（3）产业集群创新网络松散以16.73%的权重排在第三位。观测变量中网络密度小和节点间交流不频繁所占权重较大，说明地理距离对企业的交流产生屏障，导致企业间交流不顺畅。为此，需要建立良好的产业集群创新网络，在传输渠道上克服障碍。具体包括：政府通过完善集群网络通信、道路交通等基础设施扫清集群企业之间因距离、通信等影响交流的障碍，为集群企业间创新能力传递提供硬件支持。另外，借助集群创新网络构建学习网络平台，及时公布前沿创新成果信息，促进集群企业间交流学习，培育网络成员间亲密关系，增加交流的频率和深度，推进创新能力在集群创新网络中的传递。

（4）所占比重较低的是产业集群创新环境不佳，其权重为16.61%。在四个观测变量中，创新激励政策不完善和中介服务机构参与不够的权重略大。企业间在集群中进行创新能力传递活动，离不开创新环境的影响，集群中创新激励政策不完善，从精神上削弱了创新能力传递的动力，从物质上也降低了对企业创新活动的资金补给。中介机构对创新成果在集群网络中的宣传推广力度不足以及对企业间交流合作平台搭建方面参与不够，都会不利于创新成果在集群中传播。因而，一方面政府部门需要加大力度出台和完善创新激励政策，建立能发挥企业进行创新能力传递积极性的激励政策，优化创新环境，借助资金帮扶降低行为主体的交易成本，比如对传递方进行年度表彰，省财政厅、市地方政府制定减税、减息、价格优惠等激励政策。另一方面，加强中介服务机构的参与，发挥行业协会的作用，通过研讨、学术交流、创新发布等形式宣传和推广创新成果，增加集群企业对创新成果的认知。同时，鼓励创办创新咨询公司和创新成果交易公司，为集群企业提供信息咨询以及法律咨询等方面的支持。

（5）在所有潜变量中，权重最小的是创新能力传递方与接受方之间差异大，其权重是16.06%，说明在制约产业集群升级发展的过程中，创新能力传递方与接受方之间差异大对加速产业集群升级的负面作用相对较弱，但其比重也达到了15%以上，也不应忽视。3个观测变量中双方信任度低占据35.90%的最大权重，说明在集群创新网络中，企业间信任度低、关系距离大不利于双方合作，没有信任作保障，创新成果难以在集群中传播，从而影响集群的升级发展。因而，需建立和完善集群信誉机制。集群行业协会可以综合企业的支付行为、贷款行为以及集群其他成员的评价等方面来综合测评一个企业的信誉等级，对信誉等级高的企业进行奖励和表彰，在集群内进行正面宣传和推广，对信誉等级低的企业起到鞭策作用。另外，还需要建立反面制裁机制，对在合作中违背承诺、不守信用的企业进行严厉制裁。集群信誉等级评价机制见图9-4。

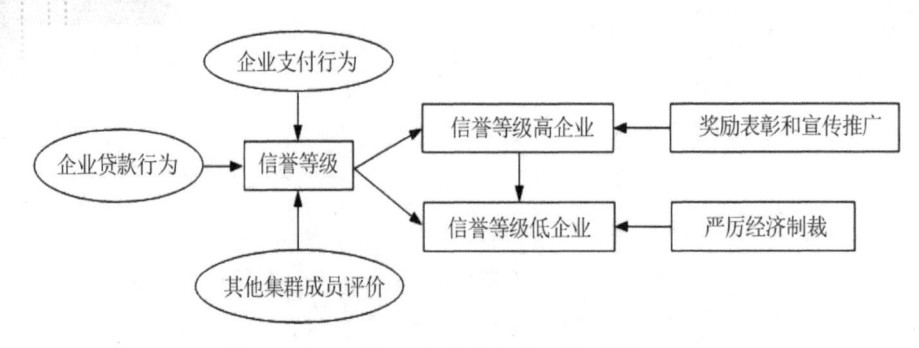

图 9-4 集群信誉等级评价机制图

（6）提升创新能力接受方吸收能力。根据实证研究分析可知，创新能力接受方吸收能力低与集群升级有显著的负相关关系。企业的吸收能力既包括在思想上对创新成果价值的重视和理解程度，又包括对吸纳具有较高技术含量的创新成果的成本支付实力。所以，在产业集群升级实践中，要想促进创新能力传递，加速产业集群升级发展，不能忽视创新能力接受方吸收能力低的问题。但是，对于一个企业来讲，吸收能力的提升不是一蹴而就的，需要企业在管理实践中采取相应的措施，不断积累经验，提升吸收能力。具体可以从以下几个方面入手。

第一，企业能否有效识别和意识到集群中的最新创新成果并吸收到自身的创新活动中，起关键作用的是企业的决策者。企业领导人是企业决策的制定者，是否吸纳某项创新成果取决于企业领导人的创新意识和决策水平。因此，企业的决策者应努力提升自身的综合素质，通过进修、学习、积极参加行业协会和研讨会等形式，掌握行业发展趋势和方向，做出是否吸纳以及何时吸纳创新成果的正确决策；另外，企业领导者需要注重人才培养和输入，通过加强与高校和科研院所合作，为企业引进高端研发人才，在人才招聘时应当注重对应聘者的创新意识、创新信息敏感程度和洞察力的考察。同时，企业也要提供顺畅的高素质人才引进通道，提升集群企业人员的综合素养。

第二，创新型管理人员在集群企业中处在承上启下的位置，需要具备一定的执行力和管理水平。产业集群创新网络中创新能力传递的接受方应用创新成果、产生预期收益，是需要创新型管理人员管理操作的，能否顺利进行，与创新型管理人员的管理水平息息相关。所以，作为管理人员需定期召开项目进展会议，对生产管理的过程需要重新组织，以便与应用新的创新成果后企业内部可能发生的变化相适应；为克服员工惯性消极思维定式，管理人员应当营造努力进取的企业氛围，通过举办各种形式的集体活动等培养企业内部成员的凝聚力和上进心。

第三，还需要完善规模化融资服务，解决企业创新活动融资困难问题。政府尽量出面采取贷款、贷款担保和设立专门产业发展基金等措施，以满足企业的资金需求；另外，通过对企业直接投资、向民间风险投资基金注资、利用税收优惠鼓励风险投资等方式涉足投资，分担企业融资困难，使创新能力接受方获得资金；同时，对吸纳创新成果的企业进行财政补贴，解决资金方面的问题。

（7）建立良好的产业集群创新网络。产业集群创新网络不佳会使创新能力在集群创新网络中传递产生阻力，制约产业集群升级发展。在创新能力传递的过程中，以创新网络为传输渠道，良好的创新网络结构和网络关系有利于创新能力的顺利传递。为此，需要建立良好的产业集群创新网络，在传输渠道上克服障碍。具体包括：通过通畅企业间交流、完善基础设施建设来加以改善，而政府对集群企业间的通畅交流具有强大的推动作用，通过完善集群内网络通信、道路交通等基础设施建设，扫清集群企业之间因距离、通信等影响交流的障碍，为集群企业间创新能力传递提供硬件支持，提高集群整体创新能力。另外，在产业集群内部建立多种形式的交流渠道，促进创新网络企业之间的交流与互动，增进网络关系的稳定性。在集群创新网络中构建学习网络平台，并及时公布前沿创新成果信息，集群企业间可以相互交流学习经验，促进网络成员间亲密关系的培育，拉近彼此距离，增加交流的频率和深度，以此促进创新能力在集群创新网络中传递。

总之，对于各个潜变量和观测变量，应该将更多的注意力放在对集群升级阻碍程度较大的障碍因素上，有重点地采取措施克服各项创新能力传递障碍，进而不断提升集群竞争优势，实现产业集群升级。

9.4.2 建立产业集群创新网络中创新能力传递障碍评价体系

构建的产业集群创新网络中创新能力传递障碍概念模型，为传递障碍的量化分析提供了参考。

（1）将所得有效评分进行纵向分析。各障碍维度的分数是其所在维度下的各具体障碍因素所得分数的平均分,产业集群创新网络中创新能力传递障碍的最终得分是各个障碍维度分数的平均分。纵向分析能够了解产业集群创新网络中创新能力传递障碍的整体情况,所得分值越高(例如4分及以上)说明产业集群创新网络中创新能力传递所受阻力越大。

(2)将所得有效评分进行横向分析。横向分析可以对比分析各个传递障碍的制约程度。将不同测量项目的平均水平以及各个障碍维度得分的平均水平作为评价各个测量指标以及各个维度的依据。

(3)综合评价产业集群创新网络中创新能力传递障碍,从而找到阻碍产业集群发展的问题,为制定集群发展政策提供支持。另外,随着时间和环境的改变,集群创新网络中创新能力传递障碍也会发生改变。因此,集群企业和管理者应关注集群内外部环境的变化,某一个环境因素的变化可能会改变某些障碍维度的重要程度,需要及时调整集群创新网络中创新能力传递障碍评价体系,目的是提高集群创新网络动态管理能力,促进产业集群升级。

9.5 本章小结

产业集群升级的关键在于集群整体创新能力的提升,在集群创新网络中进行创新能力传递可以提高集群整体创新能力。认识并克服创新能力传递障碍可以加快创新能力传递进程,研究创新能力传递障碍对于产业集群升级至关重要。本书提出产业集群创新网络中创新能力传递障碍概念,并构建其概念模型,通过实证研究,验证了产业集群创新网络中创新能力传递障碍与集群升级负相关,并通过相关性权重分析,得到五个障碍维度对集群升级的阻碍强弱程度,针对主要障碍提出改善对策。

本章参考文献

[1] Porter M E. Cluster and the New Economics of Competition[J]. Harvard Business Review,1998(6):77-90.

[2] 戴维奇, 林巧, 魏江. 集群内外网络嵌入与公司创业——基于浙江省四个产业集群的实证研究[J]. 科学学研究,2011,29(4):571-581.

[3] 黄玮强, 庄新田, 姚爽. 基于创新合作网络的产业集群知识扩散研究[J].

管理科学, 2012, 25(2) : 13-23.

[4] 罗晓光, 孙艳凤. 创新扩散网络结构与创新扩散绩效关系研究[J]. 科技进步与对策, 2015(8): 1-6.

[5] Li L, Chen B. A System Analysis and Biform Game Modeling to Emerging Function and Value of Innovation Networks[J]. Procedia Computer Science, 2015(55): 852-861.

[6] Rogers E M. Diffusion of Innovations [M]. 5th.New York: Free Press, 2004.

[7] 毛才盛. 基于共生理论的大学科技园集群创新能力研究[J]. 科技进步与对策, 2013(11): 60-64.

[8] 陈劲, 梁靓, 吴航. 开放式创新背景下产业集聚与创新绩效关系研究——以中国高技术产业为例[J]. 科学学研究, 2013(4):623-629,577.

[9] 詹湘东, 王保林. 区域知识管理对区域创新能力的影响研究[J]. 管理学报, 2015(5): 710-718.

[10] Uddin E, Gao Q, Mamun-Ur-Rashid M D. Crop Farmers' Willingness to Pay for Agricultural Extension Services in Bangladesh: Cases of Selected Villages in Two Important Agro-ecological Zones[J]. The Journal of Agricultural Education and Extension, 2016, 22(1):43-60.

第10章 创新网络成果传递能力与产业集群升级研究

我国重点扶持与发展各地区产业集群，在制订发展计划、资源配置、科技投入、政策支持上都有所侧重，使产业集群规模和数量得到迅速发展。但各地区各行业乃至集群内部仍存在资源分配不合理现象，绝大多数集群还处于低端发展的阶段。其表现是专业化层次低、规模小且分散、产业链发展不完善、公共配套体系薄弱等，导致集群不能充分体现分工专业化、创新能力、品牌效应以及网络协作的优势。在这种情况下探索集群升级的关键影响因素，提高其在国际中的竞争优势是充分发挥产业集群作用的有效方式。

总结归纳产业集群、集群升级、集群创新网络的研究现状，重点理清集群创新网络构成主体和辅助机构对集群创新网络创新成果传递能力的影响关系，发现促进集群演化升级的规律，并通过回归分析模型分析影响因素之间的潜在关系。结合分析结果建立集群创新网络成果传递模型，对集群创新网络影响因素进行定量分析，一方面找出集群升级的关键影响因素，发现集群升级过程中的不足，加以改正；另一方面对集群升级的趋势进行预测分析，为促进产业集群升级提出改善建议。

10.1 文献回顾

10.1.1 产业集群和集群创新网络

最初的产业集群定义是产业在地理范围上形成的社会生产综合体，后来又发展为集群是在地理接近性条件下的互动关系，是具有协同效应的企业在地理位置上的集中。该理论由Michael Porter（1998）进行了系统的描述，提出产业集群是在特定领域中具有相互联系的企业、服务供应商以及相关机构的集合[1]。Rocha（2004）认为企业间、消费者、科研院所等知识生产机构和技术咨询服务机构相互依赖联系的网络构成了产业集群[2]。产业集群有两种形成方式，第一种是在市场的推动下形成的，在有利的环境条件下会形成较为简单的企业群落，并不断吸引相关企业和机构加入，最终形成产业链、辅助机构、信息通道等设施相对完善的产业集群；第二种是在政府的引导下形成的，政府对某一地区的某一行业给予一定的支持政策，引进上下游企业和各类辅助机构，由此产生了相关企业和机构的密切联系和地理聚集。

经济学家威廉姆森最早提出网络的概念，他认为网络是由行为主体通过基于市场交易的正式关系或基于信任的非正式关系组成的。网络的组织形态介于市场和企业之间，这种组织形态有利于交易成本的降低、信息的传播和资源的共享。产业集群中的企业大部分是同质的并在一定功能上具有互补性，与各辅助机构在地理上形成聚集，在稳定的、周期的动态行为中，集群企业不断进行创新，其相互间存在着单一的、线性的理论不能解释的复杂关系，也就是集群的创新网络。Morgan（2007）认为集群创新网络通过缩小地理空间、平衡社会资源，能够有效提升创新能力和优势[3]。张永安（2010）以网络结构视角建立了创新资源的利用模型，认为集群创新网络中的主体通过网络获得创新资源并获得创新收入[4]。所谓资源则是企业通过人才流动、金融投资以及协同合作等网络关系获取提高创新能力、增强企业绩效、增加个体竞争力所需要的人力资源、经济资源和信息资源。李文博（2011）提出活动、资源和主体是构成网络结构的基本要素，而集群的主要运行方式则包含了这三个基本要素，所以产业集群可以被看作具有网络结构[5]。许强（2012）提出产业集群网络结构对集群的创新能力产生着重要影响[6]。

产业集群创新网络中创新主体之间互补性的资源优势是创新网络形成的关键条件，也是集群内各企业以及政府和中介机构之间的整体优势，具有传递信息和增强能力的功能。集群创新网络理论能够很好地解释集群演化发展过程中产生的结构问题、演化升级问题，且普遍适用于多种研究模型。

10.1.2 集群创新成果传递理论

有形的技术创新扩散通过依附于创新成果在企业组织间的传递实现，无形的技术创新扩散通过人员流动实现，且降低了创新成果传递过程所需的成本，故将集群技术创新与产品创新等一系列活动称为创新成果传递。创新成果传递理论包括创新成果的产出、创新成果的传递以及创新成果商业化全过程。创新成果传递理论包括创新成果的采纳决策、创新成果的应用研究、创新成果的采纳过程及过程影响因素研究。Baptista（1998）提出产业集群对提高集群内创新成果的扩散效率和企业的创新能力有促进作用[7]。集群创新活动是集群升级最主要的推动力，创新成果是集群升级的主要产物。Peres 等（2014）分析了集群的运行方式，认为集群创新的传递是集群运行的主要影响因素[8]。王斌（2016）认为传递行为主体的环境对创新成果的传递产生着重要的影响，创新成果传递是创新主体之间相互结合与反馈的连续活动过程[9]。集群创新成果是在以集群创新主体为核心、以创新网络结构为支撑的系统中发生传递的，其传递效率同时受到多种创新主体的影响。

知识网络具有隐性特征，会延迟创新成果传递，并且在竞争的环境中知识网络会成为创新成果传递的潜在障碍。也就是说，知识网络具有传递知识的功能，也存在知识传递的障碍。因此，就集群升级而言，研究集群创新网络的成果传递更能助推集群升级，创新成果是知识扩散的载体，其作用和效率要比知识网络更高，传递质量更好，其效果易于评价和观察。更重要的是，活跃的集群创新网络对绝大多数创新活动非核心企业来讲更具有积极获取创新成果的动力。创新成果传递的研究落实到产业集群这一系统整体的创新活动层面上，借助边界清晰的集群理论，以系统的角度探讨集群创新网络创新成果传递理论具有现实意义。

10.1.3 集群升级理论

集群升级是集群提升竞争力的重要方式，集群整体结构优化是集群升级的直观表现，本书从产业集群竞争力升级和集群结构升级两方面进行介绍。

马鹏（2010）认为组织实现升级的关键在于集群创新能力的提升[10]。刘向舒（2011）提出具有较高创新能力和生产效率的集群能够促进集群创造价值能力的提升,而集群创造价值能力的提升则是集群升级的本质[11],集群创造价值能力体现在产品生产销售和生产工艺改善的过程中。吉敏(2011)提出集群升级需要依靠集群企业自发的技术创新和技术扩散行为[12]。赫连志巍(2013)提出产业集群的升级最终是要寻求集群竞争力水平的提升,而产业集群升级的影响因素则是集群能否顺利升级的关键[13]。集群中的企业凭借较强的知识获取、消化、转化和利用能力灵活、有效地开展生产创新活动,获得丰富的信息资源、人力资源和物质资源,提升自身竞争力。从整体来看,集群企业进行的创新活动不仅提升了企业内部竞争力,也推动了整个集群竞争力的提升,进而促进了集群的升级。

产业集群是企业聚集的特殊组织形式,由众多企业和组织机构空间联结而成,这些组织机构通过正式、非正式的关系进行物质、能量、信息的交换,通过分工与整合、竞争与合作使集群具有持续的创新能力和成本优势。优良的、有序的、相对稳定的内部结构是集群升级的必要保障,集群的升级也是集群内部结构的动态优化过程。严北战(2012)提出产业集群通过三个层次的空间整合,不断提升集群企业的创新能力、市场能力和集群的社会资本整合能力,而集群企业的整体协作是集群实现升级的关键[14]。罗群(2013)则以高技术产业集群为研究对象,验证了产业集群的升级发展受到产业结构、技术结构、制度结构的影响[15]。集群创新是依托于集群主体及主体关系而形成的创新网络实现的,所以说集群创新网络是产业集群升级的核心动力,集群的升级也是集群创新网络结构的升级。

综上所述,集群创新活动由最初的资源投入到中期创新转化为新产品,最后到集群企业获得创新收益,每一个环节都需要集群结构中的企业、金融机构、科研机构、政府部门等主体间长期相对稳定的合作关系。卢华玲(2013)从内外两方面探究产业集群发展升级的影响因素,其中内部因素包括:R&D人员、R&D经费和R&D机构集中度,创新意识水平、企业规模和企业集中度,从业人员、固定资产、技术购买和技术消化与改造集中度;外部因素包括:运输条件、相关产业集中度、居民消费水平、制度机构和人数[16]。李海超(2015)以人力资源的投入、科研经费的投入、环境支撑力度和产出水平作为评价指标,对我国高科技产业集群进行了评价[17]。这些影响因素可通过集群企业以及辅助机构间的创新活动过程的创新资源投入、创新扩散情况和创新收益的变化来描述。

10.2 集群创新网络成果传递能力对集群升级影响分析

10.2.1 集群创新网络成果传递能力与产业集群升级指标构建

10.2.1.1 集群创新成果传递能力影响指标构建

产业集群是上下游产业链相关企业和辅助机构的活动过程分析,影响集群升级的创新成果传递能力的因素主要分为三类:

(1)创新基础因素。集群企业是创新网络的主要创新主体,是创新成果的主要传递者,转化为价值商品后集群企业是主要的收益获得者。创新离不开人的作用,企业中的人力资本情况是影响创新活动的重要因素,高素质人才队伍是集群创新成果传递效率的保障,人力资本是集群升级的关键动力。本书选取从事 R&D 人员占从业人员比重以及受高等教育从业人数占总从业人数比重作为创新成果传递能力影响指标。

集群企业的密度。将规模以上企业数量作为集群企业数统计,小微企业虽然在集群发展过程中起到了不可或缺的作用,但创新活动需要一定的经济实力、基础设施和人员储备才能够顺利进行。苏屹(2010)对大型企业创新进行研究,认为创新活动与企业规模高度相关,规模越大的企业在管理水平、生产技术、设备、信息控制等方面越具有优势,成为国家区域创新的主要力量[18]。本书选取集群企业为集群中规模以上企业基本情况进行统计,并计算单位面积内集群的企业数量,作为集群企业密度指标,考虑到产业集群是地理上集聚的企业群落,企业密度对信息的传递具有重要影响且具有可比性,固选取集群规模以上企业密度作为集群基本情况指标。

(2)集群创新成果传递过程的资源投入因素。创新资金的投入是集群创新成果产出与传递的主要经济来源和创新活动顺利进行的保障,主要包括集群企业自身的创新资金投入情况、政府部门创新资金投入情况以及金融机构的创新资金投入情况。

(3)集群创新成果传递过程的资源支出情况。资源支出情况反映了一个产业集群对科技和创新的投入力度,是集群企业对创新的投资意愿,间接反映了集群的创新能力。创新成果传递过程中,集群企业会选择进行 R&D 经费内部支出还是 R&D 经费外部支出。R&D 经费内部支出指企业在本年度用于内部开展 R&D 活动的实际支出费用,包括用于 R&D 项目(课题)活动的直接支出,企业中间接用于 R&D 活动的管理费用、服务费用和与 R&D 有关的基本建设支出等;R&D 经费外部支出指本年度企业拨付给进行 R&D 合作活动的外单位或委托外单位的经费。

企业进行新产品开发改造还是进行生产工业技术的开发改造对于集群创新成果的传递效率具有不同影响。新产品开发、原产品升级改造可以为集群企业带来新的收益,提高产品组合的市场适应能力;生产工艺技术的开发、设备改造能够减少集群创新成果的传递成本,提高创新所产生的经济效益。两者对集群的升级演化都产生着重要的影响。

综上所述,初步得到 3 个维度、10 个创新成果传递能力影响因素。集群创新网络成果传递能力影响因素见表 10-1。

表 10-1 集群创新网络成果传递能力影响因素

维度	序号	影响因素名称
创新基础因素	1	集群企业密度
	2	R&D 从业人数百分比
	3	受高等教育从业人数百分比
创新资金投入因素	4	企业创新资金投入强度
	5	政府部门创新资金投入强度
	6	金融机构的创新资金投入强度
创新资金支出因素	7	创新活动内部支出比重
	8	创新活动外部支出比重
	9	新产品研发经费投入强度
	10	新技术研发经费投入强度

10.2.1.2 创新保护政策的调节作用

集群创新网络建设是推进产业集群发展的重要措施之一。国家政策导向是促进集群创新网络发展的重要环境因素。杨震宁(2013)提出,企业间形成联盟以提高企业的核心竞争力,促进企业知识的转移和创新传递,技术成果的法律保护能够有效加强知识转移和创新传递的效率[19]。因此,国家出台促进创新的各类政策法规，尤其在政策上会对集群创新行为给予一定的支持，最显著的影响是减免税政策以及国家级技术转移机构的建设。税收减免是依据有关法律政策规定对创新活动给予减轻或免除企业所得税的一种税收措施或调节手段。本书采用减免税额占总收入的百分比作为衡量一个集群受到国家税收政策支持的情况指标；技术转移是我国实施自主创新战略的重要内容，在创新密集区域建设国家级科技企业孵化器、技术转移服务机构和产品检验检测机构能够有效提高该地区技术转移传递的效率，将这些非营利性的组织机构统称为国家技术转移机构。集群内的国家技术转移机构数是集群企业实现技术创新、增强核心竞争力的关键因素。

10.2.1.3 集群升级评价指标构建

根据集群升级影响因素提出评价集群升级指标，包括集群的财务指标和非财务指标，在数据可获得性和准确性的保证下，选取指标数据并利用因子分析法对集群创新成果传递能力影响因素和产业集群升级指标的有效性进行验证，见表10-2。

（1）财务指标。集群营业收入增长率。企业主要经营的业务和其他业务收入的总额为营业收入。对营业收入总额进行数据处理，得到集群企业营业收入增长率，以此作为分析指标。

新产品销售收入增长率。本书主要研究集群创新网络的升级，故将集群新产品销售收入增长率作为评价集群升级的指标之一。

（2）非财务性指标。集群升级的非财务性指标是对集群发展能力的评价，主要包括集群年末从业人数、新增固定资产数、集群年末发明专利申请数和本年度集群创新项目数。

年末从业人员数。在统计年限期末，集群中规模以上企业中从事劳动并取得劳动报酬或经营收入的全部劳动力。

新增固定资产数。指通过投资活动所形成的新的固定资产价值，新增固定资产有助于提高集群产品质量、改善劳动条件、节约材料消耗，是集群升级的重要指标。

年末发明专利申请数。邢斐（2009）认为企业通过专利申请在获得研发投资收益的同时还能够累积创新能力[20]。衡量集群现阶段发明专利申请量是对集群未来发展情况的预测。

年度创新项目数。创新项目是指当期集群企业在自主研发或自主知识产权基础上，经有关部门批准的国家或行业认可的，立项时间为当年或以前年份，但项目或课题仍继续进行研究开发的，还包括当年内完成和年内研究工作已告失败的研发项目或课题。该指标是创新成果转化为新产品或新技术的重要标志，也是衡量集群升级的关键指标。

表 10-2 产业集群升级评价指标分析

维度	序号	影响因素名称
财务指标	1	营业收入增长率
	2	新产品销售增长率
非财务指标	3	固定资产增加额
	4	年末从业人数总数
	5	年度发明专利申请数
	6	年度创新项目数

为进一步分析集群创新网络成果传递能力各个影响因素与集群升级的关系，构建集群创新网络成果传递能力与集群升级的概念模型，如图 10-1 所示。

因此，提出假设如下：

H1：集群创新网络成果传递能力对集群升级有正向促进作用；

H2：税收减免政策对集群升级具有显著促进作用；

H3：国家创新转移机构建设对集群升级具有显著促进作用；

H4：在税收减免政策的影响下，可以提高集群创新网络成果传递能力对集群升级的正向促进作用；

H5：在国家技术转移机构建设的影响下，可以提高集群创新网络成果传递能力对集群升级的正向促进作用。

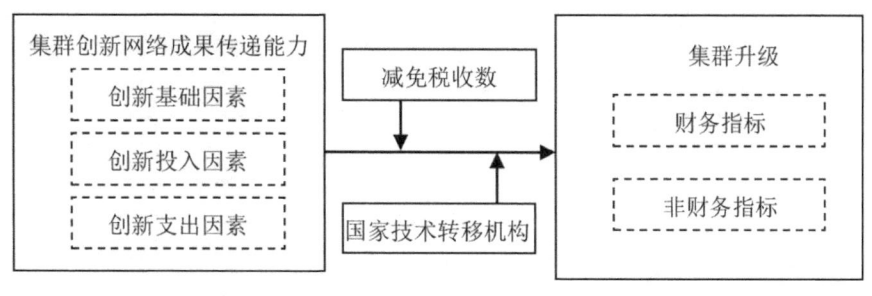

图 10-1 集群创新网络成果传递能力与集群升级关系概念模型

10.2.2 研究方法选择和数据来源

讨论集群创新成果传递能力与集群升级的影响关系，涉及集群产品与技术创新活动的状态。根据数据的可获得性和数据完整性，选取软件产业集群基地、高技术产业集群作为集群创新网络成果传递能力与产业集群升级关系研究的代表。从《中国火炬统计年鉴》《中国科技统计年鉴》《工业企业科技活动统计年鉴》收集原始数据，筛选出具有代表性的42个创新型产业集群2011年到2015年的相关数据，个别指标的某项缺失值用平均值代替。由于数据的量纲不同会引起分析结果的误差，因此对个别变量进行取对数标准化处理。

10.2.2.1 产业集群创新成果传递能力指标分析

利用SPSS 17.0对上述产业集群创新成果传递能力4个层面12个影响指标进行主成分分析。主成分分析法是一种主要的进行指标降维和因子提取的方法，能够用多个不可观测的隐变量解释原始变量间的协方差关系，这些抽取出的隐变量能够反映出原始变量主要部分信息。隐变量解释的方差表示某一个提取出的因子从原始变量中提取出信息的多少，累计贡献率则是所抽取出的因子对原始变量的解释能力。主成分分析得到结果：KMO值为0.561，超过可以进行因子分析的KMO临界值0.5，可知原有变量适合做因子分析。Bartlett检验的χ^2值为1437.352，自由度为45，显著性水平0.000，达到了显著性水平。因此，通过了KMO和Bartlett检验，适合进行因子分析，见表10-3。

表10-3 KMO和Bartlett检验

取样足够度的Kaiser-Meyer-Olkin度量		0.561
Bartlett的球形度检验	近似卡方	1437.352
	df	45
	Sig.	0.000

在进行因子分析时，除了要对原始变量进行因子提取和降维，还要对提取出的因子进行解释，因而，主成分分析法往往与最大方差旋转法相结合。最大方差旋转法是通过旋转公共因子来减少因子解释的主观性，旋转之后的因子载荷矩阵将每一列上的元素绝对值都尽可能地拉大距离，使得每一个原始变量都在某一个因子上有最大的因子负载量。进行主因子分析之后，公共因子的提取情况如表10-4所示。

表 10-4 解释的总方差

成分	初始特征值			提取平方和载入			旋转平方和载入		
	合计	方差的%	累积%	合计	方差的%	累积%	合计	方差的%	累积%
1	3.285	32.854	32.854	3.285	32.854	32.854	3.275	32.747	32.747
2	1.970	19.699	52.553	1.970	19.699	52.553	1.964	19.644	52.391
3	1.336	13.358	65.911	1.336	13.358	65.911	1.352	13.520	65.911
4	0.996	9.956	75.868	—	—	—	—	—	—
5	0.928	9.283	85.150	—	—	—	—	—	—
6	0.718	7.182	92.332	—	—	—	—	—	—
7	0.442	4.425	96.757	—	—	—	—	—	—
8	0.228	2.280	99.037	—	—	—	—	—	—
9	0.076	0.759	99.796	—	—	—	—	—	—
10	0.020	0.204	100.000	—	—	—	—	—	—

根据表 10-4，前 3 个因子反映了原始数据提供的大部分信息，利用主因子分析法和最大方差因子旋转后都抽取了 3 个公共因子。且每个公共因子的特征值都大于 1，解释的方差累计达到 65%以上。因此，认为抽取的 3 个因子符合因子提取的条件，能够很好地解释原始变量。

为了进一步探索匹配有效性的内容结构，要探讨各个原始变量究竟归为哪个共同因子，在进行最大方差旋转之后，在各个共同因子上每个原始变量的因子载荷如表 10-5 所示。

表 10-5 旋转成分矩阵

	第一主成分F1	第二主成分F2	第三主成分F3
创新活动内部支出比重	0.979	—	—
创新活动外部支出比重	0.963	—	—
新产品研发经费投入强度	0.947	—	—
新技术研发经费投入强度	0.681	—	—
企业筹集资金所占百分比	—	−0.925	—
金融机构贷款筹集资金所占百分比	—	0.763	—
政府部门筹集资金所占百分比	—	0.608	—
受高等教育从业人员所占百分比	—	—	0.761
R&D人员所占百分比	—	—	0.637
企业密度	—	—	−0.394

由表 10-5 旋转成分矩阵可知，提取的 3 个公共因子中，因子 1 包括集群创新活动内部支出占收入百分比、集群创新活动外部支出占收入百分比、新产品研发经费投入强度、新技术研发经费投入强度。这 4 个指标是集群创新资金支出情况指标，表示了集群创新主体的创新意愿。集群创新网络中创新主体对于创新活动的内外部支出强度和新产品新技术的资金支出是其创新战略的重要体现，也是集群创新成果传递能力影响因素的重要组成部分，创新支出越多，集群创新越活跃。将因子 1 命名为创新支出指标。

因子 2 包括企业自身创新资金投入比、金融机构创新资金投入比和政府创新资金投入比，企业自身、金融机构和政府的创新资金投入是集群企业创新资金来源的三大组成部分，是集群创新成果传递能力经济实力的体现，反映的是外部投资主体对集群创新的投入强度。各主体对企业创新资金投入越多，集群进行创新成果传递的经济实力越强，将因子 2 命名为创新投入指标。

因子 3 包括集群 R&D 人员占年末全体从业人员百分比、受高等教育从业人员占全体从业人员百分比和企业密度，这是集群人力资源和企业的基本情况，是集群创新的根本。将因子 3 命名为创新基础指标。

10.2.2.2 产业集群升级评价指标分析

产业集群升级指标是衡量产业集群升级能力的指标，包括集群的财务指标和非财务指标，在进行因子分析过程中剔除了不足 0.4 的集群利润率指标、从业人员报酬情况指标。具体分析结果见表 10-6。

表 10-6 KMO 和 Bartlett 的检验

取样足够度的 Kaiser-Meyer-Olkin 度量		0.749
Bartlett 球形检验	近似卡方值	485.192
	df	15
	Sig.	0.000

KMO 值为 0.749，超过了适合进行因子分析的 KMO 临界值 0.5，Bartlett 检验的 χ^2 值为 485.192，自由度为 15，显著性水平 0.000，达到了显著性水平，因此，通过了 KMO 和 Bartlett 检验，适宜进行因子分析。公共因子的提取情况见表 10-7。

表 10-7 解释的总方差

成分	初始特征值			提取平方和载入			旋转平方和载入		
	合计	方差的 %	累积 %	合计	方差的 %	累积 %	合计	方差的 %	累积 %
1	2.939	48.980	48.980	2.939	48.980	48.980	2.900	48.333	48.333
2	1.232	20.536	69.516	1.232	20.536	69.516	1.271	21.182	69.516
3	0.757	12.611	82.127	—	—	—	—	—	—
4	0.536	8.927	91.054	—	—	—	—	—	—
5	0.354	5.894	96.948	—	—	—	—	—	—
6	0.183	3.052	100.000	—	—	—	—	—	—

根据表 10-7 可以得出，前 2 个因子反映了原始数据提供的大部分信息，利用主因子分析法和最大方差因子旋转后都抽取了 2 个公共因子，且每个公共因子的特征值都大于 1，解释的方差累计接近 70%，因此，认为抽取的 2 个因子符合因子提取的条件，能够很好地解释原始变量。

由表 10-8 旋转成分矩阵可知，提取的 2 个公共因子中，因子 1 包括集群本年度新增固定资产增加额、集群年末从业人数、集群本年度发明专利申请数和集群本年度创新项目数，将因子 1 命名为产业集群升级非财务指标；因子 2 包括集群营业收入增长率和集群新产品销售收入增长率，将因子 2 命名为产业集群升级财务指标。

表 10-8 旋转成分矩阵

	第一主成分F1	第二主成分F2
集群固定资产增加额（对数）	0.880	—
集群年末从业人数（对数）	0.876	—
集群本年度发明专利申请数（对数）	0.853	—
集群本年度创新项目数（对数）	0.789	—
集群营业收入增长率	—	0.794
集群新产品销售收入增长率	—	0.779

10.3 假设检验

通过 SPSS 17.0 软件进行回归分析。首先对数据进行中心化处理，即将每个数据的测量值减去样本均值，使处理后的数据样本均值为 0，以减少回归方程中的多重共线性问题。在统计学原理中，使用两个变量的乘积项来表示这两个变量之间的交互作用和调节作用。设本模型中因变量为 CU（集群升级），自变量为 CX（集群创新网络成果传递能力），调节变量分别为 M_1（税收减免政策）和 M_2（国家技术转移机构建设），标准化后分别为 $\overline{CX}$、$\overline{M_1}$ 和 $\overline{M_2}$。

构造乘积项，见式（10-1）：

$$Y = \beta_0 + \beta_1 X + \beta_2 M + \beta_3 \overline{X} \times \overline{M} \quad (10\text{-}1)$$

对变量构造多层次回归方程，见式（10-2）：

$$CU = \beta_0 + \beta_1 CX + \beta_2 M_1 + \beta_3 M_2 + \beta_4 \overline{CX} \times \overline{M_1} + \beta_5 \overline{CX} \times \overline{M_2} + \varepsilon \quad (10\text{-}2)$$

式（10-2）中，β_0 为常数项，$\beta_1 \sim \beta_5$ 为系数，ε 为残差。其中 β_4 和 β_5 的大小和正负反映了调节作用是增强的还是减弱的。

10.3.1 描述性统计

为了检验集群创新网络成果传递能力和集群升级之间的关系，首先对变量进行描述性统计，结果如表 10-9 所示。

表 10-9 变量的描述性统计

变量	最小值	最大值	均值	标准差
集群升级	-1.2614	1.4799	0	0.52771
集群创新网络成果传递能力	-0.5207	4.0188	0	0.40510
税收减免强度	0	0.3805	0.0221	0.04425
国家技术转移机构数	0	24	6.3381	4.15317
集群创新网络成果传递能力*税收减免强度	-0.0608	0.1314	0.0024	0.01688
集群创新网络成果传递能力*国家技术转移机构数	-21.4532	13.2435	0.1105	2.39011

通过表 10-9 数据可得，2011—2015 年我国创新型产业集群升级指标最小值为-1.2614，最大值为 1.4799，表明不同产业集群之间的发展升级存在一定的差异性，不同地区的集群和不同行业的集群有的呈现出正向的演化发展趋势，有的出现负向衰退的发展趋势；创新成果传递能力的最小值为-0.5207，最大值

为4.0188，说明集群创新网络在某些情况下存在阻碍创新成果传递的因素；税收减免数最小值为0，说明因税收政策的限制，某些创新集群无法享受到税收优惠政策的支持；而国家技术转移机构数最小值为0，最大值为24，差距较大，表明我国技术转移机构的建设情况存在不均衡现象。

10.3.2 变量的相关性分析

采用Pearson相关系数检验各自变量之间的相关性，检验结果见表10-10。与前文假设一致，集群创新网络成果传递能力与集群升级在1%的水平上显著正相关，初步说明集群创新成果传递能力越强越，越有利于促进集群演化升级。一般而言，变量之间的相关系数超过0.8即表明很可能存在多重共线性问题，各变量之间的相关系数较低（最大值为0.606），小于多重共线性中相关系数的经验值0.8，初步说明各变量之间的相互影响较小，多重共线性问题并不严重，可以做进一步的回归分析。

表 10-10 变量的相关性分析

	集群升级	成果传递	税收政策	技术转移	成果传递*税收政策	成果传递*技术转移
集群升级	1	—	—	—	—	—
成果传递	0.221***	1	—	—	—	—
税收政策	0.311***	0.132**	1	—	—	—
技术转移	0.241***	0.066*	0.099*	1	—	—
成果传递*税收政策	0.434***	0.154**	0.016	0.233***	1	—
成果传递*技术转移	0.465***	−0.104*	0.155**	0.077	0.606***	1

注：*、**和***分别表示置信度（双侧）为 0.1、0.05 和 0.01 时的显著性水平。

10.3.3 调节效应回归过程及结果分析

集群企业的发展是在国家政策的影响下进行自主决策的，集群企业会根据国家政策调整战略决策。将国家创新保护政策作为调节变量，研究国家创新税收减免政策和国家技术转移机构建设在创新成果传递能力和集群升级之间的调节效应。为降低多重共线性的影响，先对自变量创新成果传递能力、调节变量创新税收减免强度和国家技术转移机构数进行中心化处理。回归分析结果见表10-11。

表 10-11 调节效应回归分析结果

变量	模型 1	模型 2	模型 3
创新成果传递能力	0.221*** (3.267)	0.172*** (2.684)	0.195*** (3.305)
税收政策	—	0.268*** (4.166)	0.215*** (3.716)
技术转移机构	—	0.203*** (3.185)	0.144** (2.499)
创新成果传递能力*税收政策	—	—	0.157** (2.079)
创新成果传递能力*技术转移机构	—	—	0.346*** (4.665)
R^2	0.049	0.170	0.374
调整后 R^2	0.044	0.158	0.358
F 更改	10.676***	15.087***	33.120***

注：表中所列为标准化回归系数，括号内为该系数的 t 检验值。*表示 $p<0.1$；**表示 $p<0.05$；***表示 $p<0.01$。

表 10-11 显示模型 1 至模型 3 的 F 值均通过显著性检验（$p<0.01$），说明模型整体拟合较好；此外，3 个回归模型的调整 R^2 分别为 0.044、0.170、0.358，表明模型拟合效果较为理想。

从模型 1 可知，创新成果传递能力与集群升级存在显著相关性，说明设置的逻辑关系有效，H1 得到验证；

模型 2 在模型 1 的基础上加入调节变量，主要考察税收减免强度和国家创新转移机构对集群升级的影响。回归结果显示，税收减免政策对集群升级具有显著促进作用（系数 0.268，$p<0.01$），H2 得到验证。国家创新转移机构建设与集群升级同样具有显著促进作用（系数 0.203，$p<0.01$），H3 得到验证。

根据模型 3 的回归结果可知，创新网络成果传递能力与税收减免强度乘积项的系数显著为正（系数 0.157，$p<0.05$），H4 通过检验，即税收减免政策能够正向调节创新成果传递能力与集群升级的关系。创新成果传递能力与国家技术转移机构乘积项的系数显著为正（系数 0.346，$p<0.01$），H5 通过检验，即国家技术转移机构建设能够正向调节创新成果传递能力与集群升级的关系。

为了直观表现创新保护政策的调节效应，根据分析结果做出简单斜率分析图（见图 10-2、图 10-3）：

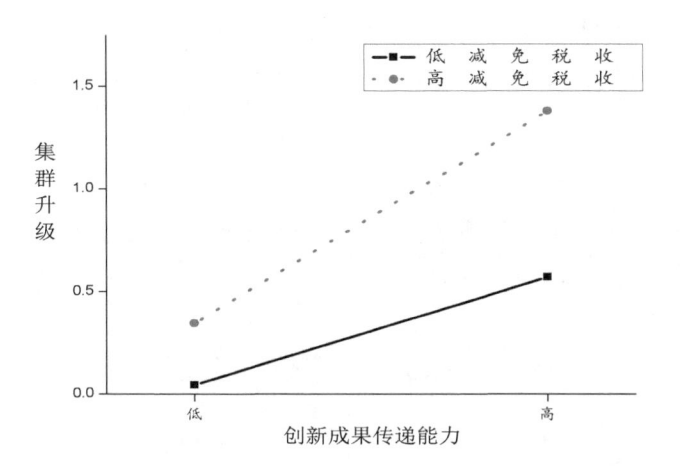

图 10-2 税收减免政策在创新成果传递能力与集群升级关系中的调节效应

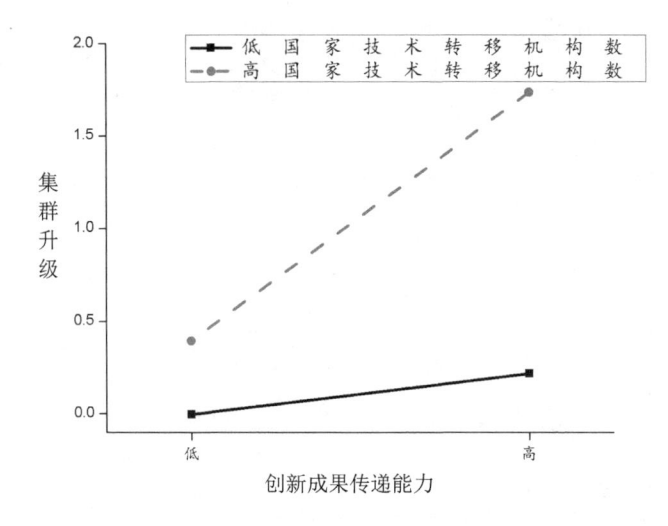

图 10-3 技术转移机构建设在创新成果传递能力与集群升级关系中的调节效应

由图 10-2、图 10-3 可知随着税收减免政策的积极效应，创新网络成果传递能力与集群升级的线性关系的斜率也在不断增大，说明税收减免政策在两者之间的关系中起到了增强型的调节作用，创新成果传递能力对集群升级有促进作用。税收减免政策强度越大，创新成果传递对集群升级的促进作用越强；同样,国家创新转移机构建设也起到了这样的调节作用,即当国家技术转移机构建设得越多,创新成果传递对集群升级的促进作用也会越强。

根据以上分析,构建创新成果传递机制模型,见图10-4。从信息的流动来看,集群创新网络中的企业通过直接的市场接触获取市场需求信息后,将市场需求反馈给与之存在产学研联系的科研机构,并获取创新成果进行新产品或新技术的开发。技术转移机构的辅助作用能够促进这一过程的进行。其次,从资金的流动来看,集群企业创新资金支持来源于金融机构、政府和企业自身,而创新资金的去向可分为内部支出和外部支出,主要用于创新产品的生产以及生产技术设备的改进。

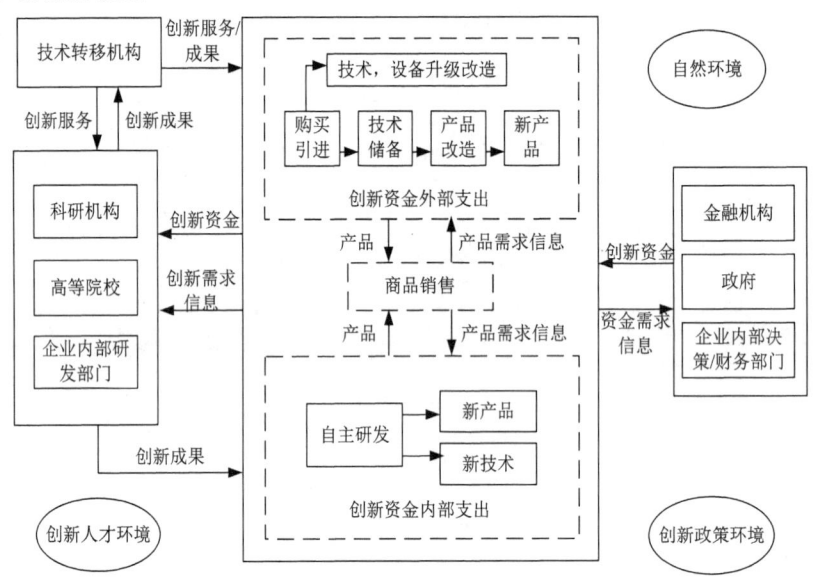

图 10-4 集群创新网络成果传递机制模型

10.4 集群创新网络升级的对策建议

10.4.1 改善集群企业创新能力

(1)强化核心企业的创新引导作用。集群企业是集群生产运行的核心,其核心企业是集群创新的主导力量。核心企业处于集群创新网络结构洞位置,能够获取丰富的市场需求并以快捷的方式传播出去。核心企业在集群创新过程中要维护集群内良好的合作竞争秩序，维护企业间、企业与辅助机构间的稳定、有效的信任关系，使处于边缘的企业也能够从创新网络中识别机会、获取有效的创新资源。

（2）建立技术战略联盟。无论与同业竞争对手还是与上下游相关企业，或是科研机构形成技术战略联盟，联盟间创新成果的传递都可以使企业获得战略性的互补，从而促进企业创新，使集群企业不断适应市场变化，提高生产工艺技术，增强集群整体的创新实力，从而有足够的创新成果进行商业化，获取商业价值。

（3）完善资源保障和人才激励机制。创新资源是实现创新目标的重要保障，集群创新网络成果的高效传递离不开创新资源的支持。通过与产学研机构合作获取充足的创新资源，要建立完善的资源整合管理制度，提高资源使用效率。创新人才是实现创新目标的关键资源，集群企业应加大对创新人才的引进，促进集群创新网络中的人才流动，建设专业化的创新团队，建立完整的创新绩效考核制度，为员工提供工作保障，重视员工需求，最大限度地激发人才的创造性。

10.4.2 改善集群创新网络成果传递路径

（1）努力培育核心节点企业。增加核心节点企业数量，使核心节点企业与非核心节点企业的连接距离缩短，减少路径传递障碍，促进创新能力在集群创新网络中高效传递。增加网络辅助机构和服务机构、金融机构数量，提高创新的传递效率，改进传统企业竞争发展模式，形成集群创新网络协同发展优势，提升竞争力。

（2）政府加大对产业集群创新的投资和政策支持。根据国家宏观调控政策，对相关行业进行政策扶持，促进适应市场需求的创新成果的开发。同时加大投资建设技术转移机构、产学研联系机构、专业孵化机构等，为产学研联系构架直接畅通的交流通道，并通过完善集群公共信息服务平台提高创新成果的传递与价值创造。

10.4.3 提高国家创新保护政策水平

（1）政府在多方面做出政策引导。首先，政府制定和执行导向性的政策法规，管理企业行为和配置公共资源。在市场机制发挥的作用无法达到预期时，通过强制效力弥补市场作用的缺陷，完成集群中其他创新主体无法实现的系统功能，为创新网络的发展提供有力保障。

（2）在集群创新激励方面，政府实施差别政策，充分发挥政策引导效力，完善社会投资体系，积极引导社会资本投资于集群创新系统，激励创新活动。

（3）在集群创新网络建设方面，需要地方政府主动引导集群建立研发中心或公共技术平台，建立健全信息网络体系，针对集群创新特点和创新需要举办专业论坛、技术研发、新技术变革展览会。要提高公共问题的解决效率，营造良好的集群创新公共环境，以保障集群创新能力持续提升。

10.5 本章小结

通过梳理关于创新网络与产业集群的相关文献，分析产业集群升级基础理论以及集群创新网络特性理论，找出影响集群升级的关键因素，提出本章的研究假设，构建集群创新网络成果传递能力对集群升级影响的理论研究框架，并以全国42家创新型产业集群为研究样本，实证检验创新网络成果传递能力与集群升级的作用关系，为推动集群升级发展提供理论依据。

本章参考文献

[1] Porter M E. Cluster and the new economics of competition [J]. Harvard Business Review, 1998, 76(6):77-90.

[2] Rocha H O. Entrepreneurship and development: The role of clusters [J]. Small Business Economics, 2004, 23(5): 363-400.

[3] Morgan K. The learning region: institutions, innovation and regional renewal [J]. Regional Studies, 2007, 41(1): 147-159.

[4] 张永安,李晨光. 创新网络结构对创新资源利用率的影响研究[J]. 科学学与科学技术管理,2010(1):81-89.

[5] 李文博. 产业集群网络中知识溢出关键影响因素的实证研究[J]. 科技进步与对策,2011(2):142-145.

[6] 许强,应翔君. 核心企业主导下传统产业集群和高技术产业集群协同创新

网络比较——基于多案例研究[J]. 软科学,2012(6):10-15.

[7] Baptista R, Swann P. Do firms in clusters innovate more? [J]. Research Policy, 1998, 27(5): 525-540.

[8] Peres R. The impact of network characteristics on the diffusion of innovations [J]. Physica A: Statistical Mechanics and Its Applications, 2014, 40(2): 330-343.

[9] 王斌,谭清美. 市场因素与高技术产业创新成果转化:促进还是抑制?[J]. 科学学研究, 2016(6):850-859.

[10] 马鹏,李文秀. 产业集群升级的影响因素识别实证研究——基于正式创新网络视角的分析[J]. 岭南学刊,2010(2):107-111,116.

[11] 刘向舒. 高新技术产业集群升级研究[D]. 西安: 西北大学,2011.

[12] 吉敏,胡汉辉. 技术创新与网络互动下的产业集群升级研究[J]. 科技进步与对策,2011(15):57-60.

[13] 赫连志巍,田惠子. 基于产业集群升级导向的高管团队匹配有效性研究[J]. 科技进步与对策,2013(19):135-142.

[14] 严北战. 基于多层空间整合的产业集群升级路径研究[J]. 科研管理,2012(9):146-153.

[15] 罗群,胡晓灵. 基于社会网络视角下的集群创新网络有核分层形态研究[J]. 软科学,2013(3):18-21.

[16] 卢华玲,周燕,樊自甫. 产业集群发展影响因素研究——基于电子及通信设备制造业省级面板数据实证分析[J]. 工业技术经济,2013(1):118-126.

[17] 李海超,张赟,陈雪静. 我国高科技产业原始创新能力评价研究[J]. 科技进步与对策,2015(7):118-121.

[18] 苏屹,李柏洲. 大型企业原始创新支持体系的系统动力学研究[J]. 科学学研究,2010(1):141-150.

[19] 杨震宁,李晶晶. 技术战略联盟间知识转移、技术成果保护与创新[J]. 科研管理,2013(8):17-26.

[20] 邢斐. 加强专利保护对我国创新活动影响的实证研究[J]. 科学学研究,2009(10):1495-1499.

第 11 章 创新网络中创新能力传递路径优化对产业集群升级的影响

提升创新能力水平是增强集群竞争优势的关键。在集群创新网络中，企业之间的创新水平不同，创新能力较弱企业通过模仿和学习创新能力较强企业的核心技术、创新成果等增强企业的竞争优势。优化创新网络中创新能力传递路径有利于促进集群企业之间创新能力传递，提高集群整体创新效率。本章重点梳理集群创新网络特征与集群升级的影响关系，采用多元回归分析法研究集群升级的影响因素，结合适合度景观理论及 NK 模型识别集群创新网络中创新能力传递的最优路径。

11.1 理论分析

11.1.1 产业集群升级

集群创新能力是实现集群升级的重要驱动力。Porter（1998）曾提出集群升级的关键在于提升创新能力的观点[1]。随后，Humphrey 和 Schmitz（2002）基于全球价值链理论，将集群升级的路径概括为流程升级、产品升级、功能升级和链条升级 4 种形式[2]。Chesbrough H 从开放式创新的角度结合产业集群内外优势探讨了集群的演化升级，认为随着集群企业创新能力、机会相关能力和资源运作能力的提升，企业向价值链更高环节爬升，从而促进集群升级[3]。这些对集群升级的研究已经从单一要素向多要素和关联产业并重的方向发展，极大程度地拓展了集群升级的理论研究范围，丰富了集群企业实践的方法和手段。

11.1.2 集群创新网络

集群创新网络的形成是产业集群升级的标志，是集群企业之间、企业与创新机构之间的创新联结。创新网络为集群资源的聚集和企业创新发展提供了动力。Freeman（1991）首次提出"创新网络"一词，研究了创新网络的含义、形成及演化机理、结构及特征、创新效率及网络效率等方面，并提出网络关系强度对企业行为与创新绩效有很强的影响力[4]。随后学者们基于不同的创新网络特征进行了研究。Ellison（1999）在硅谷的研究中发现，网络密度大的企业之间能够实现知识互补，促进集群发展[5]。此外，网络节点异质性的存在使得集群中不同企业对产业集群演进的作用不同，继而形成了一种非对称的集群网络结构和非均匀的知识分布。党兴华和常红锦（2013）基于网络中心度指出，靠近网络中心位置的企业拥有接触更多信息和资源的控制优势，能获取更高的创新绩效[6]。紧接着，陶秋燕和李锐（2016）还提出网络达高性可以提高企业获取政策支持的可能性，并将其转化为企业的经济资源[7]。吴松强、苏思骐（2017）指出创新网络特征是影响创新绩效的重要变量，对集群发展有重要影响[8]。

综上，从网络中心度、网络密度、网络达高性和网络节点异质性四个创新网络特征角度出发，构建创新能力传递路径优化与集群升级影响关系的概念模型，研究路径优化对集群升级的影响。

11.1.3 创新能力传递路径优化

Argote（2000）指出创新能力传递虽能带来效益，但成功的创新能力传递却很难实现[9]。Dekime G M 指出，创新能力使拥有者获得垄断利润，从而吸引众多企业争相"模仿"，他将这种"模仿"称为创新传递[10]。集群创新网络为创新能力在潜在使用者之间的传播、采用提供了渠道。Peres（2014）等通过分析集群的运行方式，得出集群创新传递是集群运行主要影响因素的观点[11]。

针对以上研究，结合创新网络的特征，认为提升集群整体创新水平的关键在于创新能力传递的有效性，集群升级并不简单是集群内单个企业创新能力的提升，还表现为通过网络的升级优化带动整个集群创新能力水平的提升。

集群中创新水平较高的企业受到集群创新网络结构和关系的影响，将创新能力传递给创新水平较低的企业，即核心企业与一般企业之间相联结。集群创新网络中企业之间的创新合作、成果扩散、知识交流等方式构成了创新能力传递的路径。Hagedoorn 和 Duycters（2002）提出产业集群内跨组织的创新网络为企业寻找发展新知识提供了便利条件，能够通过吸收获取的新知识增强企业的创新能力的观点[12]。Li 和 Chen（2015）从网络能力角度出发，经过研究发现创新网络中的行为主体通过在网络中的交流合作，可以促进创新成果的扩散与转移，进而增强了企业创新优势，说明产业集群创新网络扮演了传输渠道角色，发挥了传递功能[13]。因此，认为创新能力传递路径优化是存在条件的，表现为在集群创新网络中，新知识是可以传递的，网络主体能够进行创新交流，创新成果能够扩散和转移，网络成员对创新资源存在供需等关系，尤其是，集群创新网络提供了创新信息多向流动的条件。所以，集群创新网络存在创新能力传递路径优化的可能与条件。由此认为，集群创新网络的创新能力传递路径优化就是依据产业集群创新网络各节点要素创新活动特征的状态，从某一节点企业起始到创新能力传递并达成目标的最优效率实现过程。最优效率既包含了创新能力传递达成目标的速度，也包含了实现目标投入的资源状况。节点要素特征反映了创新主体在网络中心度、网络密度、网络达高性和网络节点异质性等方面的创新活动能力，并通过创新主体的专利授权数、新产品开发数、与科研院所联系数量、产业联盟数量、减免税总额和政府创新基金、节点企业 R&D 人员投入和 R&D 资金投入等创新活动表达。那么，集群中实施创新活动的企业，若其创新能力较强，该企业就具备较高的创新势能，表现为更高的节点要素特征和更多的创新资源和能力的投入，以及获得更多的创新成果。其他企业为了追求竞争优势和获取高额利润，会主动向该企业靠拢，寻找最优创新合作、高效率获得创新成果等创新能力传递路径，通过学习、模仿等方式进行创新跟进，提高本企业的创新能力，进而提高集群整体创新水平。

11.1.4 适合度景观理论

适合度景观理论（Fitness Landscape Theory）是从生物学的角度出发，认为物种（集群企业和相关机构）为了生存不断进化，进化被看作是在有高峰（网络中的核心节点企业）和山谷（非核心节点企业）的三维景观上的旅程。Li G（2009）认为系统要素的不同组合使得系统具有不同的适合度，每个变量的贡献可以通过 NK 模型进行有效测度，即景观上的不同地点代表不同的基因组合，高度代表生存的适合度，不同点的高度之间存在联系，略微不同的组合会相互靠近，并具有相似的适合度[14]。物种在适合度景观中寻找高点的过程被称为进化。后来，适合度景观理论逐渐被应用到物理学、管理学和经济学等学科领域，用来描述复杂系统内部因素变化对系统整体状态影响的研究，并得到学者们的普遍认可。因此，适合度景观理论为研究创新能力传递路径优化提供了理论基础。

11.2 创新能力传递路径优化对集群升级影响分析

11.2.1 集群创新网络中创新能力传递路径影响指标构建

网络结构特征是集群创新网络的重要结构变量，是影响创新能力传递的重要因素。结合邵云飞（2013）和陶秋燕（2016）等学者的研究，分别从网络中心度、网络密度、网络达高性和网络节点异质性探讨网络结构特征对产业集群升级的影响[15]。

（1）网络中心度。创新资源的分布特征、信息传递的方式和方向等都影响着企业在集群创新网络中的位置。Anderson M. H.（2008）提出网络中心性有利于个体获取创新性知识，促进创新开展[16]。处于集群创新网络中心位置的企业对其他企业有较大的影响力和支配能力，主要是其具备较强的创新能力和较多的创新成果产出。因此，将专利授权数量、新产品开发项目数量和商标注册数量作为集群企业网络中心度的衡量指标。

由于网络中心度较低的企业很难获得有利的创新资源，于是这些企业会靠近中心度较高的企业以便获取更多的创新信息、更高水平的创新成果，从而提升经济效益。如果与网络中心度较高企业相联结的企业数量增多，且形成创新能力传递路径缩短，必将提高集群整体创新能力传递效率和效果。

（2）网络密度。网络密度指集群创新网络中各企业之间的联系强度。窦红宾和王正斌（2010）[17]认为，紧密的创新网络关系使企业拥有获取资源和技能的优势，而且网络密度的增大意味着企业直接联系变得频繁，实现创新的可能性越大。网络密度较大的企业通过与科研院所、同类竞争企业、上下游企业、金融机构等网络主体及机构的交流，能够促进网络成员间的互惠合作，使集群企业更容易获取创新网络中的创新成果。鉴于此，将集群企业与科研院所联系数量、产业联盟数量作为创新网络中节点企业网络密度的衡量指标。

（3）网络达高性。网络达高性用以描述集群创新网络企业获取政府政策支持进而获取创新资源，将其转化为经济资源的能力。政策支持在实现资源的最优化配置、提高创新效率中起着重要作用。Choi等（2011）认为在大多数国家，政府经常采取直接投资、税收优惠等措施促进企业创新效率提升[18]。于是，本书从减免税总额和政府创新基金两个方面评价集群创新网络企业的网络达高性。

集群创新网络企业之间存在广泛的互动关系，政府对这种互动关系可以直接或间接地干预。政策支持可以为集群创新网络企业提供政策引导和创新投资，是促进企业开展创新活动的重要力量。政府资金投入通常都是偏向集群中有实力的企业，即核心节点企业。该类企业创新能力强，对网络达高性较低的企业具有吸引力。如果主动向网络达高性较高企业靠拢的企业越多，集群企业之间的创新能力传递路径就会越短。

（4）网络节点异质性。网络节点异质性为集群企业具备多样化、非冗余的信息和资源提供了条件，增加了企业获取更多创新要素组合机会的可能性。因此，网络节点异质性是创新成果异质性的重要来源。Rodan和Galunic（2004）也曾提出，知识异质性对创新活动有极大的促进作用[19]。Wang（2008）等提出了企业创新投入能增强创新产出[20]。因此，结合前人的研究，将R&D人员投入强度和R&D资金投入强度作为集群创新网络节点异质性的衡量指标。

不同的R&D人员投入强度能够反映出集群企业存在不同的创新能力、知识储备等情况。集群企业的创新能力体现在创新人员的整体水平中，即企业的创新人员是企业创新能力的载体，R&D人员投入强度反映了集群企业创新能力的高低。R&D资金投入强度能够反映出集群企业在创新活动中拥有的创新资源状况，以及集群企业之间知识、信息和与创新活动相关的资源的差异性，并由此反映集群企业创新成果多少和创新水平高低的差异。因此，认为R&D人员投入强度和R&D资金投入强度能够反映出集群企业之间在知识、信息、经验、资源等方面的差异性，符合网络节点异质性的特征。嵌入集群创新网络中的企业能够寻求优势互补，创新网络的异质性为创新能力互补创造了条件。

企业只有通过异质性网络才可以传递创新成果，产生创新性思维。在创新活跃度较高的集群创新网络中，当网络节点异质性较高的企业凭借其拥有的异质性创新网络资源取得竞争优势时，网络节点异质性较低的企业自然会为了提高自身的竞争优势主动与该企业建立联系，从而缩短创新能力传递路径。

综上，得到4个维度9个创新能力传递路径优化的影响因素，见表11-1。

表11-1 集群创新网络创新能力传递路径优化影响因素

维度	序号	影响因素名称
网络中心度	1	专利授权数量
	2	新产品开发项目数量
	3	商标注册数量
网络密度	4	与科研院所联系数量
	5	产业联盟数量
网络达高性	6	减免税总额
	7	政府创新基金
网络节点异质性	8	R&D 资金投入强度
	9	R&D 人员投入强度

11.2.2 创新能力传递的中介作用

集群创新网络中的创新能力传递是非核心企业为取得更高水平的创新成果而主动接触核心企业，并且随着企业创新合作次数的增加和相关机构的介入，使得创新成果在创新网络中传递，影响集群的创新活动。因此，集群创新网络中的创新能力传递成为影响集群升级的重要媒介，将其定义为中介变量。

根据相关文献及上述分析，认为要想确认创新能力传递在集群升级过程中对创新网络各要素具有中介作用就要找到其存在的方式。根据迈克尔·波特的钻石模型认为，在越是复杂的产业集群中，越需要中介机构的参与，中介机构在与集群企业创新合作中有两种功能，一是将自己的创新资源、信息、知识等传递给集群合作企业；二是将集群核心企业的创新信息、经验、先进知识及创新能力传递给非核心企业，并在集群创新网络中发挥创新咨询的作用。中介机构作为创新能力传递的媒介，可以降低集群企业的学习成本、提高效率，增强创新能力传递的有效性，进而有利于集群整体创新水平的提高，促进产业集群升级。

从产业集群的创新活动看，存在集群企业不需要中介机构也会有创新活动的情况。但是，一个创新活力较强的产业集群一定离不开中介机构，集群企业的高水平创新活动也会需要高水平中介机构的帮助和支持。所以，从集群的发展角度看，波特的钻石模型具有理论指导意义和实践价值。因此，将集群中的中介机构数量作为创新能力传递的衡量指标。

11.2.3 集群升级指标构建

在数据准确且可获得的原则下，梳理产业集群升级相关文献，将集群规模、集群经济效益、集群成长能力作为产业集群升级的衡量指标，并采用因子分析法对创新能力传递路径影响因素与集群升级影响关系进行验证。

（1）集群规模指标。集群升级的规模指标是年末资产和净利润，反映了产业集群的总体实力。

（2）集群经济效益指标。集群经济效益是集群发展的推动力，体现综合实力。

①资产报酬率=（净利润/年末资产）×100%

②净资产收益率=[净利润/（年末资产-年末负债）]×100%

（3）集群成长能力指标。该指标决定了集群未来是否具有规模扩张的能力和良好的经济效益，集群的成长能力决定其未来的综合实力。

①营业收入增长率=（营业收入增长额/上年营业总收入）×100%

②新产品销售增长率=（新产品销售增长额/上年新产品销售总额）×100%

为进一步研究集群创新网络中创新能力传递路径优化与集群升级的关系，构建集群创新网络中创新能力传递路径优化与集群升级的概念模型（如图 11-1 所示）。

基于以上分析，可提出如下假设：

H1：网络中心度与产业集群升级呈正相关；

H2：网络密度与产业集群升级呈正相关；

H3：网络达高性与产业集群升级呈正相关；

H4：网络节点异质性与产业集群升级呈正相关；

H5：创新能力传递在网络中心度与产业集群升级关系中发挥了中介效应；

H6：创新能力传递在网络密度与产业集群升级关系中发挥了中介效应；

H7：创新能力传递在网络达高性与产业集群升级关系中发挥了中介效应；

H8：创新能力传递在网络节点异质性与产业集群升级关系中发挥了中介效应。

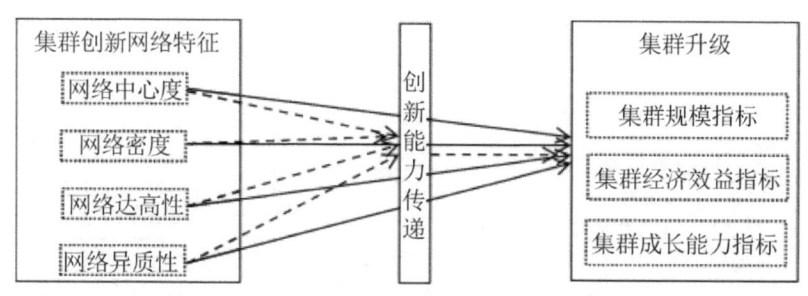

图 11-1 集群创新网络创新能力传递路径优化与集群升级概念模型

11.3 研究方法选择与数据来源

通过前面的理论分析确认了集群创新能力传递路径优化影响维度和产业集群升级评价指标，下面通过实际数据进行主成分分析，进一步确认指标选择的可行性。

选取北京、浙江、天津等地区的 38 个软件园产业集群作为调查样本，从 2011—2015 年的《工业企业科技统计年鉴》和《中国火炬统计年鉴》中整理所需要的指标数据。

11.3.1 集群创新能力传递路径优化分析

利用 SPSS 17.0 软件对创新能力传递路径影响因素进行主成分分析，数据显示 KMO 值为 0.712，大于适合进行因子分析的临界值 0.5，Bartlett 检验的 χ^2 值为 1636.925，自由度为 36，显著性水平为 0.000，进一步表明适合进行因子分析。利用主成分分析法和最大方差因子旋转抽取了 4 个公共因子，且每个公共因子的特征值都大于 1，解释方差累积达到 85.242%，说明抽取的 4 个公共因子符合因子提取的条件，很好地解释了原始变量。在进行最大方差旋转之后，每个原始变量在各个公共因子上的因子载荷如表 11-2 所示。

表 11-2 创新能力传递路径优化主成分分析旋转成分矩阵

	成分			
	1	2	3	4
专利授权数量	0.963	—	—	—
商标注册数量	0.952	—	—	—
新产品开发数量	0.842	—	—	—
产业联盟数量	—	0.939	—	—
科研院所数量	—	0.936	—	—
政府创新资金	—	—	0.871	—
减免税总额	—	—	0.747	—
R&D 人员投入强度	—	—	—	0.836
R&D 资金投入强度	—	—	—	0.623

从表 11-2 可知，提取的 4 个公因子中，因子 1 包括专利授权数量、商标注册数量和新产品开发数量，因子 2 包括产业联盟数量和科研院所数量，因子 3 包括政府创新资金和减免税总额，因子 4 包括 R&D 资金投入强度和 R&D 人员投入强度，进一步表明了指标选取的可行性。

11.3.2 产业集群升级评价指标分析

根据前文理论分析选取了产业集群升级指标包括集群规模指标、集群经济效益指标和集群成长能力指标。通过因子分析，数据显示 KMO 值为 0.508，大于适合进行因子分析的临界值 0.5，Bartlett 检验的 χ^2 值为 230.968，自由度为 15，显著性水平为 0.000，适合进行因子分析。利用主成分分析法和最大方差因子旋转都抽取了 3 个公共因子，且每个公共因子的特征值均大于 1，解释方差累积达到 73.366%。说明抽取的 3 个公共因子符合因子提取的条件，能够很好地解释原始变量。其中，因子 1 包括营业收入增长率和新产品销售收入增长率，因子 2 包括净利润和年末资产，因子 3 包括净资产收益率和资产报酬率，得到 3 个维度 6 个指标的产业集群升级评价体系。

11.4 实证研究

运用 SPSS 软件进行回归分析。各指标通过因子分析降维得到 4 个公共因子，即网络中心度、网络密度、网络达高性和网络节点异质性，这 4 个公因子之间不存在显著的相关关系,有效地避免了多元回归分析中可能出现的多重共线性问题。在模型(2)中,将 CU(集群升级)作为因变量,NC(网络中心度)、ND(网络密度)、NA(网络达高性)和 NNH(网络节点异质性)作为自变量,中介变量为 M(创新能力传递)。

多元线性回归的一般数学模型为:

$$Y = \beta_0 + \beta_1 X_1 + \beta_2 X_2 + \cdots + \beta_p X_p + \varepsilon \tag{11-1}$$

对变量构造多元线性回归方程为:

$$CU = \beta_0 + \beta_1 NC + \beta_2 ND + \beta_3 NA + \beta_4 NNH + \varepsilon \tag{11-2}$$

式(11-1)及式(11-2)中 β_0 为常数项,$\beta_1 \sim \beta_4$ 为系数,其正负表明是促进作用还是阻碍作用,ε 为残差。

11.4.1 描述性统计

对变量进行描述性统计分析,检验集群创新网络各个特征与集群升级之间的作用关系。数据显示,我国软件园产业集群升级指标极小值为 3.6563,极大值为 6.8235,表明产业集群之间发展存在差异,有快有慢,但都呈正向演变趋势。网络中心度指标的极小值为 1.1971,极大值为 8.8750,体现集群创新网络中企业的分布态势,核心企业靠近网络中心位置,非核心企业位于网络边缘位置。网络密度指标的极小值为 -0.2745,极大值为 29.1137,表明集群企业之间的联系密集程度差异较大,进一步说明核心企业与非核心企业的差别。网络达高性指标的极小值为 6.5890,极大值为 13.5658,表明软件园产业集群均受到不同程度的政府支持。网络节点异质性指标极小值为 -1.2921,极大值为 2.5515,表明在软件园产业集群中,网络节点异质性不同程度地影响集群发展。创新能力传递指标的极小值为 0,极大值为 15,表明在不同的软件园产业集群中,创新能力传递的有效性差异较大。

11.4.2 变量的相关性分析

通过数据相关性分析显示,创新网络特征与集群升级在 0.01 水平上显著相关,初步说明网络中心度、网络密度、网络达高性均与集群升级呈正相关关系,表明提高网络中心度、网络密度和网络达高性有利于促进集群升级。网络节点异质性与集群升级呈负相关关系,说明过度提高网络节点异质性会降低创新能力传递,阻碍集群升级。各变量之间的相关性系数较低(最大值为0.533),小于多重共线性中相关系数的经验值0.8,进一步说明各变量之间的相关性不强,为作进一步的回归分析提供了依据。

11.4.3 模型结果及检验

11.4.3.1 回归过程及结果分析

计算数据显示,R^2 统计量为 0.664,调整后的 R^2 为 0.656,表明自变量能够解释因变量 65.6%的差异,拟合优度比较合适。

模型显著性 F 检验的结果是,显著性水平为 0,小于 0.05,说明回归模型显著,即因变量与自变量之间的线性关系明显。

表11-3为该模型的多元线性回归结果,各个回归系数表明,集群升级与公因子F1、F2和F3成正相关,H1、H2和H3得到验证,与公因子F4成负相关,假设H4不成立。其中F1网络中心度对集群升级的影响最大,网络密度对集群升级的影响最小。此外,在其他因子保持不变的情况下,网络中心度每提高一个单位,集群升级能力提高0.153个点;网络密度每提高一个单位,集群升级能力提高0.054个点;网络达高性每提高一个单位,集群升级能力提高0.094个点;网络节点异质性每提高一个单位,集群升级能力降低0.152个点。因此,因变量和自变量之间的关系可表示为:

$$CU = 0.153NC + 0.054ND + 0.094NA - 0.152NNH + 2.650 \quad (11\text{-}3)$$

表 11-3 多元线性回归结果

模型		非标准化系数		标准系数	t	Sig.
		β	标准误差	试用版		
1	(常量)	2.650	0.171		15.530	0
	F1	0.153	0.016	0.432	9.614	0
	F2	0.054	0.004	0.592	12.827	0
	F3	0.094	0.018	0.239	5.183	0
	F4	−0.152	0.076	−0.097	−1.997	0.047

回归结果显示,假设 H4 不成立,即网络节点异质性与产业集群升级呈正

相关没有得到验证。集群创新网络中蕴含大量的信息、技术等资源,集群企业的竞争源于对知识的创造、转化和应用,网络节点异质性会促进知识的流动并激发更多的创新,异质性的网络可以为创新能力传递提供多种路径。随着网络节点异质性的提高,企业之间的差异逐渐增大,网络节点异质性较低的企业不具备学习网络节点异质性较高企业的创新能力,将会阻碍企业之间创新能力的传递,不利于网络节点异质性较低企业的发展,甚至可能出现网络节点异质性差距过大从而淘汰非常落后的企业,这是符合市场竞争规律的。

只有非核心企业与创新能力水平处于核心企业和非核心企业之间的一般企业取得联系,而一般企业又能够与核心企业取得联系,这样才有利于创新能力的传递,即创新能力更容易在创新水平差异较小的企业间传递。任宗强、吴志岩(2012)也证明,企业之间处于合理水平的匹配度是形成互补性优势的前提条件[21]。

11.4.3.2 中介效应检验及结果分析

在网络中心度、网络密度、网络达高性和网络节点异质性对创新能力传递的回归分析中,分别运用了两组模型进行验证,如表11-4所示。

表11-4 网络中心度、网络密度、网络达高性、网络节点异质性对创新能力传递的回归分析

变量	创新能力传递 模型a				产业集群升级 模型b				模型c			
网络中心度	0.281				0.169				0.132			
网络密度		0.140				0.053				0.039		
网络达高性			0.364				0.137				0.087	
网络节点异质性				-1.63				-0.693				-0.486
创新能力传递							0.129	0.101			0.137	0.127
R^2	0.052	0.190	0.072	0.089	0.226	0.326	0.122	0.194	0.416	0.425	0.330	0.371
调整后 R^2	0.047	0.186	0.067	0.085	0.222	0.322	0.117	0.190	0.410	0.419	0.323	0.364
F 更改	10.33	44.16	14.56	18.45	54.98	90.73	26.05	45.28	66.71	69.19	40.02	55.15
Sig.	0.002	0.000	0.000	0.000	0.000	0.000	0.000	0.000	0.000	0.000	0.000	0.000

以集群升级为因变量，共分为两步验证。第一步模型 b 分别验证网络中心度、网络密度、网络达高性和网络节点异质性对集群升级的影响，结果 R^2 分别为 0.226、0.326、0.122、0.194，说明四个自变量对因变量的解释分别为 22.6%、32.6%、12.2%、19.4%，表明了模型所设定的方程成立，网络中心度、网络密度和网络达高性的系数为 0.169、0.053、0.137，且 p 值小于 0.05，说明网络中心度、网络密度和网络达高性正向影响集群升级，并且影响显著；网络节点异质性的回归系数为负且显著（$\beta=-0.693, p<0.05$），意味着网络节点异质性负向影响集群升级，并且影响显著。

第二步验证创新能力传递的中介作用。在第一步的基础上加入中介变量创新能力传递，模型 c 的回归结果 R^2 分别为 0.416、0.425、0.330、0.371，p 值均小于 0.05，显著性明显高于模型 b 的回归结果 0.226、0.326、0.122、0.194，证明模型 c 所代表的回归方程成立。模型 c 中显示 p 值均小于 0.05，其回归系数分别为 0.129、0.101、0.137、0.127，说明创新能力传递在网络中心度、网络密度、网络达高性、网络节点异质性与集群升级影响关系中均正向影响集群升级，并且结果显著。

此外，模型 c 在模型 b 的基础上引入中介变量后，网络中心度的系数从 0.169 降为 0.132，网络密度的系数从 0.053 降为 0.039，网络达高性的系数从 0.137 降为 0.087，其结果依然显著，说明该中介变量分别在网络中心度、网络密度、网络达高性与集群升级关系中起到了部分中介的作用，H5、H6、H7 得到验证。网络节点异质性的系数从-0.693 增为-0.486，且结果显著，说明该中介变量在网络节点异质性与集群升级关系中起到了完全中介作用，H8 得到验证。

通过以上分析可以认为，网络中心度、网络达高性、网络密度均与产业集群升级呈正相关关系，网络节点异质性与产业集群升级关系未得到验证。这为后续找到创新能力传递的最优路径奠定了研究基础，为此，后文将结合适合度景观理论并运用 NK 模型识别出创新能力传递的最优路径。

11.4.4 集群创新网络中创新能力传递路径优化

产业集群中的核心企业通过将创新能力及创新成果传递给一般企业与非核心企业，进而提升集群整体创新能力水平。同时，随着集群竞争力的增强，产业集群中的核心企业不会停滞享受其现有的创新成果，而会突破其产业集群地域限制，主动接触产业集群以外的先进企业，寻求创新合作，促进发展，从而构成产业集群之间的创新能力传递路径。随后，再将其获得的创新技术、信息及知识传递给本产业集群中的一般企业和非核心企业，共同提升创新能力水平，最终促进产业集群升级。下面将对多个软件园产业集群进行整体研究。

本研究将延用选取的北京、浙江、天津等地区的 38 个软件园产业集群 2011—2015 年的《工业企业科技统计年鉴》和《中国火炬统计年鉴》数据，这 38 个集群基本代表当前我国软件行业的整体发展状况。对这 38 个集群的适合度景观的研究能够找到我国软件行业的集群之间形成的创新能力传递的最优路径，能够进一步确认哪一个软件集群具有更高创新能力和最低的创新能力并划定处在中间状态的集群，进而通过 NK 模型构建我国软件行业的集群间创新能力传递的最优路径。

从实践应用看，NK 模型不仅适合于构建集群间创新能力传递的最优路径发现，还适合集群内部企业间的创新能力传递的最优路径发现，只是在搜集和选择集群不同的相关数据方面，相比较而言，搜集集群企业的数据更加困难。由于本研究首先是基于软件集群的面板数据分析了集群创新能力传递对集群升级的影响关系，所以，沿用了 38 个软件集群的数据延伸研究这些软件集群间的创新能力传递最优路径问题。

适合度景观理论通过对系统中要素的数量（N）、每个要素的可能状态（A）、要素之间的联系（K）等参数的变化和关系的模拟（简称 NK 模型）研究系统发展的趋势。本书借鉴适应度景观理论中的 NK 模型，根据集群创新网络特征中不同要素的可能组合和适合度，识别促进集群升级中创新能力传递的优化路径及发展方向。集群创新网络特征包含网络中心度、网络密度、网络达高性、网络节点异质性四个要素，即 $N=4$；每个要素设置两种状态：适合（1）和不适合（0），即 $A=2$；四个要素之间相互作用，每个要素都会和其他三个要素之间相互影响，即 $K=3$。因此，集群创新网络特征的可能性组合 δ 有 $A^N=2^4=16$ 种，即：

$\delta =\{0000,0001,0010,0100,0011,0101,0110,0111,1000,1001,1010,1011,1100,$
$1101,1110,1111\}$

按照模型一般做法，将集群创新网络特征适合度值用 W 表示，各软件园产业集群适合度值用 w 表示,同时假定各个软件园产业集群对集群创新网络特征适合度的影响相同,由此,集群创新网络特征适合度值可表示为式(11-4):

$$W(NC, ND, NA, NH) = \frac{1}{4}[w_{NC}(NC_h) + w_{ND}(ND_i) + w_{NA}(NA_j) + w_{NH}(NNH_k)]$$

(11-4)

式(11-4)中,$h=1$,2;$i=1$,2;$j=1$,2;$k=1$,2。

对 NC、ND、NA、NNH 的数据值进行处理,所得数据由公式(11-5)进行标准化处理:

$$a_i' = \frac{a_i - a_{min}}{a_{max} - a_{min}}$$

(11-5)

式(11-5)中 a_i' 为数据 a_i 标准化值,a_{max} 为其最大值,a_{min} 为其最小值。记为 0 表示处理后的 a_i' 小于平均值,记为 1 表示处理后的 a_i' 大于等于平均值。集群创新网络特征的组合状态及适合度见表 11-5。

表 11-5 集群创新网络特征组合状态及适合度

组合状态	0000	0001	0010	0100	0011	0101	0110	0111
适合度 W	0.2884	0.2712	0.3066	0.3519	0.3432	0.3179	0.4365	0.2374
组合状态	1000	1001	1010	1011	1100	1101	1110	1111
适合度 W	0.3768	0.3863	0.4650	0.4396	0.4486	0.4914	0.4957	0.4989

根据集群创新网络中创新能力传递的模型,集群创新网络特征的适合度景观可以用布尔超立方体(Boolean Hypercube)来描述。以集群创新网络特征适合度值 W 为依据绘制适合度景观,见图 11-2。集群创新网络特征适合度影响主体要素的组合位于超立方体的顶点,高适合度值的组合就是景观中的高峰。

从景观图 11-2 可以看出,集群创新网络特征存在着适合度最高的组合。即集群创新网络特征的合理配置有利于创新能力的传递。图 11-2 中显示,四个要素的状态均为 1 时,集群创新网络拥有最高的适合度,此时该产业集群的创新活跃度最高,创新传递能量最强,其次是 1110,再次是 1101。

从一个适合度最低点 0000 到达全局最高峰 1111 有多条路径,但是每走一步取得最大适合度的只有 0000—1000—1010—1110—1111,此路径为 0000 到 1111 的最优路径(图 11-2 中虚线)。意味着,网络中心度—网络达高性—网

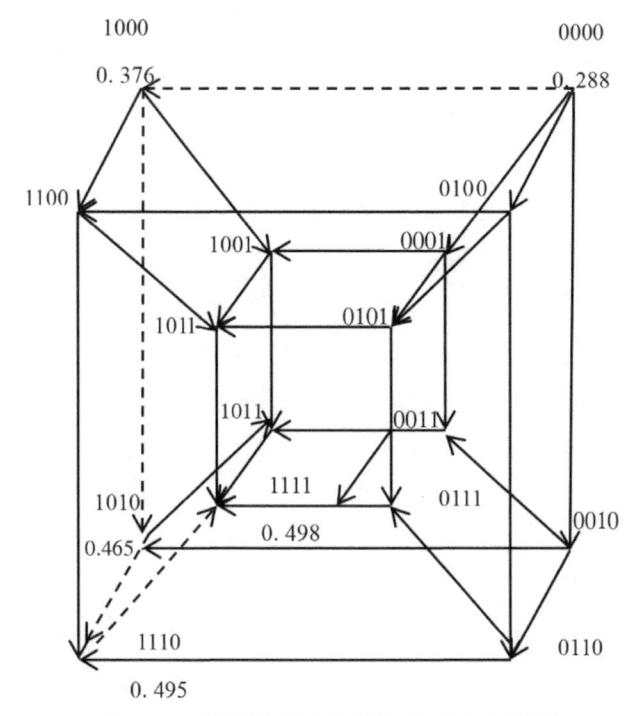

络密度—网络节点异质性为创新能力传递的最优路径,最有利于创新能力传递。

图 11-2 集群创新网络特征的适合度景观

通过对北京、浙江、天津等地区的38个软件园产业集群2011—2015年客观数据进行整体的实证测算,发现了我国软件行业产业集群之间的适合度景观中创新能力传递的最优路径,同时也反映了各个软件园产业集群中创新能力传递的状况,即某个软件集群的创新能力强弱。创新能力强的软件集群占据着高点景观(四个要素的状态均为1时),集群创新网络拥有最高的适合度,此时该产业集群的创新活跃度最高,其创新能力传递一定更强。居于低景观的软件集群创新能力传递就会弱,其创新能力传递一定是低效率的,甚至存在创新能力传递的障碍。由此说明适合度景观模型不仅能够在集群间判断和选择创新能力传递的最优路径,还可以对集群内部创新网络中创新能力传递的最优路径进行选择和确定。

值得注意的是,构建集群创新网络特征的适合度景观需要考虑集群发展的不同生命周期阶段。根据适合度景观观察适合度的高低,有利于选择集群创新网络中创新能力传递的最优路径。

11.5 促进集群创新网络升级对策建议

（1）提高集群企业网络中心度。在集群创新网络中，企业均占据一定的网络位势，企业网络中心度越高其越靠近集群创新网络的中心位置。创新网络的中心位置是创新能力转移和扩散的中心，能够贡献更多的创新成果。处于网络边缘位置的企业为获得创新成果会主动向网络中心位置的企业靠拢，通过与网络中心度较高企业的交流学习提高自身的经济效益。

（2）提高集群企业网络密度。集群企业通过与同类竞争企业、上下游企业、高校和科研院所的密切联系增强集群企业之间的联系强度，为及时获取信息和企业之间创新能力的传递创造条件。集群企业间联结密度增加，可以增强集群企业间的默契与信任，增大创新合作的可靠性，有利于共享创新资源，加快集群创新能力的传播。

（3）提高集群企业网络达高性。在产业集群升级的过程中，政府发挥着重要作用。政府通过向实力较强的集群企业减免税收额和提供资金，补充了集群企业创新资金，促进其投入更多的研发资金从而占据有利的创新地位。因此，提高网络达高性有利于促进集群企业创新活动的开展。

（4）适当提高集群企业网络节点异质性。集群企业不同的 R&D 资金投入和 R&D 人员投入使企业之间拥有不同的创新资源和接受创新成果的能力，异质性的网络可以促进集群企业间合作交流，有利于弥补企业创新能力存在的不足。要注意，过高的网络节点异质性显示集群企业之间的创新能力水平差异较大，不利于创新能力的传递，反而会成为阻碍。因此，适当提高网络节点异质性才有利于创新能力在集群企业间传递。

（5）增加集群中的中介机构数量。中介服务机构作为创新知识和创新成果的载体和传播者，在创新能力传递的过程中起着桥梁作用。同时，这些中介服务机构的传播功能又为企业获取异质性资源提供了便利，降低了搜索成本，促进了创新能力在集群企业之间传递。

从创新网络的角度出发，通过分析产业集群创新网络中创新能力传递的影响因素，得到产业集群间创新能力传递的适合度景观，识别出了集群间创新能力传递的最优路径，对于分析研究我国软件行业产业集群间的创新能力传递有一定的实践指导意义，为提出促进产业集群升级对策提供一定的理论支持。但是，就某个集群来讲，其创新网络拥有复杂的网络结构，如网络中心度、网络密度、网络达高性和网络节点异质性的不同配置状态决定了集群创新网络中创新能力传递对外界环境的适应程度。因此，使用适合度景观理论研究不同网络要素配置对集群创新网络的创新能力传递路径优化也是一种客观合理的研究方法。

11.6 本章小结

在集群创新网络中，企业之间的创新能力水平不同，要想提高集群整体创新能力水平，创新能力在企业之间的传递起着重要作用，而创新网络为创新能力提供了传输渠道。本章从理论上分析了集群创新网络具有哪些结构特征以及如何表示等问题，提出了创新网络中创新能力传递路径优化的概念，并构建其概念模型。通过多元回归分析得到四个优化创新能力传递路径的影响因素，并基于适合度景观理论研究了创新能力传递的优化路径，提出促进集群升级的对策。

本章参考文献

[1] Porter M E. Cluster and the new economics of competition[J].Harvard Business Review, 1998, 76(6):77-90.

[2] Humphrey J, Schmitz H. How Does Insertion in Global Value Chains Affect Upgrading in Industrial Clusters?[J]. Regional Studies, 2002, 36 (9): 1017-1027.

[3] Chesbrough H. Open innovation: Where we're been and where we're going[J]. Research Technology Management, 2012, 55(4): 20-27.

[4] Freeman C. Networks of innovators. A synthesis of research[J]. Research Policy, 1991(20): 499-514.

[5] Ellison G, Glaeser E. "The Geographic Con-centration of Industry: Does Natural Advantage Explain Agglomeration?"[J].American Economic Review,

1999,89(2):311-316.

[6] 党兴华, 常红锦. 网络位置、地理临近性与企业创新绩效——一个交互效应模型[J]. 科研管理, 2013, 34(3): 7-13.

[7] 陶秋燕,李锐,王永贵.创新网络特征要素配置、环境动荡性与创新绩效关系研究——来自 QCA 的实证分析[J].科技进步与对策,2016,33(18):19-27.

[8] 吴松强, 苏思骐, 沈忠芹, 等. 产业集群网络关系特征对产品创新绩效的影响——环境不确定性的调节效应[J]. 外国经济与管理, 2017, 39(5):46-57,72.

[9] Argote L, Ingram P, et al. Knowledge transfer in organizations: learning from the experience of others [J]. Organizational Behavior and Human Decision Progresss, 2000, 82(1): 1-8.

[10] Dekime G M, Philip M P. Global diffusion of technological innovations [J]. Journal of Marketing, 2000(36):47-59.

[11] Peres R. The impact of network characteristics on the diffusion of innovations [J]. Physica A: Statistical Mechanics and Its Applications, 2014, 40(2): 330-343.

[12] Hagedoorn J, Duysters G. Learning in dynamic inter-firm networks: the efficacy of multipe contacts [J]. Orgnization Stuties, 2002, 23(4):525-548.

[13] Li L, Chen B. A system analysis and biform game modeling to emerging function and value of innovation networks [J]. Procedia Computer Science, 2015(55):852-861.

[14] Li G, Ji P, Sun L Y, Lee W B. Modeling and simulation of supply network evolution based on complex adaptive system and fitness landscape [J]. Computers & Industrial Engineering, 2009, 56(3): 839-853.

[15] 邵云飞,周敏,王思梦. 集群网络整体结构特征对集群创新能力的影响——基于德阳装备制造业集群的实证研究[J]. 系统工程, 2013, 31(5):85-91.

[16] Anderson M H. Social networks and the cognitive motivation to realize network opportunities: a study of man-agers' information gathering behaviors[J]. Journal of Organizational Behavior, 2008, 29(1): 51-78.

[17] 窦红宾,王正斌. 网络结构、吸收能力与企业创新绩效——基于西安通讯装

备制造产业集群的实证研究[J]. 中国科技论坛, 2010(5):25-30.

[18] Choi, Suk Bong, Lee, Soo Hee, Williams, Christopher Ownership and firminnovation in a transition economy: evidence from China [J]. Research Policy, 2011, 40(3):441-452.

[19] Rodan S, Galunic C. More than network structure: how knowledge heterogeneity influences managerial performance and innovativeness[J]. Strategic Management Journal, 2004, 25(6): 541-562.

[20] Wang Chun - hsien, Lu Iuan - yuan and Chen Chie - bein. Evaluating firm technological innovation capability under uncertainty[J]. Technovation, 2008, 28(6): 349-363.

[21] 任宗强, 吴志岩.创新网络中的异质性、匹配度与能力动态仿真研究[J].科学学与科学技术管理,2012,33(8):51-57.

第 12 章 创新网络活跃能力对产业集群升级影响

历经三十余年的快速变革,产业集群已成长为促进中国经济提升的有力模式之一。然而,我国多数产业集群仍处在价值链低端环节,主要表现为专业化分工不足、集群网络协作优势发挥不充分以及创新协同能力水平较低等方面,使得产业集群不足以支撑中国经济的转型升级,同时国内经济发展新常态也对集群的未来发展提出了更高的要求。

产业集群升级依赖于整体优势的提升。集群竞争优势的增强不仅依赖于企业,还需借助企业所在集群创新网络的整体升级优化。集群创新网络将各节点企业联结起来,对其创新活动起到风险分担、技术互补的作用,对集群企业创新战略实施、发挥集群资源优势具有重要影响。由此,如果集群创新网络中的各节点企业创新能力不断增强,集群内部各主体间以及与外部主体之间联结越紧密,对于整体活跃状况的提升作用越明显。

尽管网络的活跃状况正向影响了集群的发展,但这种影响受到不同情况的作用。政府税收减免政策促进了产业集群的发展,创新基金给予集群企业创新活动直接的资金支持,加速了企业科技成果转化的进程,带动了创新活动的开展。因此,应对创新基金和税收优惠政策在创新网络活跃能力与产业集群升级之间关系的调节效应进行研究,从而为产业集群升级找到有效路径。基于网络属性分析,通过探究创新网络节点企业与外部相关机构之间对创新网络活跃能力的影响,构建回归模型分析其对产业集群升级的影响关系,为政府优化产业政策提出具有实践意义的对策。

12.1 理论分析

12.1.1 产业集群和创新网络

产业集群最初被定义为具有经济和社会双重属性的企业群落，随后发展为在地理上接近、具有协同效应的社会生产综合体。Porter（1998）首次系统地提出产业集群的概念，他认为集群是处于相关领域内彼此联结的企业和有关机构在地理上结成的集合体，由于具有共性和互补性而联系在一起[1]。产业集群具有提高集群内企业生产效率、促进创新的效应。

集群企业以及与其关联机构在长期稳定的创新协作关系中产生创新集聚，形成具有独特创新优势的开放创新网络。Freeman（1991）认为集群创新网络的核心联结机制是企业间的创新协作关系，参与创新网络的各个企业都可以在彼此沟通联系中获得利益并促进创新能力的提升[2]。Pietrobelli（2011）认为良好的创新网络能够降低集群内外部企业间创新活动交易复杂性，有利于实现创新网络与全球价值链的协同进化[3]。吉敏等（2011）认为通过网络优化能够带动集群企业整体创新能力和竞争优势的增强[4]。何晓清（2017）指出创新网络中的企业联系密切提高了信息传递的有效性，能够充分利用创新资源，加快创新成果的转化[5]。由此可见，集群创新网络实现了对诸多创新要素的联结，进而能够充分发挥集群企业、中介机构以及政府部门的整体优势，最终对集群创新能力提升产生重要影响。

12.1.2 创新网络活跃能力

对集群创新网络活跃状态的探索主要集中于内部各要素及其属性，创新网络中的节点间强联系更加有效、互惠和有凝聚力。各节点企业通过强联系使得网络成员共享创新资源，增强创新能力。Eisingerich（2010）认为创新网络内各主体稳定的联系转移创新知识以及积极获取外部组织的异质性知识和资源，激发了网络的创新活力，使集群的创新实力能够长久保持[6]。Operti（2014）指出网络中的结构洞使作用于其间的企业拥有了接触新的技术和知识的渠道，创新资源流动范围扩大，更利于企业创新[7]。胡平等（2012）认为作用于网络中的企业所处的位置更加关键，其具有的创新活跃性也更强[8]。以上说明企业背景特征与网络特征对集群创新网络的活跃性具有综合性作用。集群本身具有网络性质，创新网络在企业与集群升级之间充当中介的功能，其活跃程度对集群升级具有积极作用。王娇俐等（2013）认为核心企业、高校和研究机构、服务型组织及政府等集群创新网络主体的能力提升以及相互协作能够不断更新集群的创新技术和知识要素，对集群未来发展至关重要[9]。项后军等（2015）指出核心企业将创新资源惠及其他企业，成为集群创新网络进行技术创新活动的发动机，使集群整体竞争优势增强，推动集群升级[10]。

不难看出，以往对集群创新网络活跃状态的研究，主要针对创新网络的某个单一要素或个别关系的探索，缺乏系统性的考察，对于创新网络整体活跃状态与产业集群升级的影响关系并未进行深入的探究。综上，这里把产业集群创新网络活跃能力定义为各主体之间或（与）外部相关机构之间通过网络节点属性及影响关系而利用创新资源和获得创新成果的水平。该定义一方面体现了创新网络内外主体之间以创新活动而结成的网络关系；另一方面也体现了各创新主体通过网络节点属性参与创新活动的能力。

12.1.3 产业集群升级

集群整体创新能力发挥了核心动力的作用，创新驱动强调企业内外部联系对集群发展的重要性。Giuliani（2005）认为产业集群升级表现为集群获得更多的附加值，集群附加值提高的关键因素是创新[11]。集群企业间竞争能力提升和网络组织不断优化，推动节点企业与外部机构合作构建网络，能够带动创新活动的展开，进一步加快技术、价值和能力提升。Chesbrough（2012）指出产业集群内外创新优势的结合有利于解决集群内部知识匮乏，促进了企业间的创新互动，使企业可以向价值链更高环节爬升，达到集群升级的目的[12]。Manuel（2015）认为集群内部基于共同愿景的企业之间具有较强的吸收能力和获取集群外部资源的网络强度较高，利于推动集群创新能力的提升[13]。冯朝军（2017）指出处于集群中价值链其间的节点企业应紧密协作，并通过开放的形式引入外界技术成果，提升在竞争中的主动权[14]。因此，产业集群升级本质就是以创新为驱动，逐步从价值链低端环节向高端环节迈进的过程。

综上所述，学者们对集群创新网络与产业集群升级关系的研究较为分散，大多从创新网络节点属性的某一方面或某几方面研究对集群升级的作用，较少从整体视角来研究。在研究两者关系过程中，缺乏对政府相关政策调节作用的整体性研究，本章将对此进行深入探索，以期为新常态发展下的产业集群升级和更好地发挥政府创新支持政策的指导作用提供科学化建议。

12.2 集群创新网络活跃能力对集群升级影响分析

12.2.1 集群创新网络活跃能力与产业集群升级指标体系构建

12.2.1.1 集群创新网络活跃能力影响指标构建

以往学者们多基于结构与关系维度来解释创新网络活跃状况。作者认为，产业集群创新网络活跃能力是对集群内各企业之间以及与关联机构之间的整体创新活动水平的测度，企业本身实力增强能够辐射和拉动网络中其他主体。因此，还应该反映企业的创新强度状况。以集群内外部主体的创新活动和创新网络属性为主线进行分析，发现影响创新网络活跃能力的因素主要有以下四类：

（1）企业创新强度。企业是网络中最主要的创新主体，其自身创新实力强弱影响了集群整体的绩效水平。集群创新网络活动方式的多样性强化了创新能力的传递，能够吸引网络其他相关机构实施创新合作，提高集群创新网络的创新活跃程度。表现为企业 R&D 经费投入和 R&D 人员投入，加快创新网络中企业实施创新活动与取得创新成果，为实现创新能力的有效传递提供保障。因此，专利授权数量是企业研发水平的直接表现，是集群企业创新成果的重要载体。

（2）网络结构洞。集群创新网络节点企业之间存在直接或间接的联系，其中发挥中转和联结作用的企业就充当了网络结构洞。与集群创新活动联系的科研等服务支持机构提高了技术交流共享水平，促进了各方对创新成果的需求与供给，具有促进网络创新成果传递和增强技术信息转移功能。因此，占据结构洞位置的节点企业提高了创新网络主体技术、知识、创新能力的交流水平，从而有利于激活集群创新网络整体的活跃程度。

（3）网络关联强度。集群创新网络中节点企业间稳定的联系是获取创新资源的重要条件，有利于降低集群内不同主体之间创新活动的合作成本。同时，相对稳定的创新合作关系能够加深彼此的信任程度，为开展深度合作奠定坚实基础，有利于减少创新风险。由于创新主体间和相关支持机构资金的投入状况能够更直观地体现集群创新网络各主体间创新活动的合作状态，因此选取企业合作创新投入以及科研机构和金融机构对集群企业创新资金投入作为集群创新网络关联强度的测量指标。

（4）网络开放性。集群企业处于内外开放的环境中，不仅依靠集群内部各节点企业的协作来获得创新资源，同时在与集群外的支持机构沟通联系中获取新知识和互补性创新资源，以增强适应外部市场变化的能力。尤其国内外技术交易更能直接体现集群进行创新合作的资金技术需求。因此，选取国内外技术引进合同数和国内外技术引进合同金额作为集群创新网络开放性的测量指标。

由此，构建起包括 4 个维度、12 个集群创新网络活跃能力影响因素的指标体系（见表 12-1）。

表 12-1 集群创新网络活跃能力影响因素指标体系

所属维度	序号	影响因素名称
企业创新强度	1	R&D 经费投入
	2	R&D 人员投入
	3	专利授权数
网络结构洞	4	科研服务机构数
	5	技术转移机构数
网络关联强度	6	企业合作创新投入
	7	科研机构合作创新投入
	8	金融机构合作创新投入
网络开放性	9	国内技术引进合同数
	10	国外技术引进合同数
	11	国内技术引进合同金额
	12	国外技术引进合同金额

12.2.1.2 创新基金和税收减免的调节作用

创新基金是鼓励和支持企业创新的政府专项基金，用来解决企业融资困难，给予直接的资金支持，对集群企业创新活动产生重要的影响。因此，选择获得创新基金数额作为对集群创新活动的调节变量。张卫星等（2012）指出给予企业创新基金的支持相当于使企业获得了某种国家信用，帮助企业获得来自地方政府、金融机构和风险投资机构的投资，在化解资金瓶颈的同时更容易促使创新主体产生科研成果，更容易吸引创新人才[15]。针对企业的创新活动，政府采取税收减免等支持政策，分摊企业创新成本，减少创新风险压力，从而激励企业寻求合作伙伴完成创新活动，进而增加创新的成功率，提升网络活跃能力。因此，选取减免税额占总收入的百分比作为体现集群税收优惠政策对集群企业创新活动的调节变量。

12.2.1.3 集群升级评价指标体系构建

Porter（1990）通过对集群竞争力和集群升级的探索总结出钻石模型，其中影响集群升级发展的四个关键要素为：生产要素、需求、相关及辅助产业和企业的战略、结构与竞争方式[16]。整个钻石体系在各种要素不断优化的影响下，集群的竞争优势不断增强，对集群升级产生积极的影响。Prahalad（1990）在其企业核心竞争力理论中指出，核心竞争力是企业核心技能、技术和管理能力的有机整合[17]。企业是集群的微观基础，依靠企业所在的创新网络优化带动了集群整体竞争优势的增强，而企业核心竞争能力的提升是集群发展的根本动力。因此，以经典钻石模型为参照，同时积极地引入了企业核心竞争力理论对产业集群升级维度进行划分。

（1）外部市场。集群不断提升的技术创新能力能够满足多样化的市场需求，在新市场拥有竞争优势，对集群升级产生积极影响。

产品出口交易额增长率=（当年产品出口交易增长额/上年产品出口交易总额）×100%

新产品销售额增长率=（当年新产品销售增长额/上年新产品销售总额）×100%

（2）相关产业和支持产业。产业之间的支持合作能够促进集群内的专业化分工，吸引更多辅助机构加入，增强集群创新活力，保持集群持续的竞争优势。为此，选择与集群不同产业合作的金融机构数量和高新技术企业数量作为评价指标。

（3）企业核心竞争力。企业是集群升级的最主要载体，企业的核心竞争能力是构成集群竞争优势的主要来源，因此需要确定集群企业的如下三个指标：

年利润增长率=（当年利润增长额/上年利润总额）×100%

营业收入增长率=（当年营业收入增长额/上年营业收入总额）×100%

受高等教育人才比率=（专科及以上人员数/年末从业人员总数）×100%

（4）政府。从政府角度来看，集群升级体现为对地方政府财政的贡献程度，因此采用税收增长率指标衡量集群升级的状况。政府税收增长越明显，反映集群整体的升级发展状况越好。确定评价指标为：

税收增长率=（当年税收增长额/上年税收总额）×100%

综上，构建起包括4个维度、8个指标的产业集群升级评价体系（见表12-2）。

表 12-2 产业集群升级评价指标体系

所属维度	序号	影响因素名称
外部市场	1	产品出口交易额增长率
	2	新产品销售额增长率
相关产业和支持产业	3	金融机构数
	4	高新技术企业数
企业核心竞争力	5	年利润增长率
	6	营业收入增长率
	7	受高等教育人才比率
政府	8	税收增长率

为进一步分析集群创新网络活跃能力各个影响因素与集群升级间的关系，构建了集群创新网络活跃能力与集群升级的概念模型，如图 12-1 所示。

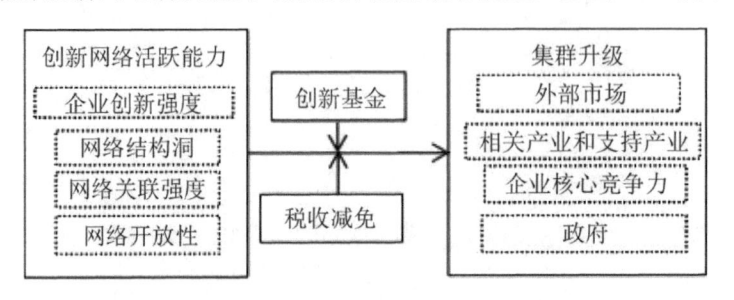

图 12-1 产业集群创新网络活跃能力与集群升级的概念模型

基于以上分析，提出如下假设：

H1：集群创新网络活跃能力对集群升级具有正向促进作用；

H2：创新基金对集群升级具有显著促进作用；

H3：税收减免政策对集群升级具有显著促进作用；

H4：在创新基金影响下，可以提高创新网络活跃能力对集群升级的正向促进作用；

H5：在税收减免政策影响下，可以提高创新网络活跃能力对集群升级的正向促进作用。

12.2.2 评价方法选择与数据来源

通过对创新网络活跃能力与集群升级关系的分析，结合数据的可获得性和完整性，采用北京、天津、浙江等地区的 38 个软件园产业集群作为研究样本。研究数据分别来自 2011—2015 年的《中国火炬统计年鉴》《中国科技统计年鉴》和《工业企业科技活动年鉴》等。

12.2.2.1 创新网络活跃能力指标分析

利用SPSS 17.0对创新网络活跃能力的影响指标进行主成分分析，其中KMO值为0.704，超过允许采用因子分析的界限0.5，方法选取合理。Bartlett检验值为1868.453，自由度为66，显著性水平为0.000，具有良好的显著性。从表12-3可以看出，利用主成分分析法和最大方差因子旋转提取了四个主成分，每个主成分的特征值都大于1，解释的方差累计达到78.649%，表明提取的四个主成分符合标准，原始变量被很好地解释。

表 12-3 解释的总方差

成分	初始特征值			提取平方和载入			旋转平方和载入		
	合计	方差的%	累积%	合计	方差的%	累积%	合计	方差的%	累积%
1	4.944	41.199	41.199	4.944	41.199	41.199	3.671	30.589	30.589
2	1.974	16.446	57.645	1.974	16.466	57.645	2.261	18.845	49.434
3	1.370	11.420	69.064	1.370	11.420	69.064	2.069	17.242	66.676
4	1.150	9.584	78.649	1.150	9.584	78.649	1.437	11.973	78.649
5	0.818	6.819	85.468						
6	0.562	4.680	90.147						
7	0.468	3.896	94.043						
8	0.272	2.263	96.306						
9	0.226	1.881	98.187						
10	0.126	1.051	99.238						
11	0.069	0.576	99.815						
12	0.022	0.185	100.000						

表 12-4 显示采用最大方差旋转后每个成分原始变量的因子载荷。

表 12-4 创新网络活跃能力主成分分析旋转成分矩阵

	成分			
	1	2	3	4
国内技术引进合同数	0.921	—	—	—
国内技术引进合同金额	0.915	—	—	—
国外技术引进合同金额	0.854	—	—	—
国外技术引进合同数	0.850	—	—	—
R&D 人员投入	—	0.844	—	—
专利授权	—	0.718	—	—
R&D 经费投入	—	0.693	—	—
科研机构合作创新投入	—	—	0.867	—
金融机构合作创新投入	—	—	0.814	—
企业合作创新投入	—	—	0.503	—
科研服务机构数	—	—	—	0.834
技术转移机构数	—	—	—	0.775

12.2.2.2 产业集群升级评价指标分析

对产业集群升级评价指标进行主成分分析，得到 KMO 值为 0.565，超过允许采用因子分析的界限 0.5，Bartlett 检验值为 161.971，自由度为 28，显著性水平为 0.000，具有良好的显著性。利用主成分分析法和最大方差因子旋转提取了四个主成分，每个主成分的特征值都大于1，解释的方差累计接近70%，认为提取的四个主成分符合标准，原始变量被很好地解释。其中，因子 1 包括产品出口交易额增长率和新产品销售额增长率，因子 2 包括高新技术企业数和金融机构数，因子 3 包括营业收入增长率、年利润增长率和受高等教育人才比例，因子 4 为税收增长率。表 12-5 显示采用最大方差旋转后每个成分原始变量的因子载荷。

表 12-5 产业集群升级主成分分析旋转成分矩阵

	成分			
	1	2	3	4
营业收入增长率	0.773	—	—	—
受高等教育人才比率	−0.678	—	—	—
年利润增长率	0.647	—	—	—
高新技术企业数	—	0.853	—	—
金融机构数	—	0.823	—	—
产品出口交易额增长率	—	—	0.876	—
新产品销售额增长率	—	—	0.709	—
税收增长率	—	—	—	0.910

12.3 假设检验

通过 SPSS 17.0 进行回归分析。根据前文的分析和选取的变量，设模型因变量为 CU（集群升级），自变量为 CT（创新网络活跃能力），调节变量分别为 M_1（创新基金）和 M_2（税收减免），标准化后自变量和调节变量为 $\overline{CT}$、$\overline{M_1}$ 和 $\overline{M_2}$。通过构造乘积项的方法研究创新网络活跃能力对产业集群升级的影响，模型见式（12-1）。

$$CU = \beta_0 + \beta_1 CT + \beta_2 M_1 + \beta_3 M_2 + \beta_4 \overline{CT} \times \overline{M_1} + \beta_5 \overline{CT} \times \overline{M_2} + \varepsilon \quad (12\text{-}1)$$

式（12-1）中，β_0 为常数项，$\beta_1 \sim \beta_5$ 为回归系数，ε 为残差。β_4 和 β_5 的大小和正负代表调节作用的强弱。

12.3.1 变量的描述性统计

为了检验创新网络活跃能力与产业集群升级之间的关系，首先对研究样本进行描述性统计分析，见表 12-6。

表 12-6 变量的描述性统计

变量	最小值	最大值	均值	标准差
集群升级	0.0351	3.5068	0.9435	0.4886
创新网络活跃能力	2.4518	6.5260	4.6290	1.0029
创新基金	6.0026	11.9912	8.1951	1.1607
税收减免强度	0	12.6296	1.4158	2.0140
创新网络活跃能力*创新基金	−4.8719	3.4523	0.0401	1.0653
创新网路活跃能力*税收减免强度	−5.1911	7.1651	0.1172	0.9457

从表12-6可得出，2011—2015年我国软件园产业集群升级的最大值为3.5068，最小值为0.0351，两者相差约100倍，说明我国不同行业、不同地区产业集群之间的发展升级状况差别较大。创新网络活跃能力的最大值为6.5260，最小值为2.4518，说明集群创新网络活跃能力的发展不均衡。创新基金的均值为8.1951，标准差为1.1607，说明不同集群间创新基金资助差异较大。税收减免强度最小值为0，说明不同地区税收政策存在差异，某些集群并不能享受税收优惠的政策支持。

12.3.2 变量的相关性分析

从表 12-7 可看出，集群创新网络活跃能力与集群升级在 1% 的水平上显著正相关，说明集群创新网络活跃能力越强，越有利于促进集群升级。各变量之间的相关系数较小（最大值为 0.459），低于多重共线性中所允许的经验值 0.8，说明各变量之间的相互影响较小，多重共线性问题影响较小，可以作回归分析。

表 12-7 变量的相关性分析

变量	集群升级	创新网络活跃能力	创新基金	税收减免
集群升级	1			
创新网络活跃能力	0.459**	1		
创新基金	0.221**	0.040	1	
税收减免	0.188**	0.118	0.007	1

注：*和**分别表示置信度（双侧）为 0.05 和 0.01 时的显著性水平。

12.3.3 回归结果及分析

12.3.3.1 主效应及调节效应回归结果

将创新网络活跃能力对产业集群升级的主效应以及政府创新支持政策作为调节变量，研究创新基金和税收优惠政策在创新网络活跃能力和产业集群升级之间的调节效应。回归结果见表 12-8。

表 12-8 主效应及调节效应回归结果

变量	模型 1	模型 2	模型 3
创新网络活跃能力	0.223***	0.212***	0.233***
	（7.075）	（6.878）	（7.423）
创新基金	—	0.085***	0.067**
		（3.233）	（2.461）
税收减免强度	—	0.033**	0.014
		（2.153）	（0.823）
创新网络活跃能力*创新基金	—	—	0.052*
			（1.711）
创新网路活跃能力*税收减免强度	—	—	0.085**
			（2.405）
R^2	0.210	0.270	0.300
调整后 R^2	0.206	0.258	0.281
F	50.053	22.885	15.805

注：表中所列为标准化回归系数，括号内为该系数的 t 检验值。

*表示 $p<0.1$，**表示 $p<0.05$，***表示 $p<0.01$。

(1) 模型1至模型3的F值均达到检验水平（$p<0.01$），模型符合设定要求。此外，三个回归模型的调整R^2分别为0.206、0.258、0.281，表明模型拟合效果良好。

(2) 模型1结果显示创新网络活跃能力对产业集群升级具有显著促进作用，H1通过检验。

(3) 模型2在模型1设定上引入调节变量创新基金和税收减免强度。结果显示，创新基金对集群升级具有显著促进作用（系数为0.085，$p<0.01$），H2得到验证。税收减免同样对集群升级具有显著促进作用（系数为0.033，$p<0.05$），H3得到验证。

(4) 模型3的结果显示，创新网络活跃能力与创新基金乘积项显著正相关（系数为0.052，$p<0.1$），H4通过检验。创新网络活跃能力与税收减免乘积项显著正相关（系数为0.085，$p<0.05$），H5通过检验。

12.3.3.2 回归结果分析

以2011—2015年北京等地区38家软件园产业集群为研究对象，实证检验了创新网络活跃能力、创新基金和税收减免政策对产业集群升级的影响，以及创新基金和税收减免政策对创新网络活跃能力与产业集群升级两者关系的调节作用，得到以下结论：

(1) 创新网络活跃能力对产业集群升级具有显著正向促进作用。创新网络活跃能力的提升能够促进各行为主体获取、整合、配置创新资源的能力提高，进而提升各主体的竞争优势，并最终整合为集群的综合实力。创新网络活跃能力影响了创新扩散，直接关系到集群创新主体的创新过程和效率，对集群升级产生积极影响。根据表12-3的分析结果，从具体的维度看，有如下四个方面：

第一，从网络开放性维度看，对创新网络活跃能力解释达到30.589%，显示该维度对创新网络活跃能力影响最为重要，也就是说网络开放性中所包含的指标数值的大小对网络活跃能力水平的高低起着至关重要的作用。表12-4显示国内技术引进合同数、国内技术引进合同金额、国外技术引进合同金额和国外技术引进合同数的因子载荷分别为0.921、0.915、0.854和0.850。在开放的经济条件下，集群企业一方面应加强国内技术合作共享，不断利用创新成果和互补性创新资源，减少交易成本和交易风险，另一方面，针对不确定的、动态变化较大的国际市场，集群应积极引进国外先进技术和资金，提升自身技术创新能力，逐步进入全球价值链高级阶段，形成具有分工特色的高端产业集群。只有注重内外开发尤其坚持对外部创新资源的开发和利用，提升对外部市场的适应性，才能长久保持集群的竞争实力，促进集群升级。

第二，从企业创新强度维度看，对创新网络活跃能力解释达到18.845%，显示该维度对创新网络活跃能力影响次重要。表12-4显示R&D人员投入、专利授权、R&D经费投入的因子载荷分别为0.844、0.718和0.693，反映了集群企业本身的创新实力水平。集群企业本身掌握了较多的创新资源，应充分发挥集群企业的吸引、带动功能，吸引更多高技术人员和创新合作者，增强对创新网络成员的影响。同时，对创新成果的利用能力增强，能够创造新技术、新工艺，提升集群的竞争能力，保证集群获得持续竞争优势。

第三，从网络关联强度维度看，对创新网络活跃能力解释达到17.242%。表12-4显示科研机构合作创新投入、金融机构合作创新投入以及企业合作创新投入的因子载荷分别为0.867、0.814和0.503，反映了集群内各节点企业的创新合作状况。集群内各主体间应密切供求双方彼此的联系，加强交流沟通。集群各主体在联结过程中应向更专业化的服务水平提升，集群内部的分工协作逐步细化，促进集群价值链不断延伸，实现集群升级。

第四，从网络结构洞维度看，对创新网络活跃能力解释达到11.973%。表12-4显示科研服务机构数、技术转移机构数的因子载荷分别为0.834和0.775，反映了集群技术信息资源的流动水平。占据结构洞位置的节点企业应当通过协调企业之间的集体行动与合作行为，密切各节点间的联系，促进企业有效创新合作和有序竞争。

（2）通过引入创新基金这一调节变量，发现创新基金正向调节了创新网络活跃能力与产业集群升级之间的关系。在集群发展过程中，获得创新基金的企业能够吸引更多创新人才加入企业的创新活动，有利于加速创新成果的产出。在产业集群创新活动中，获得创新基金的企业更容易从金融机构和风险投资机构得到融资，形成持续稳定的资金链。当集群企业创新活动得到源源不断的支持时，集群技术创新的溢出效应能够向同类企业传递创新能力并促进集群企业的协同发展，带动上下游产业链的协同跟进，并最终实现集群整体升级。

（3）税收优惠政策同样正向调节了创新网络活跃能力与产业集群升级之间的关系。政府给予集群企业的税收减免政策更具有普惠性，起到了增加企业利润的作用，分担集群企业的创新风险，激励集群企业向创新活动投入更多的资源，强化和其他企业及各类机构开展创新合作交流，加速集群的升级态势。

12.4 促进集群创新网络升级的对策与措施

（1）建立开放性创新网络，加强各主体的国内和国际联系。政府可以出台相关鼓励政策吸引互补性的企业加入产业集群，通过接触大量新的、异质的信息、技术和知识，打破网络的封闭循环。要进行跨集群合作交流，推动节点企业进入更大创新网络以至全球价值链体系，鼓励企业拓宽地区和国际市场，通过举办各种交流活动促进集群创新网络跨集群范围的融合，实现创新资源在国内和国际范围的流动。

（2）强化核心企业创新引导作用。持续培育集群核心节点企业，增加核心节点企业数量，积极维护集群核心企业与其他企业良好的竞争合作关系，让创新成果和创新资源惠及更多企业。要积极推进和维护核心企业与辅助机构间稳定的信任关系，提升集群网络创新活力。

（3）提高创新主体间联系强度，提升产学研协作水平。引导集群企业与技术研发、金融等机构进行密切合作，通过资源互补、风险共担的方式推动集群创新活动持续开展。不断完善集群产学研合作的政策体系，搭建互助的科技交流平台，探索快速发展的有效模式，推进深度合作。

（4）加快和完善公共服务机构建设。支持面向集群企业的科技咨询机构、为技术交易市场等提供金融支持的风险投资机构以及针对人才市场的信息服务机构。逐步建立符合集群产业发展的特色服务机构，加大人才教育培训，发挥行业监管职能，为集群升级发展创造良好的内外环境。

（5）完善财政税收政策。为了鼓励企业的创新活动，政府应当采取激励性的制度和政策，加大财政支持力度，扩大政策享受面，支持创新成果转化，有效推动企业的创新活动。同时发挥政策的引导作用，促进各类机构融入集群创新活动，提高产学研合作水平，为集群升级提供政策支持。

本章从创新网络视角出发，通过分析影响创新网络活跃能力的因素，探究了创新网络活跃能力对产业集群升级的影响及作用，为制定集群升级对策提供了理论依据。明确了政府提供的创新基金和税收政策在提高创新网络活跃能力、促进产业集群升级过程中具有良好的调节功能。创新网络自身的复杂性和多样性使其拥有多种属性，考虑指标选取的合理性和数据的可获得性，本章仅考察了部分属性对集群升级的影响，虽然达成了预期研究目标，但未来仍有进一步拓展研究的空间。此外，产业集群的发展会经历不同的生命周期阶段，各阶段特性也会对创新网络活跃能力产生影响，对此需要后续开展针对性的研究。

12.5 本章小结

在集群创新网络中，各节点企业获取创新资源的能力不同，要想提升集群整体创新实力水平，各节点之间的联结活跃能力发挥重要作用。通过分析创新网络的结构属性及影响关系，提出了创新网络活跃能力概念，并建立其概念模型。通过多元回归研究得到创新网络活跃能力对集群升级具有显著的正向影响；创新基金和税收减免政策对创新网络活跃能力与集群升级之间的关系存在正向调节作用。结合创新网络活跃能力提升以及创新支持政策的完善，为集群的升级发展提出对策与措施。

本章参考文献

[1] Porter M E. Cluster and the new economics of competition[J].Harvard Business Review, 1998, 76(6):77-90.

[2] Freeman C. Networks of innovators: A synthesis of research issues[J]. Research Policy, 1991, 20(5):499-514.

[3] Pietrobelli C, Rabellotti R. Global Value Chains Meet Innovation Systems: Are There Learning Opportunities for Developing Countries?[J]. World Development, 2011, 39(7):1261-1269.

[4] 吉敏, 胡汉辉. 技术创新与网络互动下的产业集群升级研究[J]. 科技进步与对策, 2011, 28(15):57-60.

[5] 何晓清. 创新网络演化视角下的区域创新机制研究——以高技术产业和中

低技术产业为例[J]. 研究与发展管理, 2017, 29(1):22-31.

[6] Eisingerich A B, Bell S J, Tracey P. How can clusters sustain performance? The role of network strength, network openness, and environmental uncertainty[J]. Research Policy, 2010, 39(2):239-253.

[7] Operti E, Carnabuci G. Public Knowledge, Private Gain[J]. Journal of Management, 2014, 40(1):1042-1074.

[8] 胡平, 周森, 温春龙. 产业集群网络特征与创新活跃性的关系研究[J]. 中国科技论坛, 2012(10):10-16.

[9] 王娇俐, 王文平, 王为东. 产业集群升级的内生动力及其作用机制研究[J]. 商业经济与管理, 2013, 256(2):90-96.

[10] 项后军, 裘斌斌, 周宇. 核心企业视角下不同集群演化过程的比较研究[J]. 科学学研究, 2015, 33(2):225-233.

[11] Giuliani E, Pietrobelli C, Rabellotti R. Upgrading in Global Value Chains: Lessons from Latin American Clusters[J]. World Development, 2005, 33(4):549-573.

[12] Chesbrough H. Open innovation: Where we're been and where we're going[J]. Research Technology Management, 2012,55(4): 20-27(8).

[13] Expósito-Langa M, Molina-Morales F X, Tomás-Miquel J V. How shared vision moderates the effects of absorptive capacity and networking on clustered firms' innovation [J]. Scandinavian Journal of Management, 2015, 31(3):293-302.

[14] 冯朝军. 科技型中小企业集群创新的价值链分析[J]. 技术经济与管理研究, 2017(6):40-43.

[15] 张卫星, 霍国庆, 张晓东. 科技型中小企业技术创新基金的价值及其测度研究[J]. 中国软科学, 2012(11):123-131.

[16] Porter M E. The Competitive Advantage of Nations. New York, The Free Press[J]. Competitive Intelligence Review, 1990, 1(1):427.

[17] Prahalad C K, Hamel G. The Core Competence of the Corporation[J]. Harvard Business Review, 1990(66):79-90.

第 13 章　创新网络的产业集群创新能力传递机制

随着企业间竞争的日益激烈,一个企业要想获得持续不断的竞争优势,关键是它的创新能力能否跟得上新产品的更新换代速度和及时满足市场新的需求,产业集群的发展也同样如此。根据产业集群发展的生命周期理论(Tichy,1998),其衰败是不可避免的[1],因此产业集群发展到一定阶段,为了提升其竞争力和获得持续不断的竞争优势,都会面临升级或转型的问题。产业集群的升级与转型又依赖于集群企业的整体创新能力。但是,创新能力并不是每个企业都拥有的,或者拥有创新能力的企业并不能真正地将其发挥作用,这就需要找到一种机制将企业的创新能力传递到集群创新网络中,促进集群的发展与升级。本章将集群创新网络分为正式与非正式的创新网络,将集群企业的创新能力分为显性创新能力与隐性创新能力,参考SECI模型构建显隐性创新能力的传递机制。

13.1　文献回顾

13.1.1　产业集群升级影响因素

迈克尔·波特(2003)对产业集群的定义是:在特定的领域中,一群在地理上集中,并且相互关联的企业、专业化供应商、服务供应商、相关产业的厂商以及其他机构(如大学、制定标准化的机构和产业协会等)组成的群体[2]。Humphrey 和 Schmitz(2002)总结波特的研究,指出集群升级的实质是不断提升技术能力和市场能力的过程[3]。Giuliani 等(2005)从狭义的角度认为,集群升级就是指集群的创新推动[4]。李文秀(2007)提出在非正式创新网络中集群升级要依赖于非正式的交流、个人间的信任与企业文化[5]。李二玲、李小建（2007）在对集群的研究过程中，提出产业集群和产业集聚是两个不同的概念，简单的企业间的聚集并不能形成产业集群，只有依靠企业之间的相互联系，企业和其他机构间形成了某种关系网络才能成为产业集群[6]。吉敏、胡汉辉、陈金丹（2011）认为产业集群升级主要体现在集群的创新能力上，集群创新能力的获取和提升可以促其升级[7]。由此可知，集群升级受到集群企业、关联机构、网络结构、创新能力传递方式等因素的影响。

13.1.2 创新网络与集群升级关系

"创新网络"的概念出现在 Freeman（1991）的总结性论文中，他认为创新网络架构的主要联结机制是企业间的创新合作关系，创新网络是为了系统性创新的一种基本制度安排，创新网络具有非正式和隐含特征的关系[8]。产业的空间集聚与网络的创新过程存在区域创新网络的形成条件，运行着潜在的创新机制。而集群创新网络的功能结构和运行机制能够促进集群升级。曹路宝等（2011）认为集群创新网络是群内各行为主体之间或是与集群外各行为主体之间建立的正式或非正式的促进创新的各类关系的集合[9]。

13.1.3 创新能力成因

Foss（1996）强调创新能力更多是源自企业内部的隐性知识，因此这种能力很难被模仿和学习[10]。基于资源基础理论和动态能力理论，可以将创新能力归纳为创新主体在相关经济活动中，利用相关创新资源对周围环境的适应和反应能力。由此，陈柳钦（2007）认为集群创新能力可以通过创新动力因素来反映，包括市场拉动、政府培育和引导、中介机构辅助、集群企业间竞争—合作关系、集体学习机制、创新文化与价值观激励等，从不同方面影响了集群的创新能力[11]。Chen Yunwei 等（2009）提出专利数量是衡量企业创新能力的一个重要的指标[12]。王静华（2011）把集群创新能力要素分为技术创新能力、知识流动能力、创新环境、创新经济绩效等四个方面，并用神经网络来分析其重要性[13]。Uddin 和 Gao（2016）认为集群企业生存与发展在很大程度上依赖企业的创新能力[14]。

13.1.4 创新能力的传递机制

创新能力的传递机制方面的研究文献很少,可以参考的也很少,所以借鉴信息传递机制、知识传递机制进行阐述,找到可以借鉴的方面。信息传递机制的形成是因为:信息有价值、有需求、有发源,可以传递和交易。实际上,集群创新网络中的创新能力传递也具有这些特性,所以可以借用。另外,知识传递机制更有借鉴价值。张海峰、陈莹(2007)提出信任在知识传递机制中起很大的作用[15]。Jacky F. L. Hong 和 Thang V. Nguyen(2009)提出在将国外知识传递到本国时要考虑到当地的特质和局限性[16]。Chen Chung-Jen 等(2014)的研究测试了 120 个知识转移案例中的假设,结果表明,转移机制与合作伙伴的合作能力正相关,从而可以提高知识转移绩效[17]。张桂芳、吴戈、周程(2014)认为,通过理解隐性知识的传递机制、优化其知识创新与管理的流程体系可以提升创新绩效水平[18]。

13.1.5 文献研究评述

在产业集群中,创新网络为企业创新能力的传递提供了场所和条件,保障了创新能力在创新网络中的传递。企业的创新能力通过创新网络进行传递,但是是否可以有效地传递,或者说被传递者是否可以有效地接收创新能力成为了决定企业创新能力是否可以得以传递进而得以提高的关键点。所以本章提出显隐性创新能力的概念,明确地论述了企业创新能力在创新网络的传递机制,为产业集群企业创新能力的提高提供理论性依据。

13.2 研究假设的提出

产业集群创新网络是各个行为主体(行业、大学和科研机构、当地政府及公共部门、中介服务机构)之间在长期正式与非正式的合作与交流关系的基础上所形成的相对稳定的关系系统。集群创新网络的出现为集群企业创新能力传递提供了条件。大学和科研机构是知识、技术、创新能力的重要供给者。政府对集群的发展和创新活动有着规制和引导的作用。相关中介机构的存在可以使集群企业有效地规避风险或恶性竞争。集群创新网络分为正式创新网络与非正式创新网络,区分正式与非正式的分界点是显隐性创新能力,显性创新能力在正式创新网络中传递,隐性创新能力在非正式创新网络中传递。

Nonaka(1995)将知识分为显性知识与隐性知识,知识创造是由两种知识的互动所产生的。创造过程是由四个知识转化模式所形成的知识螺旋产生的。由此提出了知识传递的 SECI 模型[19]。本章借用该模型提出产业集群创新网络中创新能力传递的形成方式。

(1)共同化:从隐性创新要素到隐性创新要素。共同化是借由分享经验从而达到创造隐性知识的过程。由此提出:集群企业中的"学徒制"、在职训练、员工间的非正式会议均有利于隐性创新经验、信息、创新想法等隐性创新要素隐性地传递给集群其他企业,形成创新能力的隐性传递。

(2)外部化:从隐性创新要素到显性创新要素。外部化是将集群创新网络中隐性创新要素明白表达为显性创新要素的过程。在这个创新要素的创造过程中,隐性创新要素通过隐喻、类比、观念、假设或模式表达出来,形成显性创新要素,如创新计划、创新成果(专利、新产品、新技术等)。由此提出:关于创新要素的发布、销售、使用、书写、交流、集体省思等能够外部化的创新互动活动均有利于隐性创新要素显性地传递给集群的其他企业,形成创新能力的显性传递。

(3)组合化:从显性创新要素到显性创新要素。组合化是将创新观念加以系统化而形成创新要素体系并达成创新活动或成果的过程。由此提出:在集群创新网络环境中,创新要素转化的模式最常见于集群企业经理人将企业的愿景、观念或产品概念分为细目并加以操作化,并有创意地运用创新资源促进创新要素的转化和传递。

(4)内在化:从显性创新要素到隐性创新要素。集群企业在创新网络中的创新能力传递过程体现的是"边做边学"的从显性创新要素到隐性创新要素的过程。它是以语言、故事传达创新要素,或将其制作成文件手册等,均有助于显性创新要素转化成隐性创新要素,促进集群企业学习和再创造,进而促进集群创新网络中创新能力的进一步传递。

知识与能力是相互依存、相互促进的。知识是能力的基础,能力是知识的外在表现。创新能力存在于个人的大脑中或存在于集体的创造过程中。对于个人，当企业要求个人将企业的愿景付诸实际的产品或要求员工发挥创新能力的时候，存在于个人大脑中的创新能力与自身所熟知的知识一样，在被自身要求的条件下发挥出来。集体的创造过程也是如此。所以说，创新能力的传递与知识的传递存在着联系并有一定相似性。某项创新能力仅被某个集群企业所掌握、没有在产业集群创新网络中广泛地传递和应用，那么，该创新能力在集群创新网络中属于隐性的创新能力。如果某项创新能力被集群企业广泛地应用于生产过程或新产品中，那么，该创新能力就属于显性的创新能力。

因此，将创新能力分为显性创新能力与隐性创新能力，有助于探索集群创新网络中的创新能力传递机制。根据 SECI 模型，分出四种机制：隐性创新能力→隐性创新能力、隐性创新能力→显性创新能力、显性创新能力→显性创新能力、显性创新能力→隐性创新能力（后文中为简便有时也记为隐性→隐性、隐性→显性、显性→显性、显性→隐性）。

其实，隐性→隐性、显性→显性这两种传递方式是具有相同之处的，即：创新能力本身的显隐性是没有变化的，但是，应该是以另一种形式表现出来的。比如隐性→隐性，是一种隐性创新能力转变成了另一种表现形式的隐性创新能力。比如，在"师徒制"中，师父将自身的隐性能力传递给自己的徒弟，徒弟接收了这种能力。对于徒弟来说，得到的能力仍是隐性能力，不过在传递的过程中徒弟会有自己的理解与应用。所以，通过这样传递的隐性能力虽然还是隐性能力。但是，该隐性能力可能会由于徒弟的理解与应用变得更加适用于企业或者对企业创新能力更加有效。所以，对于显性→显性、隐性→隐性这两种传递方式来说，显隐性没有发生变化，只是通过传递原来的创新能力使其变得更加容易被接收者运用。隐性→显性、显性→隐性的传递，即创新能力的性质发生了显隐性改变。所以，创新能力传递的显隐性变化必然存在一个临界点，这两种传递机制的发生依赖于临界点的出现。临界点一出现，隐性创新能力转变成显性创新能力，显性创新能力转变成隐性创新能力，这种转变促使产业集群创新能力得以提高。因此，显隐性的转变与临界点的出现对于探索集群创新网络中的创新能力传递机制是极为重要的，是本章的研究目标。结合创新网络分析隐性创新能力与显性创新能力的转变与传递关系，见图 13-1。

同时，赫连志巍（2016）也提到创新能力传递的速度表现为企业创新能力在集群创新网络中传递的快慢程度,集群企业间交流互动频繁,合作关系良好,企业创新能力会相对较快地传递给集群企业。创新能力传递速度是影响集群升级的重要因素,主要通过交流互动频率、合作关系以及企业传递意愿等方式实现[20]。说到底,集群企业传递意愿仍然可用企业与其他企业的交流互动程度体现。所以,创新能力传递速度用交流互动的程度、合作关系等表示。这为提出隐性→显性、显性→隐性的传递假设奠定了良好的基础,并已应用到问卷中,用以检测创新能力传递速度。另外,创新能力从隐性→显性转化得越快,说明创新能力形成新的创新成果的效率越高,越有利于其传递。而创新能力从显性→隐性转化得越快,说明创新能力经过企业的消化吸收之后,越有可能孕育成更高水平的升级版创新成果,更有利于其传递。

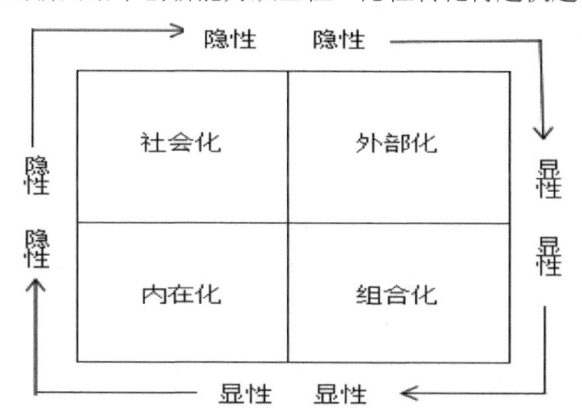

根据图 13-1 给出的集群创新网络中创新能力显隐性传递机制,提出以下假设:

H1:集群创新网络中创新能力从隐性→隐性传递越容易越有利于其传递;

H2:集群创新网络中创新能力从显性→显性传递越容易越有利于其传递;

H3:集群创新网络中创新能力从隐性→显性转化得越快越有利于其传递;

H4:集群创新网络中创新能力从显性→隐性转化得越快越有利于其传递。

图 13-1 产业集群创新网络中创新能力显隐性传递机制

13.3 量表设计与调查

量表设计的目的是调查几大产业集群,通过获取的数据来验证创新能力的传递与产业集群企业创新能力提高的关系。传递是一个动态的过程，创新能力的传递是难以量化的，无法用数据来进行衡量。所以本课题选择了与研究问题匹配度较高的调查问卷的形式。在设计量表时，将问卷分为了 5 部分，前 4 部分与创新能力的传递有关，最后 1 部分调查企业创新能力的提高。设计量表时，题项涉及与竞争者的合作关系，对于单个的企业来说这种情况是不太会发生的，但是对于产业集群中的企业来说，他们最终的目的是为了实现产业集群的升级，所以在产业集群中还是会与竞争者合作。同时，在设计问卷时，还要考虑被调查企业的隐私、商业机密等问题。最终，采用李克特 5 级量表，形成了调查问卷。

问卷调查方法是实证研究中广泛采用的数据获取方法，其优点是能够直接获取所需要的数据，与研究问题的匹配度较高，缺点是若调查对象的选择不当或配合度不高，对于问卷的有效性有较大的影响。

对秦皇岛汽车零部件产业集群、北京中关村软件产业集群、唐山陶瓷制品产业集群进行问卷调查。共发放问卷 180 份，收回问卷 154 份，有效问卷 134 份，问卷回收率 85.6%，有效问卷回收率 74.4%。

13.4 问卷设计说明

13.4.1 创新能力的传递

日本学者 Nonaka 在《智价企业论》中提到"培训、学徒制、群组关系"有利于隐性到隐性的传递。"开放的态度、主动积极参与和联系"有利于隐性到显性的传递。同时我国学者李文秀也提到过非正式的交流、个人间的信任均有利于隐性创新能力的传递。同时，在正式创新网络中，即对于显性创新能力的传递，李文秀提出与创新网络中成员的合作、互惠与企业自身的制度均有利于显性创新能力的传递。Nonaka 也表示显性到隐性的传递是企业对于外部信息或者说创新能力为自身企业服务的过程，所以企业应审时度势，及时增加技术人员、及时投入资金等。综上，形成了问卷的创新能力传递的问项。

13.4.2 创新能力的提高

产业集群创新能力的测量主要参考 Henry 和 Pinch（2004），Tracey 和 Jan（2009），毛加强、崔敏（2010）[20]等的研究设计的问卷。创新能力的提高可以由技术水平和经济效益两大方面来衡量，技术水平包括专利数、创新机构的数量；经济效益则包括销售额的增加数和生产成本的减少值。这样，就形成了问卷的创新能力提高的问项。

13.5 数据分析与假设验证

13.5.1 变量测量和问卷的信效度分析

13.5.1.1 信度分析

本书对所有因素都采用李克特 5 点计分法测量，"极不符合""不太符合""一般符合""比较符合""非常符合"分别对应 1、2、3、4、5 分。对问卷项目的信度分析，采用了内部一致性信度（Internal Consistency Reliability），因为这种信度反映的是调查问卷各个项目（问项）间相关的程度，这些项目应该反映同一独立概念的不同侧面。使用 SPSS 20.0 软件对问卷进行信度分析，结果如下表 13-1。

表 13-1 问卷信度分析

问卷项目	问题构成	内部一致性信度 Cronbach's α
隐性→隐性	贵企业采用"学徒制"帮带年轻人	0.733
	贵企业经常性地为员工进行技能培训	
	贵企业内部存在非正式会谈方式分享创新经验	
隐性→显性	贵企业员工与其他同行业竞争企业存在业务联系	0.702
	企业的某项研究对集群内企业均有利，能促进创新成果传递	
	贵企业研发部门经常性地与同行业企业联系	
显性→显性	同行业的企业经常性地一起参与研讨会议	0.916
	贵企业与大学、科研机构等的合作较为频繁	
	贵企业的研发创新融资能力强	
	贵企业内部允许小范围内自由组合革新小组	

(续表)

问卷项目	问题构成	内部一致性信度 Cronbach's α
显性→隐性	贵企业会因某个项目及时地增加技术人员	0.864
	贵企业会审时度势，根据市场需求加大研发投入	
	贵企业能够及时准确捕捉创新信息并为自己所用	
创新能力传递	贵企业专利数量逐年增加	0.822
	贵企业创新项目数量逐年增加	
	贵企业新产品生产成本逐年减少	
	贵企业新产品销售额逐年增长	

由表 13-1 可知 5 个因素的 Cronbach's α 都大于 0.7，而且指标的选取是在理论分析的基础上进行的，也得到了同行专家、老师的认可，因此，可以认为本章对变量的测量具有较高的信度。

13.5.1.2 效度分析

效度分析主要是利用因子分析对问卷的理论构思效度进行验证，检验所选的指标是否能代表所要测量的内容或主题。效度有多种类型，本章主要采用两种：内容效度和建构效度。

内容效度：指量表涵盖研究主题的程度。调研人员必须检查量表中的项目是否足够地覆盖测量对象的主要方面。为了获得足够的内容效度，要特别注意设计量表时遵循的程序和规则。本研究的具体题项基本上是建立在相关理论基础上，并结合了学者的意见，经过反复修改而确定的，可以确信具有内容效度。

建构效度：指测量理论上的建构或特性的准确程度。Kerlinger 提出建构效度的验证可以有 3 种方法，其中因子分析法是应用较广泛的方法，该方法是通过同一建构中的因子负荷值的大小来反映建构效果的好坏，一般来说，同一建构中因子负荷值越大（通常为 0.5 以上），表示建构效度越好。

本书采用因子分析方法测量建构效度，首先要通过 MKO 和 Bartlett 球体检验测量变量数据是否存在相关关系，以此来确定变量是否适宜进行因子分析。一般而言，衡量数据是否适合因子分析，通常采用如下标准：当 KMO 的值在 0.9 以上，非常适合；0.8~0.9，很适合；0.7~0.8，适合；0.6~0.7，不太适合；0.5~0.6，很勉强；0.5 以下，不适合。并且应该同时满足 Bartlett 球体检验统计值小于等于 0.05，见表 13-2。

表 13-2 问卷因子分析

问卷项目	问题构成	KMO 检验结果
隐性→隐性	贵企业采用"学徒制"帮带年轻人 贵企业经常性地为员工进行技能培训 贵企业内部存在非正式会谈方式分享创新经验	KMO 统计量　0.671 Bartlett 球度检验 60.028 显著性 Sig.　0.000
隐性→显性	贵企业员工与其他同行业竞争企业存在业务联系 企业的某项研究对集群内企业均有利,能促进创新成果传递 贵企业研发部门经常性地与同行业企业联系	KMO 统计量　0.580 Bartlett 球度检验　63.229 显著性 Sig.　0.000
显性-显性	同行业的企业经常性地一起参与研讨会议 贵企业与大学、科研机构等的合作较为频繁 贵企业的研发创新融资能力强 贵企业内部允许小范围内自由组合革新小组	KMO 统计量　0.809 Bartlett 球度检验 278.106 显著性 Sig.　0.000
显性→隐性	贵企业会因某个项目及时地增加技术人员 贵企业会审时度势，根据市场需求加大研发投入 贵企业能够及时准确捕捉创新信息并为自己所用	KMO 统计量　0.703 Bartlett 球度检验 142.625 显著性 Sig.　0.000
创新能力传递	贵企业专利数量逐年增加 贵企业创新项目数量逐年增加 贵企业新产品生产成本逐年减少 贵企业新产品销售额逐年增长	KMO 统计量　0.740 Bartlett 球度检验 134.902 显著性 Sig.　0.000

由表 13-2 可知 5 个因素的 KMO 统计量均大于 0.5，显著性 Sig.为 0.000，可以说明本书的调查问卷的建构效度很好。

13.5.2 变量的相关性分析

为了对提出的假设进行验证，对各变量进行了相关统计分析，使用 SPSS 软件获得了各变量的描述性统计量和变量之间的相关分析结果。

描述性统计量主要包括样本均值、标准差、极大值和极小值。从统计结果来看,各个变量的问项得分数据之间的均值差距不大,标准方差分布在 1 左右。因为采用的是李克特 5 级量表，所以最小值与最大值分别是 1 和 5，统计量没有出现异常值，可以满足数据分析要求。

自变量与因变量之间的相关分析结果见表 13-3。由表 13-3 中的相关系数统计结果可知，隐→隐、隐→显、显→隐、显→显与创新能力均在 0.01 水平上显著相关，为下面进行回归分析检验提供了依据。

表 13-3 自变量与因变量相关性

		隐→隐	隐→显	显→显	显→隐	创新能力提高
隐→隐	Pearson 相关性	1	0.753**	0.825**	0.823**	0.863**
	显著性（双侧）		0.000	0.000	0.000	0.000
隐→显	Pearson 相关性	0.753**	1	0.773**	0.779**	0.850**
	显著性（双侧）	0.000		0.000	0.000	0.000
显→显	Pearson 相关性	0.825**	0.773**	1	0.900**	0.876**
	显著性（双侧）	0.000	0.000		0.000	0.000
显→隐	Pearson 相关性	0.823**	0.779**	0.900**	1	0.883**
	显著性（双侧）	0.000	0.000	0.000		0.000
创新能力提高	Pearson 相关性	0.863**	0.850**	0.876**	0.883**	1
	显著性（双侧）	0.000	0.000	0.000	0.000	

注：**. 在 0.01 水平（双侧）上显著相关。

13.5.3 回归分析与假设检验

回归分析是在假定自变量和因变量因果关系存在的前提下，研究变量间的关系，构造变量之间关系的具体函数形式的一种数量统计方法。前面进行的相关分析表明"隐→隐，隐→显，显→隐，显→显"创新能力的传递与创新能力提高存在联系。而且对各个变量之间的数据样本进行分析发现，各个变量存在线性关系，满足了作线性回归的要求。下面通过回归分析，对提出的理论假设进行验证。

针对自变量产业集群创新网络中创新能力的传递与因变量创新能力提高建立回归分析模型。得到 R^2 值达 0.881，各自变量 Sig.值均小于 0.05。具体数据见表 13-4。

表 13-4 系数

模型		非标准化系数		标准系数	t	Sig.
		B	标准 误差	试用版		
1	（常量）	-0.739	0.761		-0.971	0.334
	隐→隐	0.371	0.099	0.267	3.737	0.000
	隐→显	0.447	0.094	0.299	4.735	0.000
	显→显	0.146	0.069	0.196	2.128	0.036
	显→隐	0.322	0.117	0.254	2.752	0.007

注：a.因变量：创新能力提高

由表 13-4 回归结果可知，集群创新网络中创新能力的传递与创新能力提高具有明显的正向线性关系，验证了假设。

13.6 讨论与应用

13.6.1 讨论

（1）通过实证检验，四个假设均成立。这说明，"学徒制""培训""非正式会谈"等方式有利于隐性→隐性的传递。这样的传递可以使得存在于个人或非正式小组中的隐性创新能力在集群企业中传递。

（2）集群企业间的合作与联系有利于创新能力在集群中传递。企业间的正式合作与交往有利于创新能力按照双方的约定有计划地传递，并加速形成创新成果。由此，集群创新网络中的创新能力的性质也发生了变化，由隐性→显性，即合作各方都会得到创新成果所带来的利益。而且，这种变化越快，合作企业越可以尽早得到创新能力的提升。

（3）集群企业与创新网络中的企业、政府、大学和科研机构等相关机构的合作与联系可以得到新的创意与更高水平的创新能力，这一过程实现了集群创新网络中的创新能力由显性→显性的传递。尤其是相关中介机构，如大学和科研机构，他们掌握前沿创新信息，可以服务集群任何企业。所以，集群企业与相关机构等组织的合作可以获得最新的创新信息，使得创新能力在显性状态下高效直接地在集群创新网络中传递。

（4）对于集群企业从创新网络中得到的显性创新能力如何转化并提升自身的创新能力，完成创新能力从显性→隐形的升华，做到这一点就需要集群企业在创新人才、研发资金等创新资源方面的投入。集群企业通过创新资源的积累，才能够将创新网络中得到的显性创新能力转化为本企业的隐性创新能力并加以利用和提升。这个过程提醒集群企业：模仿创新成果只是权宜之计，要想成为具有持续竞争优势的企业，必须在消化吸收先进技术、知识等创新成果的基础上努力提高掌握和运用创新知识的能力，形成自己的创新能力，成为创新成果的创造者。

13.6.2 应用建议

（1）集群企业要营造信任氛围，促进隐性→隐性创新能力的传递。

隐性创新能力存在于企业员工或非正式小组中，只有企业营造良好的互相信任的企业氛围，才能在"师徒制"中使"师父"毫无保留地传授宝贵的经验、技能和"诀窍"等；在非正式交流时，人们不会由于担心自己的想法与观点被他人窃取而不能做到畅所欲言。企业信任氛围为隐性创新能力的传递提供适宜的环境，促进企业员工可以毫无保留地将自己的想法和观点提出来，企业可以将隐性创新能力传播开，为产业集群升级奠定基础。

同样的道理，集群员工的交流互动可以促进集群中隐性创新能力的传递与转化，特别是非正式交流平台的建立，有利于传递创新成果、激发技术创新的灵感、提高集群的整体创新水平。如鼓励企业之间互派人员观摩学习先进的管理或新技术，定期组织各种形式的经验交流和学习活动等，在相互开放交流、相互渗透合作中，人脉关系网络会不断扩展延伸。同时，要建立集群的信用制度，为创新成果提供法律保障，营造合规守法的创新信任与合作机制。

（2）集群企业应积极参与创新合作，促进隐性→显性创新能力的传递。

虽然集群内部企业之间存在竞争，但是集群企业的共同目标是不断发展，所以，集群企业之间存在更多的联系与合作。在集群中，对于共同的创新问题，企业之间较集群外部的企业有更多交流的条件和可能性，更容易将创新能力通过创新成果、信息等这些载体传递给其他企业，高效率地促进产业集群创新能力提高。从中外产业集群的发展实践看，越是成熟的产业集群，其集群企业之间的合作越充分，在合作竞争中集群整体发展得越好。所以，倡导和推进集群企业的合作竞争理念是集群健康发展的方向。

（3）集群企业应充分利用创新网络资源，促进显性→显性创新能力的传递。

地方政府制定有效的法律政策，提供公平竞争的市场环境，有助于促进产业集群企业的创新活动。比如，政府着重为创业人员和企业营造公平竞争的环境；制定吸引人才和鼓励人才合理流动的政策；依法保护知识产权、改善投资环境、激励企业创新等政策措施，有利于创新成果和创新资源的流动，助推创新网络中创新能力有效传递。

科研单位和高校掌握最新研究方向与创新动态，对推动创新活动有积极的帮助。集群企业应主动与科研机构、高校进行交流，将最新的研究成果引入创新活动中，尽快实现创新成果商业化，抢占市场份额。同时向集群创新网络提供更多的创新成果，达成显性传递创新能力。

在产业集群的发展中，金融机构为集群企业提供创新等经营活动所需的资金，相关中介机构为企业规避风险、防止恶性竞争、改善经营能力等提供帮助。这些中介服务机构在财税金融、科研项目管理、知识产权保护、信用体系建设、管理咨询等方面满足企业的需求，成为集群企业间传播媒介的载体，积极地促进集群创新网络中创新能力的传递。

（4）集群企业应利用好外部信息，促进显性→隐性创新能力的传递。

集群企业的管理者要具有敏锐的洞察力，能够迅速捕捉环境中的最新信息，了解国内外最新市场动态，关注竞争者的创新动向，提出符合企业发展的创新战略。根据创新战略目标，从创新立项、技术准备、资金保障、人才储备、政策激励、知识产权保护、知识库建设、风险防控等方面系统性地落实创新计划，成为集群创新网络中创新能力传递的积极推动者。

对于产业集群的企业来说，只有积极地融入集群创新网络中才能提高企业的创新能力。对于产业集群来说，只有集群企业将创新能力传递出去，整个集群才能够升级。本章的研究成果就是建立了一个桥梁，一个可以传递创新能力的桥梁。在研究过程中，虽然解释了产业集群创新网络中创新能力的传递机制，但是，产业集群中创新能力是否还存在其他的传递方式等有待进一步探索。

13.7 本章小结

改革开放以来，产业集群已经成为我国经济发展的重要载体，它是一个国家或地区的竞争力所在。产业集群的发展归根到底是集群创新能力的提高。创新能力的传递是本章的研究目标，只有创新能力高效传递才能增强集群企业的创新活力，促进集群升级发展。结合 Nonaka 提出的 SECI 模型构建集群中创新能力在正式与非正式创新网络中的传递机制，通过对北京等地区 3 大产业集群的问卷调查、结果分析、验证假设，为提高集群创新能力和促进升级提供决策依据。

本章参考文献

[1] Tichy G. Clusters: less dispensable and more risky than ever[J]. Clusters and Regional Specialization,1998(2):33-35.

[2] 迈克尔·波特.竞争论[M].高登第,李明轩,译.北京:中信出版社,2003:25-49.

[3] Humphrey J，Schmitz H.How Does Insertion in Global Value Chains Affect Upgrading in Industrial Clusters?[J].Rwgional Studies,2002,36(9):1017-1027.

[4] Giuliani E,Pietrobelli C,Rabellotti R.Upgrading in Global Value Chains:Lessons From Latin American Clusters [J].World Development,2005,33(4):549-573.

[5] 李文秀.基于非正式创新网络建设的产业集群升级实证研究[J].工业技术经济,2007,26(10):41-46.

[6] 李二玲,李小建. 论产业集群的网络本质[J]. 经济经纬,2007(1):66-70.

[7] 吉敏,胡汉辉,陈金丹. 内生型产业集群升级的网络演化形态研究——基于启东天汾电动工具产业集群的分析[J]. 科学学研究,2011(6):861-867.

[8] Freeman C. Networks of Innovators: A Synthesis of Research Issues[J]. Research Poliey, 1991, 20(6):499-514.

[9] 曹路宝.基于 U-I 关系的高技术产业集群创新网络分析[J].科学学与科学技术管理,2011(5):28-33.

[10] Foss N J. Higher-order Industrial Capabilities and Competitive Advantage[J]. Industry Studies,1996, 3(1): 1-20.

[11] 陈柳钦.论产业集群、技术创新和技术创新扩散的互动[J].中国矿业大学学报(社会科学版),2007(9):46-51.

[12] Chen Yunweia, Yang Zhiping, Fang Shua hu, Zheng yin, Martin Meyer, Sujit Bhattachary.A patent based evaluation of technological innovation capability in eight economic regions in PR China[J].World Patent Information,2009,31(2): 104-110.

[13] 王静华.产业集群创新能力评价指标体系的构建[J].统计与决策,2011(19):186-188.

[14] Uddin E,Gao Q,MAMUN-UR-RASHID M D.C Crop farmers' willingness to pay for agricultural extension services in bangladesh :cases of selected villages

in two important agro-ecological zones[J].The Journal of Agricultural Education and Extension,2016,22(1):43-60.

[15] 张海峰, 陈莹. 企业创新过程中知识传递机制研究[J].全国流通经济, 2008(13):16.

[16] Jacky F.L.Hong,Thang V.Nguyen. Knowledge embeddedness and the transfer mechanisms in multinational corporations[J].Journal of World Business, 2009, 44(4):347-356.

[17] **Chen** Chung-Jen,Yung-ChangHsiao, Chu Mo-An. Transfer mechanisms and knowledge Transfer The cooperative competency perspective[J].Journal of Business Research,2014,67(12):2531-2541.

[18] 张桂芳,吴戈,周程.面对面交流平台中的隐性知识传递机制——基于卡文迪什实验室的案例分析[J].中国科技工业技术经济资源导刊,2014(6):71-73.

[19] Nonaka, Takeuchi H. The Knowledge-Creating Company: How Japanese Companies Create the Dynamics of Innovation[M]. New York: Oxford University Press, 1995:78-101.

[20] 赫连志巍,李思,薛传佳.基于产业集群升级的创新网络核心节点能力传递研究[J].工业技术经济,2016(11):85-92.

[21] 毛加强,崔敏.创新网络下的产业集群技术创新实证分析[J].科技与经济,2010(3):19-22.

本项目取得的部分科研成果

[1] 赫连志巍,王岚.产业集群创新网络中创新能力传递障碍与集群升级研究[J].科技进步与对策,2018(3):60-66.

[2] 赫连志巍,王丽莹.产业集群创新网络活跃度仿真模拟及改善研究[J].地域研究与开发,2018(3):45-49.

[3] 赫连志巍,邢建军.创新网络成果传递能力与产业集群升级研究[J].企业经济,2017(10):49-56.

[4] 赫连志巍,高玲.转型导向的企业能力与市场资源匹配研究[J].管理现代化,2017(3):72-76.

[5] 赫连志巍,邢建军.产业集群创新网络的自组织演化机制研究[J].科技管理研究,2017(4):180-186.

[6] 赫连志巍,李思,薛传佳.基于产业集训升级的创新网络核心节点能力传递研究[J].工业技术经济,2016(11):85-92.

[7] 赫连志巍.基于产业集群升级的创新网络节点吸纳能力研究[J].企业经济,2018(3):5-12.

[8] 赫连志巍,卞滨滨.创新网络活跃能力对产业集群升级影响研究——创新基金和税收减免的调节作用[J].数学的实践与认识,2019(10).

[9] Su Yanlin,Helian Zhiwei.A self-organizing evolution model of producer services and equipment manufacturing industry symbiotic evolution mechanism[J]. Boletin Tecnico/Technical Bulletin, 2017,55(5):337-343.